JN441346

금융업 AI 플레이북

금융업 AI 플레이북

초판 1쇄 인쇄 2026년 1월 21일
초판 1쇄 발행 2026년 1월 28일

지은이 임태중·김동석

발행인 장상진
발행처 (주)경향비피
등록번호 제2012-000228호
등록일자 2012년 7월 2일

주소 서울시 영등포구 양평동 2가 37-1번지 동아프라임밸리 507-508호
전화 1644-5613 | 팩스 02) 304-5613

ISBN 978-89-6952-645-8 03320

·값은 표지에 있습니다.

·파본은 구입하신 서점에서 바꿔드립니다.

경향BP

추천사

금융투자업계 25년 베테랑인 임태중 저자만이 쓸 수 있는 AI 시대 업계 변화의 핵심을 담은 저작입니다. 투자은행, 자산운용, 글로벌 업무를 아우른 저자의 현장 경험과 금융 지식, 그리고 AI시대의 통찰력이 만들어 낸 전략적 프레임워크와 김동석 저자의 실용적 AI 활용법이 결합되어, 업계 종사자들이 AI 변화에 대응할 수 있는 완전한 로드맵을 제시합니다. 업계 전체가 참고해야 할 시대적 지침시입니다.

- 서유석(제6대 금융투자협회장)

금융 현장과 정책 현장을 모두 경험한 사람으로서 임태중, 김동석 두 저자의 『금융업 AI 플레이북』이 담고 있는 현실적 절박감에 깊이 공감합니다. 임태중 저자의 25년간 국내외 금융업계 경험에서 우러나온 통찰력이 AI 시대 금융업의 본질적 변화를 정확히 진단하고 대응 방안을 제시했으며, 김동석 저자의 실무 활용법이 더해져 훌륭한 실용서가 되었습니다. '기술이 제도를 추월하는 시대'에 금융회사의 경영전략과 직원들의 대응 방향은 물론 금융정책 방향 설정에도 귀중한 나침반이 될 것입니다.

- 홍성국(혜안리서치 대표, 제21대 국회의원)

많은 리더가 AI 도입을 외치지만, 정작 월요일 아침 책상에 앉은 직원들은 무엇을 해야 할지 막막해하는 것이 현실입니다. 이 책은 글로벌 투자은행의 거시적 전략부터 현업에서 즉시 적용 가능한 워크플로까지, 인식과 실행 사이의 간극을 메우는 구체적인 지도를 그려 줍니다. 관망하는 자세를 버리고 실질적인 업무 혁신을 통해 조직의 체질을 바꾸고 싶은 경영진에게 실천적인 지침서가 될 것입니다.

- 조명식(카카오뱅크 지급결제실장)

금융업계에 몸담은 지 수십 년, 이토록 급격한 패러다임 변화를 목도한 적이 없습니다. 임태중, 김동석 두 저자가 제시하는 'AI 시대 금융업의 생존 전략'은 단순한 기술 도입을 넘어 비즈니스 모델 자체의 근본적 혁신을 요구하는 시대정신을 정확히 포착했습니다. 중간 경영자로서 특히 주목하게 되는 것은, AI와 함께 성장해야 할 금융회사의 변화 방향과 전략적 선택은 물론 직원들이 변화에 적응하고 생존하기 위해 취해야 할 구체적 행동 방안까지 세밀하고 명확하게 제시한 점입니다. 현장 경영자 및 직원들의 필독서입니다.

- 임종민(신한은행 본부장)

지난 20년간 수많은 서류와 씨름하며 보냈는데, 이 책을 통해 그 경험에 기술이라는 날개를 다는 법을 배웠습니다. 이 책은 AI가 여신 담당자를 대체하는 것이 아니라 금융인이 더 중요한 판단에 집중할 수 있게 돕는 든든한 파트너임을 깨닫게 해 줍니다. '경험'이라는 무기에 '기술'을 더해 제2의 도약을 꿈꾸는 베테랑들에게 강력히 추천합니다.

- 김준태(『자녀와 함께 짓는 돈나무 농사』 저자, 서울원예농협 부지점장)

이 책은 금융인이 AI를 활용함으로써 업무 방식과 판단 구조가 어떻게 달라지는지를 보여 줍니다. 특히 AI의 한계와 검증, 책임의 주체가 인간에게 있음을 실제 사례로 명확히 설명합니다. 이는 단순한 활용법을 넘어 금융인이 갖춰야 할 AI 리터러시의 기준을 제시한다는 점에서 의미가 큽니다. 보고서 작성, 투자 판단, 여신 심사 등 익숙한 업무 장면을 통해 AI 결과를 어떻게 읽고, 무엇을 확인하며, 어디에서 사람이 개입해야 하는지를 알려 줍니다. 금융인이 AI를 배우기 전에 먼저 읽어야 할 기준서이자 현장에서 반복해 참고하게 될 실무 교재입니다.

- 이용진(한국금융연수원 AI·디지털연수부 차장)

프롤로그

일하는 방식, 언제 바꾸시겠습니까?

2025년 5월, 신문을 읽던 중 새로 선출된 교황님에 관한 기사에서 시선이 멈췄습니다. 새 교황 레오 14세(Leo XIV)께서 첫 추기경단 공식 알현에서 하신 말씀 때문이었습니다.

"오늘날 교회는 또 다른 산업혁명, 즉 인공지능(AI)의 발전에 직면해 있다."

이 발언은 단순한 기술적 관찰을 넘어 인류가 맞이한 거대한 전환점에 대한 경고였습니다. 이제 종교계마저 AI를 하나의 새로운 산업혁명으로 인식하고 있다는 사실은 이 변화가 얼마나 근본적이고 불가피한지를 보여 줍니다. AI가 이미 사회 전반에 깊숙이 뿌리내렸으며, 그 영향력이 인류 전체의 삶을 바꿀 것임을 예고하는 신호였습니다.

비슷한 시기인 2025년 여름, 조용병 중앙은행연합회 회장님과의 대화 역시 떠오릅니다.

"글로벌 금융사들의 AI 전환 사례를 보면 이미 대세는 정해진 것 같습니다. 골드만삭스나 JP모건의 움직임을 보면, 이것은 선택이 아닌 필수라는 생각이 듭니다. 우리 금융권도 지금 준비하지 않으면 3년 뒤, 5년 뒤 글로벌 경쟁에서 뒤처질 수밖에 없죠. 문제는 이걸 어떻게 우리 현장에 안착시키느냐입니다. 각 금융사에 'AI 도입을 서둘러라.'고 방향을 제시하는 것까지는 할 수 있는데, 정작 현장에서는 임직원들이 막연한 불안감만 갖고 있는 것 같아요. 기술은 알겠는데, 구체적으로 어떤 역량을 갖춰야 하는지, 어떻게 조직 전체가 준비해야 하는지, 이 간극을 메울 실질적인 가이드가 필요한 시점입니다."

조 회장님의 고민은 교황님의 우려가 현실이 된 지금, 우리가 어디서부터 어떻게 시작해야 하는가에 대한 절실한 질문이었습니다. 변화의 불가피성은 인정했지만 그 변화를 현장에서 구체적으로 실행하는 방법에 대한 명확한 답이 없다는 것이었습니다.

대한민국 금융업계를 대표하는 회장님의 이 말씀이, 이 책을 쓰게 된 결정적 계기가 되었습니다. 회장님의 고민은 단순히 한 조직의 문제가 아니었습니다. 그것은 지금 이 순간 대한민국 금융 현장 전체가 직면한 시대적 과제였습니다. 글로벌 금융사들은 이미 AI를 통해 업무 프로세스를 혁신하고 있는데, 우리는 여전히 "어디서부터 시작해야 하는가?"라는 질문 앞에 머물러 있었습니다.

이 질문에 답하기 위해 한국금융연수원 AI 활용 전담교수 김동석과 증권사 대표를 역임한 금융 현장의 전문가인 임태중이 만났습니다. 수차례의 미팅을 통해 단순히 AI 기술을 설명하는 책이 아닌, 금융 현장에서 실제로 활용 가능한 실전 가이드가 필요하다는 의견이 모였습니다. 임태중의 깊이 있는 금융 산업 인사이트와 김동석이 연구해 온 AI 활용 방법론이 만나면서 이 책의 뼈대가 만들어졌습니다.

우리가 발견한 것은 명확했습니다. 금융권은 지금 3가지 근본적인 문제로 고통받고 있었습니다.

첫째, 인식과 현실의 간극입니다. 많은 CEO와 경영진이 여전히 AI에 대해 충분한 지식과 경험을 갖추지 못한 상태라는 점입니다. 기술의 진화 속도가 너무 빠르고 진화 방향의 불확실성이 큰 탓에 이것이 산업 구조와 일터 그리고 인력 구성에 어떤 변화를 가져올지 명확히 내다보지 못하고 있습니다. 일부 (글로벌) 선도 기업들이 성과를 내며 자신감을 드러내는 반면, 다수의 리더는 막연한 불안과 압박감 속에서 방향을 잡지 못하고 있는 것이 현실입니다.

둘째, 전략과 실행의 간극입니다. 경영진이 AI 도입의 필요성을 인지하더라도 현장에서는 구체적인 실행 방법을 모릅니다. "AI 전략을 수립하라.", "디지털 전환을 가속화하라."는 지시는 내려오지만, 정작 월요일 아침 책상 앞에 앉은 직원들은 무엇을 해야 할지 막막합니다. 개인적으로 AI의 중요성은 인정하지만 어떤 도구를 어떻게 활용해야 하는지, 어떤 역량을 개발해야 하는지에 대한 구체적인 실행 방안이 부족합니다.

셋째, 글로벌과 로컬의 간극입니다. 해외 대형 금융회사들의 사례들이 우리 현장에서는 마치 먼 나라 이야기처럼 느껴집니다. JP모건의 자체 AI

전문가 2,000명 보유, 모건스탠리의 Open AI와 전략적 제휴를 통한 대응 등 이들의 AI에 대한 인식과 투자 규모, 실행력은 국내 금융회사와는 차원이 다릅니다. 이들은 조직 전체의 업무 프로세스를 근본적으로 재설계하고 있는 반면, 우리는 여전히 부분적 도입과 검토 수준에 머물러 있는 것이 현실입니다.

이 세 간극이 바로 이 책이 메우고자 하는 공백입니다.

이 책은 2개의 파트로 구성되어 있습니다. 이 두 파트는 서로 다른 목소리로, 하지만 하나의 메시지를 전합니다.

'PART 1 금융 산업의 AI 대전환'은 증권업계에서 실무진으로 출발해 대표까지 역임한 임태중이 금융 현장 전문가의 시선에서 집필했습니다. "왜 지금, AI인가?"라는 질문에 답합니다. 글로벌 금융회사들이 어떻게 AI를 도입하고 있는지, 이것이 단순한 기술 트렌드가 아닌 생존의 문제임을 보여 줍니다. C레벨과 경영진을 위한 전략서이자 변화를 주저하는 직원들을 위한 경종입니다. 여기서 글로벌 대세의 실체를 구체적으로 확인할 수 있을 것입니다.

'PART 2 금융 현장에서 바로 쓰는 AI 활용법'은 한국금융연수원 AI 활용 전담교수이자 다양한 금융권 AI 업무 혁신 강의와 컨설팅 경험을 보유한 김동석이 '이 간극을 메울 실질적인 가이드'로서 집필했습니다. "그래서, 구체적으로 어떻게?"라는 질문에 답합니다. 라이너 AI, 퍼플렉시티, 릴리스 AI, 챗GPT, 구글 제미나이, 감마 AI, 스카이워크 AI, 구글 AI 스튜디오, 노트북LM까지 실제 금융 업무에서 활용할 수 있는 AI 도구들을 3단계 워크플로로 체계화했습니다. 리서치부터 분석 그리고 최종 산출물까지 당신의 책상 위에서 바로 실행 가능한 가이드입니다.

어쩌면 여러분은 이렇게 생각할 수도 있습니다.

"AI는 대기업이나 IT 기업들의 이야기 아닌가?"

"우리 회사는 아직 그럴 단계가 아니야."

"나는 그냥 내 일만 잘하면 돼."

하지만 변화는 이미 현실이 되었습니다.

신한은행은 AI 기반 대출 심사로 처리 시간을 70% 단축했고, KB손해보험은 보험금 청구 처리를 자동화하여 고객 만족도를 높였습니다. 삼성증권은 AI 리서치 도구로 애널리스트들의 생산성을 2배 이상 향상시켰습니다. 대출 심사에서 서류 검토를 대신하는 AI, 고객 상담을 24시간 처리하는 챗봇, 투자 보고서를 자동 작성하는 생성형 AI까지 직장 곳곳에서 변화가 가시화되고 있습니다.

이 책은 다음과 같은 분들을 위해 쓰였습니다.

금융회사 CEO와 임원이라면, PART 1에서 AI 시대의 전략 방향과 조직 전환의 로드맵을 발견할 것입니다. AI 시대로의 변화와 그 속도의 심각성을 인식하고, 구체적인 전략 방향과 전술적 정책들을 얻을 수 있습니다.

중간관리자와 팀장이라면, 두 파트를 오가며 전략과 실행의 연결고리를 찾을 것입니다. 위로부터의 지시를 현장의 행동으로 바꾸는 브리지 역할을 수행할 수 있습니다.

실무 담당자라면, PART 2에서 내일부터 당장 활용할 수 있는 구체적인 도구와 방법을 얻을 것입니다. PART 1 제3장과 함께 읽으면 AI가 어떻게 우리를 대체하는지, 우리는 어떻게 변해야 하는지에 대한 개인의 준비 방향을 함께 살펴볼 수 있어 더욱 유용할 것입니다. '막연한 불안감' 대신 '구체적인 역량'을 손에 쥐게 될 것입니다.

금융을 준비하는 학생과 구직자라면, AI 리터러시가 이제 금융 역량의 새로운 기준임을 깨달을 것입니다. 취업 시장에서 차별화된 경쟁력을 갖추게 될 것입니다.

이외에 규제 당국과 금융회사 고객들이라면, 금융회사들의 미래 변화 방향을 예측하고 AI 시대 금융업의 발전 방향을 파악할 수 있습니다. 규제 당국은 고객보호 관점을 유지하면서도 혁신을 이끌어 낼 수 있는 정책적 시사점을, 일반 고객은 금융 서비스의 향후 변화를 통해 이용 편의성과 효율성을 높일 수 있는 방향을 엿볼 수 있습니다.

이 책은 'AI 시대, 금융 현장의 실전 가이드'라는 부제를 가지고 있습니다.

이 책을 읽는 동안 AI 도구를 직접 실행해 보길 권합니다. 챗GPT에 질문을 던져 보고, 퍼플렉시티로 시장 동향을 검색하며, 감마 AI로 프레젠테이션을 만들어 보세요. 이론이 아닌 실천을, 두려움이 아닌 경험을 통해 AI는 비로소 당신의 것이 됩니다.

앞서 언급한 조용병 회장님께서 우려한 '3년 뒤, 5년 뒤의 글로벌 경쟁'

은 지금 이 순간의 개인 경쟁력에서 시작됩니다. 조직의 AI 전환은 곧 구성원 한 명 한 명의 AI 역량 축적으로 완성됩니다.

AI는 당신의 일자리를 빼앗지 않습니다. 다만, AI를 활용하는 사람이 그렇지 않은 사람을 대체할 것입니다.

이제 AI는 피할 수 없는 시대의 흐름입니다. 금융업에 몸담고 있다면 이에 대한 전략과 준비를 서둘러야 합니다. 변화의 속도가 빠른 만큼 우리의 대응도 빨라져야 합니다.

이 책이 금융 현장에서 일하는 모든 분에게 변화의 나침반이 되기를 바랍니다. 막연한 불안을 구체적인 행동으로, 관망하는 자세를 선제적 대응으로 바꾸는 계기가 되길 희망합니다. 3가지 근본적 간극을 해결하고, 전략과 실행을 연결하며, 글로벌 표준을 우리의 현실로 만들어 가는 실질적인 가이드가 되기를 바랍니다.

지금이 바로 당신이 일하는 방식을 바꿀 때입니다.

임태중·김동석

차례

Chapter 2
[1단계] 검증된 정보로 시작하는 금융인의 리서치 전략

Chapter 3
[2단계] 생각을 구조화하고 전략을 설계하는 도구

Chapter 4
[3단계] 전문성을 완성하는 출력의 기술

PART 1

금융 산업의 AI 대전환

Chapter 1

금융의 본질, 그리고 AI 혁명의 서막

챗GPT가 세상에 나온 지 불과 3년여 시간 동안 금융의 판도가 바뀌고 있습니다.

모건스탠리의 약 16,000명 재무 어드바이저는 이제 GPT-4로 무장하고 있습니다.[1] 고객이 "은퇴 자금이 걱정돼요."라고 말하면, AI가 즉석에서 개인별 맞춤 은퇴 계획을 생성합니다. 뱅크오브아메리카의 에리카(Erica)는 하루에 약 180만 건의 고객 상담을 처리하며, 고객들은 이것이 AI인지조차 모르고 만족해하고 있습니다.[2]

그런데 이것은 시작에 불과합니다.

지금 이 순간에도 골드만삭스, JP모건, 블랙록의 데이터 센터에서는 수조 원의 자금이 AI의 판단에 의해 실시간으로 이동하고 있습니다. 인간 트레이더가 하루 종일 고민할 결정을 AI는 밀리초(ms) 단위로 실행합니다.

이러한 현상을 체계적으로 분석하기 위해서는 먼저 금융업의 본질을 이해해야 합니다. 금융은 본질적으로 3가지 요소를 다루는 복잡한 시스템입니다. 시간의 가치를 계산하고, 정보의 격차를 이용하며, 위험을 측정하고 관리하는 것이 금융의 핵심입니다.

그런데 생성형 AI는 바로 이 세 영역에서 인간의 근본적 한계를 뛰어넘고 있습니다. 방대한 정보를 실시간으로 처리하고, 복잡한 위험 시나리오를 동시에 시뮬레이션하며, 미래의 불확실성에 대한 수많은 가능성을 즉석에서 제시합니다.

---

1. 모건스탠리는 2023년 9월 'AI @ Morgan Stanley Assistant'를 론칭했고, 이후 재무 어드바이저팀 대부분이 이 내부 AI를 사용 중입니다. 앞으로 여러 차례 언급되고 설명됩니다.

2. 에리카(Erica)는 거래 내역 검색, 지출 분석, 카드 잠금/해제, 정기 결제 모니터링 등 금융 분석 기능을 갖춘 AI 어시스턴트입니다. 2024년 기준 하루 평균 180만 건을 처리합니다.

이는 단순한 업무 효율성 개선이 아닙니다.

금융업의 핵심 경쟁력 자체가 바뀌고 있는 것입니다. 과거에는 뛰어난 분석력과 경험을 가진 인재가 경쟁 우위의 원천이었다면, 이제는 우수한 AI 모델과 데이터에 접근할 수 있는 능력이 승부를 결정짓고 있습니다.

시간적 관점에서 보면 이 변화의 특이성이 더욱 명확해집니다.

1980년대 이후 40년간 디지털 혁명이 금융을 바꿨다면, 생성형 AI는 단 3년여 만에 그 변화의 속도를 상상할 수 없을 만큼 가속화하고 있습니다. 기술 확산 이론(Technology Diffusion Theory)에 따르면, 혁신 기술의 채택은 일반적으로 수년에서 수십 년의 시간을 요구합니다. 그러나 생성형 AI는 이 법칙을 완전히 뒤엎고 있습니다.

이 모든 변화를 제대로 이해하려면 반드시 알아야 할 것이 있습니다. 바로 이 혁신을 가능하게 하는 AI 기술의 실체입니다. 머신러닝, 자연어처리, 생성형 AI, 트랜스포머, 멀티모달 같은 용어들이 단순한 기술 용어가 아니라 금융의 미래를 결정하는 핵심 개념들이기 때문입니다.

이 장에서는 이러한 변화의 전체 그림을 개념적으로 그려 보겠습니다.

먼저 AI가 금융이라는 게임에서 왜 인간을 압도하는지를 살펴보고, 이를 가능하게 하는 핵심 AI 기술들을 확인할 것입니다. 그리고 40년간의 금융 디지털화와 최근 3년의 AI 혁명을 비교해 현재 변화의 특별함을 조명하겠습니다.

기술이 전략을 앞지르는 시대, 금융업계는 어떻게 대응해야 할까요?

1 당신의 투자 판단, 이미 AI가 내리고 있다

지금 이 순간에도 당신이 모르는 사이에 AI가 수조 원의 자금을 움직이고 있습니다.

골드만삭스의 주식 거래 데스크에서 600명의 트레이더가 일하던 자리에 이제는 단 2명의 엔지니어와 200대의 컴퓨터가 앉아 있습니다. JP모건은 2017년 대비 트레이딩 인력을 30% 줄였지만 거래량은 오히려 증가했습니다. 블랙록의 알라딘 시스템은 전 세계 금융자산의 10%에 해당하는 21조 달러를 자동으로 운용하고 있습니다.

그런데 최근 등장한 생성형 AI는 이 변화를 완전히 다른 차원으로 끌어올리고 있습니다. 기존 AI가 과거 데이터를 분석해서 패턴을 찾았다면, 생성형 AI는 존재하지 않았던 시나리오를 창조하고, 인간이 상상하지 못한 금융 전략을 설계합니다.

이것은 단순한 자동화가 아닙니다. 금융 판단의 주체 자체가 바뀌고 있는 것입니다.

기존 리스크 모델이 '신용등급 A 기업의 부도 확률 0.3%'라는 단편적 수치를 산출했다면, 생성형 AI는 '글로벌 공급망 재편과 에너지 전환 정책이 동시에 진행되면서 원자재 가격 급등과 탄소세 도입이 겹칠 경우 제조업체들의 현금흐름에 미칠 연쇄 영향'이라는 시스템적 위험 시나리오를 구성하고, 산업별-지역별로 차별화된 신용평가 전략을 동적으로 생성합니다.

금융의 경쟁 구조가 근본적으로 바뀌고 있습니다. 정보의 속도에 더해 시나리오 창조 능력이, 데이터 분석을 넘어선 실시간 개인화가 새로운 승부처가 되고 있습니다.

금융이라는 게임의 규칙

금융을 이해하려면 먼저 이것이 무엇에 관한 게임인지 알아야 합니다.

시간을 사고파는 게임입니다. 은행에서 대출을 받는 순간, 당신은 미래의 소득능력을 담보로 현재의 자금을 확보합니다. 주식을 매수할 때는 기업의 미래 성장 가능성에 베팅하는 것이고, 채권을 살 때는 정해진 기간 동안 돈을 빌려주는 대가로 이자를 받습니다. 연금을 적립하는 것도 현재의 소비를 포기하고 미래의 안정을 사는 행위입니다. 모든 금융 거래의 핵심은 시간의 가치를 정확히 계산하는 것입니다.

정보를 무기로 하는 게임입니다. 금융에서 정보의 힘은 다차원적입니다. 고빈도 거래에서는 1ms(밀리초)가 수백만 달러를 좌우하지만, 장기 투자에서는 시장이 놓치고 있는 근본적 가치를 발견하는 통찰력이 더 중요합니다. 공개된 정보라도 그것들 사이의 숨겨진 연결고리를 찾아내거나, 시장 참여자들의 심리와 행동 패턴을 읽어 내는 능력이 진정한 경쟁 우위를 만들어 냅니다. 정보 게임에서 승리하려면 빠르게 얻고, 정확하게 분석하고, 창의적으로 해석하는 종합적 역량이 필요합니다.

위험을 관리하는 게임입니다. 금융의 본질은 불확실성과의 싸움입니다. 투자자는 기대수익과 손실 가능성 사이에서 균형점을 찾아야 하고, 은행은 대출 회수 불능 위험을 최소화하면서도 수익성을 확보해야 합니다. 보험회사는 수많은 위험 요소를 분석해 적정 보험료를 책정하고, 연기금은 수십 년 후 지급해야 할 연금을 위해 안전하면서도 수익성 있는 투자처를 찾아야 합니다.

이 3가지 요소(시간, 정보, 위험)에서 인간은 분명한 한계를 가지고 있습니다. 우리는 미래를 정확히 예측할 수 없고, 방대한 정보를 실시간으로 처리할 수 없으며, 감정과 편향에 휘둘릴 때가 많습니다.

그런데 생성형 AI는 이 세 영역 모두에서 인간을 압도하고 있습니다.

생성형 AI가 만드는 새로운 금융 질서

시간 : 미래를 창조하는 AI

기존 AI는 "과거 데이터를 보니 내일 주가가 오를 확률이 65%입니다."라고 말했습니다.

생성형 AI는 다릅니다. "만약 미국 연준이 금리를 0.5% 인하하고, 동시에 중국이 반도체 수출 규제를 완화하며, 테슬라가 예상보다 20% 높은 실적을 발표한다면"이라는 복합 시나리오를 실시간으로 생성합니다. 그리고 각 시나리오별로 최적의 포트폴리오를 즉석에서 설계합니다.

JP모건의 '인덱스GPT(IndexGPT)'[3]는 이미 개별 투자자의 대화 내용을 분석해서 맞춤형 투자 전략을 실시간으로 생성하고 있습니다. 당신이 "요즘 전기차 관련주가 관심 있어."라고 말하면 AI는 당신의 위험 성향, 투자 이력, 현재 포트폴리오를 종합해서 당신만을 위한 투자 시나리오를 만들어 냅니다.

정보 : 모든 것을 읽고 쓰고 창조하는 AI

블랙록이 자체 개발한 리스크 분석, 포트폴리오 관리, 트레이딩 등을 통합한 전방위 투자 관리 플랫폼 '알라딘(Aladdin)'은 전 세계 금융 자산의 10%인 21조 달러(2025년 1분기 기준)를 운용합니다.

그런데 생성형 AI는 여기서 한 단계 더 나아갑니다.

텍스트를 읽습니다. 기업 공시, 뉴스 기사, SNS 게시물, 심지어 CEO의 인터뷰 중 미묘한 표정 변화까지 분석합니다.

이미지를 해석합니다. 위성사진으로 월마트 주차장의 차량 대수를 세어서 분기 실적을 예측하고, 공장의 굴뚝 연기로 생산량을 추정합니다.

음성을 분석합니다. 컨퍼런스콜에서 CFO의 목소리 톤 변화로 숨겨진 리스크를 찾아냅니다.

더 무서운 것은 이제 AI가 정보를 생성한다는 점입니다. 골드만삭스의 생성형 AI는 복잡한 금융 상품의 투자설명서를 몇 초 만에 작성하고, 개

3. JP모건은 2024년 5월 'IndexGPT'라는 GPT-4 기반 AI를 출시하였습니다. 'IndexGPT'는 키워드를 자동으로 추출한 뒤 뉴스 등 데이터를 분석해 특정 테마에 맞는 기업들을 묶어 투자 바스켓이나 인덱스를 생성해 주는 도구입니다. 앞으로 여러 차례 언급되고 설명됩니다.

별 고객의 질문에 맞춰 실시간으로 리포트를 생성합니다.[4]

위험 : 보이지 않는 연결고리를 찾는 AI

2008년 전 세계 금융위기 때 모기지 론(mortgage loan)과 글로벌 금융 시스템의 연결고리를 제대로 파악한 사람은 극소수였습니다. 인간의 직관으로는 복잡한 시스템의 숨겨진 위험을 찾기 어렵습니다.

생성형 AI는 수천 개의 변수 간 상관관계를 동시에 분석하면서 인간이 상상하지 못한 위험 시나리오를 생성합니다. "만약 리튬 공급망에 문제가 생기면, 전기차 업체뿐만 아니라 배터리 제조사, 희토류 광산업체, 또한 태양광 패널 업체까지 어떤 영향을 받을 것인가?"라는 식으로 연쇄 반응의 전체 지도를 그립니다.

글로벌 핀테크 기업들의 AI는 대출 신청자의 신용도를 평가할 때 기존 신용 점수뿐만 아니라 SNS 활동 패턴, 온라인 쇼핑 습관, 심지어 스마트폰 사용 패턴까지 종합해서 인간이 놓친 위험 신호를 포착합니다.

판단 주체의 교체 : 인간에서 AI로

이 모든 변화가 의미하는 바는 금융 의사결정의 주도권이 인간에서 AI로 넘어가고 있다는 것입니다.

헤지펀드 르네상스 테크놀로지는 이미 대부분 투자 결정을 AI에 맡기

4. 골드만삭스는 자체 생성형 AI 도구인 'GS AI Assistant'를 통해(2025년 전사 배포) 문서 요약, 콘텐츠 초안 작성, 데이터 분석 등을 수행하고 있습니다. 앞으로 여러 차례 언급되고 설명됩니다.

고 있습니다. 30년간 연평균 66%의 수익률을 기록하며, 워런 버핏조차 부러워하는 성과를 내고 있습니다.[5] 이는 단순한 성공 사례가 아닙니다. AI가 인간의 감정과 편향을 배제한 채 순수하게 데이터와 확률에 기반을 두어 판단을 내린 결과입니다.

놀라운 것은 이런 변화가 일부 전문기관에만 국한하지 않는다는 점입니다. 일반 개인투자자들도 이제 AI의 투자 조언을 받고, 은행에서는 AI가 대출 승인을 결정하며, 보험회사는 AI가 계산한 위험도에 따라 보험료를 책정합니다.

이제 AI가 금융의 구조 자체를 재설계하고 있다는 점에 주목해야 합니다.

기존 금융이 과거 데이터에 반응하는 '수동적 시스템'이었다면, 생성형 AI는 미래를 예측하고 대비하는 '능동적 시스템'을 만들고 있습니다.

보험업계를 보면 전통적으로는 사고가 발생한 후 보험금을 지급하고, 그 데이터를 누적해 다음 해 보험료를 조정했습니다. 하지만 생성형 AI는 기상 패턴, 교통량 변화, 개인의 운전 습관까지 실시간으로 분석해 사고 위험도를 미리 계산하고, 위험이 높아지는 구간에서는 운전자에게 경고를 보내거나 보험료를 동적으로 조정합니다.

자산관리에서도 기존에는 경기침체가 시작된 후 포트폴리오를 방어적으로 재편했다면, 이제는 AI가 경제지표, 정치적 불안 요소, 시장 심리까지 종합해 경기 전환점을 미리 감지하고 고객별로 선제적 리밸런싱 전

---

5. 르네상스 테크놀로지(Renaissance Technologies)는 정량적(quantitative) 모델과 컴퓨터 기반 알고리즘 중심의 투자 전략을 수행하는 헤지펀드입니다. 대표 펀드인 'Medallion Fund'는 1988년부터 약 30년 동안 연평균 약 66%의 수익률(수수료 전, gross returns)을 기록했습니다.

략을 제안합니다.

과거에는 자본력과 브랜드, 그리고 경험 많은 전문가가 핵심 자산이었다면 이제는 데이터의 질과 AI 모델의 성능이 승부를 결정할 수 있습니다.

새로운 질문 : AI와 함께 금융을 어떻게 재설계할 것인가?

이제 우리 앞에는 근본적인 질문이 놓여 있습니다. 인간 대신 AI가 판단을 내리는 세상에서 인간의 역할은 무엇일까요? AI가 창조한 금융 전략을 우리는 믿고 맡길 수 있을까요? 그리고 그것을 통제할 수 있을까요?

답은 명확하지 않습니다. 하지만 한 가지는 분명합니다. 생성형 AI와 금융의 결합은 단순한 기술 도입이 아니라 금융이라는 시스템 전체의 재정의를 의미한다는 것입니다.

변화는 이미 시작되었습니다. 문제는 우리가 그 변화를 주도할 것인지, 아니면 그저 지켜볼 것인지입니다.

2 AI 기술의 핵심 : 머신러닝에서 생성형 AI까지

이 거대한 변화를 이해하려면 지금 금융을 뒤흔들고 있는 AI 기술의 실체를 파악해야 합니다. 하지만 이 혁신이 하루아침에 이루어진 것은 아닙니다. 머신러닝에서 생성형 AI까지의 여정을 따라가다 보면, 왜 지금이 금융업계의 결정적 전환점인지 이해할 수 있습니다.

1950~1980년대 : 꿈의 시작과 첫 번째 겨울

"기계가 생각할 수 있을까?"라는 앨런 튜링[6]의 질문으로 인공지능에 대한 꿈이 시작되었습니다. 하지만 컴퓨팅 파워와 데이터 부족으로 대부분의 시도가 이론에만 머물렀고, 1970년대부터 첫 번째 'AI 겨울'이 찾

6. 앨런 튜링(Alan Turing, 1912~54)은 영국의 수학자이자 암호 해독 전문가입니다. 제2차 세계대전 당시 독일의 암호 기계 '이니그마(Enigma)'를 해독하는 데 핵심적인 역할을 했으며, 튜링 머신 개념을 통해 계산이론의 기초를 마련했습니다.

아왔습니다.

1990~2000년대 : 머신러닝의 실용화와 두 번째 겨울

인터넷과 데이터베이스의 발달로 머신러닝이 현실에 적용되기 시작했습니다. 신용카드 사기 탐지, 신용 스코어링 같은 금융 분야의 기초적 AI 활용이 등장했지만, 1990년대 후반 다시 AI에 대한 회의론이 확산되며 두 번째 겨울을 맞았습니다.

2010년대 : 딥러닝(Deep Learning) 혁명

2012년 이미지넷 대회[7]에서 딥러닝이 압승하며 긴 겨울이 끝나고 AI 르네상스가 시작되었습니다. 2017년 구글의 「트랜스포머」 논문 발표로 언어 이해의 새 지평이 열렸습니다. 이 시기 금융권에서는 알고리즘 트레이딩이 본격화되고 로보어드바이저(robo-advisor)가 등장하며 AI 기반 자산관리 서비스가 대중화하기 시작했습니다. 하지만 여전히 AI는 인간이 설정한 규칙과 목표 내에서 작동하는 '도구'의 역할에 머물렀습니다.

2020년대 : 생성형 AI의 출현

2022년 11월 챗GPT 출시를 기점으로 모든 것이 바뀌었습니다. '분석하는 AI'에서 '창조하는 AI'로의 패러다임 전환이 일어난 것입니다. AI가 단순히 기존 데이터를 분석하는 것을 넘어 새로운 텍스트, 이미지, 심지어

7. 이미지넷 대회(ILSVRC)는 2010년부터 시작된 이미지 인식 경진대회로, 2012년 토론토 대학교의 알렉스 크리제프스키(Alex Krizhevsky) 팀이 개발한 'AlexNet'이라는 딥러닝 모델이 오류율을 전년 대비 절반 가까이 낮추며 압도적인 성과를 거두었습니다. 이는 딥러닝 혁명의 시작점으로 평가받습니다.

투자 전략까지 생성할 수 있게 되었습니다. 금융업계에서는 맞춤형 상품 설계, 실시간 고객 상담, 개인화된 투자 조언이 현실화되며 AI가 창조적 파트너로서의 역할을 시작했습니다.

머신러닝(Machine Learning) : 모든 것의 시작점

데이터에서 규칙을 찾아내는 기계

머신러닝의 본질은 데이터에서 규칙을 찾아내는 것입니다. 지금 이 순간, 당신의 신용카드 결제가 승인되는 과정에서 머신러닝이 작동하고 있습니다. 0.3초 만에 수천 가지 변수를 분석해서 '이 거래가 사기인가?'를 판단합니다. 아메리칸 익스프레스는 연간 평균 1.2조 달러 거래를 실시간으로 분석하며, 사기 건수를 과거 대비 60% 이상 개선하고 있습니다.

데이터를 주고 규칙을 스스로 찾아내게 하고 새로운 상황에서 예측하게 만듭니다. 즉 이 이메일이 스팸인지 아닌지 판단(분류)한다거나, 집값을 예측(회귀regression)하게 한다거나 고객 이탈 가능성을 예측(확률)하게 하는 것들이 머신러닝의 일종입니다

머신러닝은 크게 4가지 방식으로 학습합니다.

- **지도학습**(Supervised Learning) : '이것은 사기, 이것은 정상'이라고 미리 답을 알려 주고 가르치는 방식
- **비지도학습**(Unsupervised Learning) : 답을 주지 않고 데이터 속 숨겨진 패턴을 스스로 찾게 하는 방식
- **강화학습**(Reinforcement Learning) : 시행착오를 통해 최적 행동을 학습하

게 하는 방식

- **딥러닝**(Deep Learning) : 인간 뇌의 신경망을 모방한 복잡한 학습 방식

자연어처리(Natural Language Processing, NLP) : 언어라는 벽을 허무는 기술

기계가 인간의 언어를 이해한다

기계가 인간의 언어를 이해한다는 것은 불과 몇 년 전만 해도 공상과학 이야기였습니다. 하지만 지금 뱅크오브아메리카의 고객센터에서는 에리카가 하루 평균 180만 건의 고객 문의를 자연스러운 대화로 처리하고 있습니다. "이번 달 카드 사용 내역 중에 이상한 거래 있어?"라고 물으면, 에리카는 즉시 거래 내역을 분석해서 "8월 1일 새벽 1시 온라인 쇼핑몰 결제 15만 원이 평소 패턴과 다른 것 같습니다."라는 식으로 답합니다.

자연어처리는 사람의 언어를 이해하고 분석하고 생성하는 머신러닝 분야입니다. 언어는 숫자가 아니기 때문에 기계가 처리하려면 특별한 방식이 필요합니다. 그래서 등장한 게 자연어처리라는 분야입니다.

자연어처리가 하는 일은 다음과 같습니다.

- **문장 분류** : "이 고객이 화가 났나?" 또는 "만족했나?"
- **번역** : 실시간 다국어 금융 상담
- **질의 응답** : 복잡한 금융 상품을 쉬운 말로 설명
- **문서 요약** : 100페이지 투자설명서를 3줄로 요약

생성형 AI : 창조하는 기계의 등장

존재하지 않았던 것을 만들어 내는 AI

생성형 AI의 혁명적 차이점은 존재하지 않은 것을 만들어 내는 것입니다. 기존 AI가 "이 데이터를 분석해서 답을 찾아 줘."였다면, 생성형 AI는 "이런 상황에서 최적의 전략을 새로 만들어 줘."입니다. JP모건의 인덱스 GPT는 개별 고객과의 5분 대화만으로 그 사람만을 위한 투자 포트폴리오를 즉석에서 생성합니다.

머신러닝과 생성형 AI를 직접 비교하자면, 머신러닝은 데이터 분석과 예측에 중점을 두는 분석적 AI이며, 생성형 AI는 새로운 콘텐츠 창조에 중점을 두는 창조적 AI입니다.

머신러닝은 '기존 데이터에서 무엇을 알아낼 것인가?'를 추구한다면, 생성형 AI는 '어떤 새로운 것을 만들어 낼 것인가?'를 추구합니다. 즉 머신러닝은 주로 비즈니스 의사결정을 위한 인사이트 도출에 활용되며, 생성형 AI는 콘텐츠 제작과 창조적 작업을 지원하는 도구로도 활용될 수 있습니다.

머신러닝과 생성형 AI 비교

구분	머신러닝	생성형 AI
목적	기존 데이터 분석	새로운 콘텐츠 창조
질문	"무엇을 알아낼 것인가?"	"무엇을 만들어 낼 것인가?"
활용	위험 분석, 사기 탐지	맞춤 상품 설계, 실시간 상담
데이터	구조화된 숫자 데이터	모든 형태의 비구조화 데이터

사전 훈련(Pre-training) : AI가 세상을 배우는 방식

인터넷 전체를 읽고 학습하는 AI

믿기지 않는 현실은 AI는 인터넷 전체를 읽고 학습한다는 것입니다. 챗GPT-4는 수십억~수천억 단어에 달하는 텍스트를 학습했습니다. 그 양은 사람이 하루 24시간 쉬지 않고 읽는다 해도 수십만 년이 걸릴 정도의 방대한 분량입니다. 이 과정에서 AI는 단순히 정보를 암기하는 것이 아니라 언어의 패턴, 논리적 추론, 심지어 창의적 사고까지 학습합니다.

금융 분야에서 이는 혁명적 의미를 가집니다. AI가 수백만 건의 금융 거래 기록, 시장 보고서, 법률 문서, 경제 논문을 동시에 학습하면서 인간 전문가 수십 명이 평생에 걸쳐 쌓을 지식을 단번에 습득할 수 있게 되었기 때문입니다.

사전 훈련된 모델은 이후 파인튜닝(fine tuning) 과정을 통해 특정 작업에 맞게 추가로 조정됩니다. 이러한 '사전 훈련 + 파인튜닝' 과정은 현재 AI 분야의 표준적인 접근법이 되었으며, 다양한 하위 작업에서 뛰어난 성능을 달성할 수 있게 해 줍니다.

트랜스포머(Transformer) : 맥락을 이해하는 혁신

문장 전체를 한 번에 이해하는 기술

2017년 구글의 「Attention Is All You Need」 논문이 모든 것을 바꿨습니다.[8] 트랜스포머는 언어의 맥락을 이해하고, 확률적인 예측을 통해 새롭게 문장을 생성하는 기술입니다. 입력 데이터(특히 언어)를 처리할 때, 그 안의 '관계' 즉 언어의 맥락을 한꺼번에 이해하고 이를 반영합니다.

"그는 사과를 먹고 친구에게 그것을 줬다."에서 '그것'이 무엇을 가리키는지 이해하려면 '그것'과 '사과'와의 관계를 파악해야 합니다. 트랜스포머는 이런 미묘한 맥락까지 정확히 파악합니다.

특히 금융 분야에서는 '이 회사의 실적 개선이 주가에 미칠 영향'처럼 복잡한 인과관계와 맥락을 AI가 이해할 수 있게 해 주는 핵심 기술이 되었습니다. 또한 이 기술 덕분에 AI가 복잡한 금융계약서까지도 이해하고 요약할 수 있게 되었습니다.

매개변수(Parameters) : AI의 두뇌 용량

1,750억 개의 숫자로 언어의 법칙을 담은 AI

GPT-3는 1,750억 개의 매개변수로 구성돼 있습니다. 또한 GPT-4는 약 1조 개의 매개변수를 가진 것으로 추정됩니다. 수많은 문장을 읽으면서 단어들 사이의 관계와 패턴을 학습하고, 그것을 수천억 개의 숫자값으로 저장합니다. 이 숫자들이 바로 '매개변수'입니다. 예를 들어, "나는 아침에 커피를…"이라고 시작하는 문장에서 다음 단어가 '마신다'일 확률이 높다는 것을 계산할 때 그 계산에 쓰이는 값이 바로 매개변수입니다.

---

8. 구글이 발표한 「Attention Is All You Need」에서 시퀀스 모델링(RNN, Recurrent Neural Network) 없이 오직 '어텐션만으로'라는 발상으로 오늘날의 트랜스포머 아키텍처가 처음 소개됐습니다. 이는 딥러닝 역사에서 굉장히 중요한 연구이고 모든 대형언어모델(LLM)의 출발점이 되었습니다.

흥미로운 것은 '템퍼러처(Temperature)'라는 매개변수입니다. 템퍼러처는 AI가 답변을 얼마나 무작위적으로 생성할지를 결정합니다. 낮게 설정하면 일관되고 보수적인 답변을, 높게 설정하면 다소 불안정하지만 창의적이고 다양한 답변을 얻을 수 있습니다.

이러한 무작위성의 조절은 AI가 단순한 정보 검색 도구를 넘어 창작 도구로 활용될 수 있게 하는 아주 중요한 요소라 할 수 있습니다.

멀티모달(Multimodal) : 모든 감각을 가진 AI

보고, 듣고, 읽고, 그리는 AI

생성형 AI가 강력한 이유 중 하나는 보고, 듣고, 읽고, 그린다는 것입니다. 챗GPT 출시 3년 만에 주요 생성형 AI 모델들이 멀티모달 기술을 지원합니다. 이제 고객이 손상된 신용카드 사진을 찍어서 보내면, AI가 즉시 손상 정도를 분석하고 재발급 절차를 안내합니다. 음성으로 투자 상담을 요청하면 시각적 차트와 함께 설명해 줍니다.

이는 인간의 인지과정과 유사하여, 우리가 세상을 이해할 때 시각, 청각, 촉각 등 다양한 감각 정보를 통합적으로 활용하는 것과 같은 원리입니다. 멀티모달 기술로 인해 기존 텍스트만 입력하고 출력하던 것에서 AI의 활용도는 대폭 상승하게 되는 계기를 맞이하게 되었습니다.

더 나아가 이미지 속 복잡한 문서를 실시간으로 해석하고, 목소리 톤으로 고객 감정을 파악하며, 손글씨 서명까지 인식하는 수준에 도달했습니다. 이제 AI는 단순한 챗봇을 넘어서 인간의 다중 감각 경험을 모방하는 진정한 디지털 동반자로 진화하고 있습니다.

AI 얼라인먼트(AI alignment) : 통제 가능한 AI 만들기

AI가 인간의 편에 서게 만드는 기술

AI가 더욱 진보하게 되면 혹시 인간에게 위험한 상태가 될 수도 있지 않을까 염려하는 사람이 많습니다. AI가 언제든 인간의 편이 되도록 만드는 것은 아주 중요하고 또 어려운 과제입니다.

2016년 마이크로소프트가 출시한 챗봇 '테이(Tay)'는 사용자 입력을 그대로 학습하는 방식으로 설계되었으나, 공개된 지 몇 시간 만에 인종차별적 발언을 쏟아내면서 서비스가 중단되었습니다. 이는 인터넷 이용자들이 테이에게 혐오 표현과 차별적 언어를 주입했고, 테이가 이를 걸러내지 못한 채 그대로 반복한 결과였습니다. 로이터(Reuters)는 "출시 24시간도 채 지나지 않아 테이가 인종차별적·성차별적 콘텐츠를 학습해 그대로 내뱉었다."고 보도했습니다.

이런 문제를 해결하기 위해 '인간 피드백 기반 학습(Reinforcement Learning from Human Feedback, RLHF)'이 도입되었고, 수많은 인간 평가자가 AI의 답변을 평가하면서 모델은 보다 유용하고 윤리적인 방향으로 학습하게 되었습니다. 챗GPT와 클로드(Claude)가 비교적 안전한 답변을 내놓는 이유입니다.

또 다른 방식인 '헌법 기반 학습(constitutional AI)'은 사람이 직접 피드백을 주는 대신, 미리 정의된 윤리 원칙에 따라 AI가 스스로 판단하고 수정하는 접근 방식입니다.

최근에는 인간 대신 다른 AI가 평가자 역할을 맡는 'AI 피드백 기반 학습(Reinforcement Learning from AI Feedback, RLAIF)'도 연구되고 있습니다. 이는 비용과 확장성 측면에서 장점이 있지만, 평가 AI의 편향이 그대로 반영될 수 있다는 위험도 있습니다.

파운데이션 모델(Foundation Model) : AI 생태계의 플랫폼

소수가 만든 AI 엔진 위에서 모든 서비스가 돌아간다

현재 AI 생태계는 소수의 빅테크 기업이 만든 AI 엔진에 의한 모델을 근간으로 서비스가 이루어지고 있습니다. 즉 OpenAI의 GPT, 앤트로픽(Anthropic)의 클로드, 구글의 제미나이(Gemini)와 같은 파운데이션 모델은 전 세계 수많은 AI 서비스의 엔진 역할을 하고 있습니다. 이는 마치 안드로이드나 iOS 위에서 수많은 앱이 구동되는 것과 비슷합니다.

파운데이션 모델의 장점은 하나의 모델로 번역, 요약, 대화, 코딩까지 다양한 작업이 가능하다는 점입니다. 또한 API[9], 파인튜닝을 통해 쉽게 서비스에 적용할 수 있어 확장성과 유연성이 높으며, 개발 시간과 비용을 크게 줄여 줍니다. 이로써 금융회사들은 자체적으로 수조 원을 투자해 AI 모델을 처음부터 만들 필요 없이, 검증된 파운데이션 모델을 기반으로 자신들만의 금융 서비스를 빠르게 구축할 수 있습니다.

---

9. API(Application Programming Interface)는 서로 다른 소프트웨어가 대화할 수 있도록 해 주는 규칙과 통로입니다. GPT, 클로드, 제미나이 같은 모델은 보통 클라우드에서 운영됩니다. 기업이나 개발자가 직접 모델을 훈련·운영하지 않고, API 호출을 통해 모델 기능을 빌려 쓸 수 있습니다.

그러나 소수 기업에 의한 기술 독점, 데이터 편향 문제, 그리고 환경적 비용과 투명성 부족 같은 새로운 과제도 존재합니다.

파운데이션 모델이 아무리 강력하더라도 그 학습 데이터의 성격과 편향은 결과물의 공정성과 신뢰성을 좌우합니다. 특히 금융회사는 고객 개인 정보 등 민감한 데이터에 대한 취급에 신중해야 합니다.

따라서 데이터의 보안 수준과 민감도에 따라 접근 방식을 달리할 필요가 있습니다. 공공 정보나 비식별화된 데이터 영역에서는 범용 모델을 활용해 효율을 높이고, 고객 정보나 내부위험모델처럼 정보 보안이 중요한 영역에서는 도메인 특화형 파인튜닝이나 폐쇄형 모델 운영이 필요할 수 있습니다.

결국 AI 시대의 경쟁력은 누가 더 안전하고 정교하게 데이터를 다루느냐에 달려 있습니다.

3 혁신의 속도 : 한 달이면 모든 것이 바뀐다

도입되기도 전에 낡아지는 기술

최근 생성형 AI의 현실은 기업들의 도입 의사결정 후 그 기술이 구축되기도 전에 이미 낡은 것이 되어 버린다는 것입니다. 2024년 5월 OpenAI가 발표한 GPT-4o(Omni)는 텍스트, 음성, 이미지, 비디오를 실시간으로 처리할 수 있는 진정한 멀티모달 AI였습니다.

그러나 불과 한 달 후 출시된 앤트로픽의 클로드 3.5 소넷(Claude 3.5 Sonnet)은 여러 벤치마크에서 GPT-4o와 비교해 뛰어난 추론, 코딩, 비전 성능을 보였다는 평가를 받았습니다.

또 한 달이 지나자 메타(Meta)는 라마 3.1(LLaMA 3.1 405B)이라는 초대규모 오픈소스 모델을 공개했습니다. 이는 일부 지표에서 GPT-4o 및 클로드 3.5 소넷과 유사하거나 경쟁력 있는 성능을 보여 "오픈소스가 유료 AI 모델에 도전장을 냈다."는 말까지 나왔습니다.

단 한 달이면 최첨단이 구식이 됩니다.

기업들이 AI 도입을 검토하고 승인받는 6개월 사이에 그 기술은 이미 여러 번 업데이트되어 있습니다. 기술의 진화 속도가 인간의 사고와 제도를 추월하고 있습니다. 이렇듯 기술의 변화가 급속한 지금, 기업의 경영자 및 기술 변화를 응용하고 적용해야 할 리더들에게는 향후 2~3년의 전략적 선택이 중요합니다.

여러 획기적 기술의 변화 가운데 아래와 같은 생성형 AI의 핵심적 기술 변화, 특히 기업에의 AI 기술 적용에 반드시 응용될 변화들을 잘 살펴보아야 합니다.

소형언어모델(SLM) : 주머니 속 AI 혁명

챗GPT를 스마트폰에서 돌린다

클라우드 서버가 아닌 스마트폰에서 AI를 구동시킬 수 있습니다. 소형언어모델(Small Language Model, SLM)은 10억 개 미만의 매개변수로 작동하는 경량 AI입니다. GPT-4가 고성능 서버에서만 돌아간다면, SLM은 당신의 스마트폰에서 실행됩니다.

왜 이것이 게임 체인저일까요?

첫째, 모든 처리가 내 기기에서 이뤄집니다. 민감한 금융 데이터를 외부 클라우드 서버로 보낼 필요가 없습니다. 둘째, 비용이 저렴하고 한 번 설치하면 무제한 사용 가능합니다. 셋째, 인터넷 없이도 AI가 작동합니다. 지하철에서도, 비행기에서도 AI 비서가 함께합니다.

이미 금융회사들이 고객 상담에 SLM을 도입하기 시작했습니다. 고객의 개인 정보가 회사 밖으로 나가지 않으면서도 실시간 AI 서비스가 가능하기 때문입니다.

대형언어모델(LLM)과 소형언어모델(SLM) 비교				
모델 유형	매개변수	장점	단점	대표 사례
LLM	수십억 개 이상	높은 성능 / 범용성	높은 비용 / 서버 의존	GPT-4 / Claude
SLM	10억 개 미만	경량화 / 개인 정보 보호	제한된 성능	Gemini Nano / Phi-3

RAG(Retrieval Augmented Generation) : AI가 실시간으로 공부하는 기술

AI가 회사 내부 문서를 읽고 답변한다

기존 AI 모델은 학습 시점까지의 데이터로만 답변해 최신 지식 반영이 어려웠습니다. 반면, RAG(검색증강생성)는 질의 시점에 외부 지식 베이스에서 관련 정보를 검색해, 이를 LLM 입력에 포함시킨 후 답변을 생성하는 하이브리드 구조입니다.

RAG 덕분에 최신 정보 반영, 사실성 강화, 그리고 기업 맞춤형 데이터 활용이 가능해져 더 정확하고 신뢰할 수 있는 답변을 제공합니다.

실제 시나리오를 보겠습니다. 고객이 "우리 회사 퇴직연금 정책이 어떻게 바뀌었나요?" 하고 질문하면, 기존 AI는 "죄송합니다. 최신 정보를 알 수 없습니다."라고 답하는 반면, RAG AI는 [실시간으로 회사 내부 문서 검색 후] "2025년 7월 개정된 정책에 따르면, 기여율이 3%에서 5%로 인상되었고…" 등의 답을 합니다.

이러한 RAG의 혁신적 장점은 다음과 같습니다.

- **환각(hallucination) 제거** : AI가 거짓 정보를 지어 내는 문제 상당 부분 해결
- **실시간 최신성** : 방금 업데이트된 정보도 즉시 반영
- **출처 명시** : "이 정보는 2024년 7월 15일 정책 문서에서 가져왔습니다."
- **맞춤형 전문성** : 회사만의 독특한 규정과 프로세스까지 정확히 파악

AI 에이전트(AI agent) : 스스로 일하는 디지털 직원

목표만 주면 알아서 모든 것을 처리하는 AI

에이전트 시대가 열렸습니다. 기존 AI가 '질문에 답변하는 도우미'였다면, AI 에이전트는 목표를 받으면 스스로 계획을 세우고 실행하는 자율적 직원입니다. 즉 사용자가 "다음 주 해외 출장 준비해 줘."라고 질문을 하면, AI 에이전트는 다음과 같이 자율적으로 실행합니다.

[출장 목적지와 날짜 확인 → 최적 항공편 검색 및 예약 → 현지 호텔 예약 → 비자 필요 여부 확인 → 환전 필요 금액 계산 → 출장 보고서 양식 준비 → 일정표를 캘린더에 자동 등록]

여기서 혁신의 핵심은 완전 자동화, 즉 인간 개입 없이 복잡한 업무 처리를 한다는 점, 또 사용자 패턴을 학습해 개인에 맞춰진 서비스를 제공한다는 점, 그리고 각종 시스템과 스스로 연동하여 업무를 실행한다는 점입니다.

다중 에이전트(Multi-Agent) : AI 팀이 협업한다

AI들이 팀을 이루어 프로젝트를 분담 처리한다

다중 에이전트 시스템은 다음 단계의 혁신입니다. 예를 들어, 마케팅 캠페인을 만들 때 필요한 역할은 다음과 같습니다.

- **시장조사 에이전트** : 경쟁사 분석과 트렌드 파악
- **콘텐츠 에이전트** : 브랜드 메시지와 카피 작성
- **디자인 에이전트** : 비주얼 콘셉트와 그래픽 제작
- **데이터 에이전트** : 성과 측정 지표 설정

각 에이전트가 서로 소통하며 작업을 주고받아 하나의 팀처럼 협업합니다. 그 결과 기존에 수 주 동안 하던 작업이 수 시간대로 단축됩니다.

다중 에이전트 시스템을 활용하면 다음과 같은 장점이 있습니다.

첫째, 전문성과 효율성이 극대화됩니다. 각 에이전트가 특정 영역에 특화되어 있어 더 높은 품질의 결과를 낼 수 있습니다.

둘째, 확장성이 뛰어납니다. 필요에 따라 새로운 전문 에이전트를 추가하거나 제거할 수 있습니다.

셋째, 복잡한 비즈니스 프로세스를 완전 자동화할 수 있어서 인간은 창의적이고 전략적인 업무에 집중할 수 있게 됩니다. 이는 조직 운영 방식 자체를 바꿀 수 있는 혁신적인 기술로 평가받고 있습니다.

특화 AI(Vertical AI) : 전문가가 된 인공지능

각 산업의 전문가 수준에 도달한 AI

AI를 금융 등 전문가 영역으로 특화하여 사용할 수 있습니다. 기존 '범용 AI(Horizontal AI)'가 모든 분야에서 사용 가능한 범용 도구였다면, '특화 AI(Vertical AI)'는 특정 전문 분야의 숙련된 전문가입니다. 즉 특정 도메인 지식을 선제적으로 내장하고, 해당 분야의 전문 용어, 규제 준수 프레임워크, 업무 프로세스 등을 학습하여 높은 정확도와 일관성을 유지합니다.

금융 분야에 이 특화 AI를 활용한다면 다음과 같은 장점이 있습니다.

- 복잡한 규제 환경 이해
- 금융 전문 용어와 업무 프로세스 숙지
- 리스크 관리와 컴플라이언스 자동 적용
- 금융 산업 특유의 워크플로(workflow) 최적화

글로벌 경영컨설팅 및 리서치 전문회사인 가트너(Gartner)의 예측에 의하면 생성형 AI 도입률은 2023년 5%에서 2026년 80%로 급증할 것이라고 합니다. 그 성장의 핵심이 바로 특화 AI라고 강조합니다. AI 기반 기술이 전기처럼 기본 인프라가 되면서 진정한 경쟁력은 각 산업의 특수성을 이해하는 전문화된 AI에서 나올 것입니다.

양자 AI(Quantum AI) : 상상을 현실로 만드는 연산력

모든 가능성을 동시에 탐색하는 AI

양자컴퓨팅(Quantum Computing)이 AI와 만났습니다. 양자 AI(Quantum AI)는 양자컴퓨터의 연산력을 AI에 접목한 미래 기술입니다. 양자컴퓨터는 큐비트(Qubit)의 '중첩'과 '얽힘' 원리를 활용해 특정 문제에서 고전 컴퓨터보다 훨씬 빠른 계산이 가능합니다.

이론적으로 최적화·시뮬레이션 분야에서 수백~수천 배 가속이 기대되며, 이는 마치 '한 번에 모든 책을 읽으며 서로 참조하는 도서관'과도 같습니다.

금융권에서도 활용되고 있는데 JP모건은 IBM 양자컴퓨터로 포트폴리오 최적화를 실험하고 있고, 골드만삭스는 리스크 시뮬레이션 가속화 연구를 진행하는 등 실제 적용 가능성을 탐구하고 있습니다.[10]

다만 아직은 초기 연구 단계로 AI 학습 전반을 곧바로 양자가 대체하는 수준은 아니라는 점은 고려되어야 합니다.

새로운 현실 : 기술이 제도를 추월하는 시대

인류는 오랫동안 기술 발전과 사회 적응 사이의 균형을 유지해 왔습니

10. JP모건은 IBM, 퀀티넘(Quantinuum), AWS 등과 함께 양자컴퓨터를 활용한 포트폴리오 최적화, 몬테카를로 시뮬레이션 등 다양한 알고리즘 연구를 진행하고 있습니다. 골드만삭스는 IonQ, QC 웨어(QC Ware)와의 공동 연구를 통해 양자 알고리즘이 몬테카를로 시뮬레이션에서 필요한 샘플수를 수백만에서 수천 개로 줄일 수 있는 '제곱 가속(quadratic speedup)'의 가능성을 확인했으며, 이를 통해 리스크 평가와 금융상품 가격 책정을 훨씬 빠르게 수행할 수 있을 것으로 전망하고 있습니다.

다. 증기기관이 발명되어도 수십 년에 걸쳐 철도망이 구축되었고, 그 사이에 법률과 제도, 사회 규범이 천천히 따라잡을 수 있었습니다. 전화도 등장한 뒤 전국에 보급되기까지 반세기가 걸렸고, 인터넷도 상용화부터 대중화까지 20년의 시간이 있었습니다.

하지만 지금은 다릅니다. 기술 발전 속도와 인간 사회의 적응 속도 사이에 극복하기 어려운 문화지체(cultural lag)가 벌어지고 있습니다.

소형언어모델, RAG 시스템, AI 에이전트 같은 혁신들이 동시다발적으로 등장하면서, 우리가 하나의 기술을 이해하고 제도적으로 수용하기도 전에 다음 기술이 그것을 무용하게 만들어 버립니다. 개인정보보호위원회가 AI의 개인데이터 활용 가이드라인을 마련하는 동안, 금융회사들은 이미 고객의 SNS 활동 패턴과 스마트폰 사용 습관까지 분석해 실시간으로 신용평가를 시행하고 있습니다.

이러한 기술 격차는 기업 경영에 직접적인 영향을 미치고 있습니다. 기업들이 AI 도입을 검토하는 6개월 동안 컴퓨팅 성능과 모델 규모는 대략 2배씩 증가하고 있습니다. '완벽한 계획'을 세우려는 순간, 그 계획은 이미 구식이 됩니다.

"완벽함을 추구하며 뒤처질 것인가, 아니면 불완전하더라도 빠르게 적응하며 앞서갈 것인가?"

4 40년 vs 최근 3년여 기간 : 시간이 압축된 혁명

40년의 변화보다 지난 3년여의 변화 속도가 더 빠르다

최근 3년여 동안 우리가 경험하고 있는 현실은 지난 40년간의 변화보다 훨씬 빠릅니다. MIT의 에릭 브린욜프슨 교수는 2019년에 이미 경고했습니다.

"AI의 발전 속도는 무어의 법칙을 뛰어넘는다. 즉 18개월마다 성능이 2배가 되는 것이 아니라 몇 개월마다 혁신적 도약이 일어나고 있다."

그런데 그것도 챗GPT 출시 전의 이야기였습니다. 2022년 11월 이후의 변화 속도는 상상을 초월합니다.

ATM이 전 세계에 보급되는 데 약 20여 년, 인터넷 뱅킹이 미국 인구의 절반에 도달하는 데 또 약 20년이 필요했지만, 생성형 AI는 단 3년여 만에 전 지구적 표준이 되었습니다. 챗GPT는 출시 2개월 만에 1억 명의 사용자를 돌파했습니다.

과거 한 세대에 걸쳐 스며들던 혁신이 이제는 분기 단위, 아니 월 단위로 압축되면서 우리의 일상과 업무를 송두리째 뒤흔들고 있습니다.

변화에 도태되면 이후로 어떤 일이 벌어질지 알 수 없는 세상이 되었습니다.

1980년대 : 기계가 사람을 대체할 수 없다

ATM에 절대 맡길 수 없다

"ATM에 절대 맡길 수 없다." 1980년대 초 은행 고객들의 반응이었습니다. 1967년 런던에 세계 최초 ATM이 등장했을 때 많은 사람이 "기계가 돈을 제대로 셀 리 없다."며 강하게 불신했습니다. 하지만 불과 몇십 년 만에 ATM은 미국 전역에 수십만 대가 깔리며 은행 현장의 풍경을 송두리째 바꿔 놓았습니다. 현금 입출금을 맡던 창구 업무는 사라지고, 대신 ATM 관리·시스템 운영·디지털 상담 같은 새로운 일자리가 생겨났습니다.[11] 사람들의 불신 속에 시작된 작은 기계는 결국 금융 산업의 구조를 근본적으로 뒤흔든 혁신이 된 것입니다.

11. 상황은 또 급변하고 있어서, 2023년 이후 최근 3년간 ATM 수는 10% 이상 축소되고 있습니다. 이는 모바일 뱅킹 등 비대면 금융 서비스 확산, 현금 이용 감소, ATM 유지 관리 비용 등의 영향을 반영한 결과로 보입니다.

1990년대 : 인터넷 뱅킹의 충격

집에서 은행 업무는 불가능하다

"집에서 은행 업무를?", "불가능하다!" 1995년 당시의 일반적 반응이었습니다. 1991년 팀 버너스리(Tim Berners-Lee)가 개발한 웹(World Wide Web)이 대중에 공개되자 은행들도 온라인 서비스 가능성을 처음 고민하기 시작했습니다. 그로부터 4년 뒤인 1995년 10월 미국 켄터키에서 'Security First Network Bank(SFNB)'가 설립되어 세계 최초의 인터넷 전용 은행으로 공식 서비스를 시작했습니다. 이 은행은 오프라인 지점 없이 모든 거래를 웹사이트에서 처리했습니다.

초기에는 "은행 업무를 인터넷에서?"라는 불신이 컸지만, 곧 온라인 뱅킹은 폭발적으로 확산되었습니다. 1999년 미국에서 온라인 뱅킹을 제공하는 은행은 단 한 곳이었는데, 불과 10년 후인 2009년 미국인의 47%가 온라인 뱅킹을 사용하게 되었습니다.

2007년 : 모바일 혁명의 시작

손바닥만 한 기계로 은행 업무를 본다?

"손바닥만 한 기계로 은행 업무를?" 아이폰 출시 당시의 반응이었습니다. 2007년 1월 스티브 잡스(Steve Jobs)가 아이폰을 공개했을 때 금융업계는 '손바닥만 한 기계로 은행 업무를 본다.'는 발상을 비웃었습니다. 많은 업계 인사들이 금융 플랫폼으로써의 가능성보다는 '휴대폰 + iPod + 인터넷 커뮤니케이터' 정도로 인식했습니다. 대표적으로 당시 마이크로소프트의 CEO였던 스티브 발머(Steve Ballmer)는 "아이폰이 시장에서 의미 있는 점유율을 차지하긴 어려울 것"이라고 평가했습니다.

그러나 단 1년 반 뒤인 2008년 7월 앱 스토어(App Store)가 열리자 은행들은 앞다투어 모바일 뱅킹 앱을 내놓으며 금융의 무대가 은행 지점에서 스마트폰으로 순식간에 옮겨 갔습니다.

불과 10여 년 만에 미국인의 70% 이상이 모바일로 계좌를 확인·송금하는 시대가 되었고, 은행 지점은 급속히 줄어들고 디지털 채널 투자가 폭발적으로 늘어났습니다.

처음에는 회의적인 시선 속에 등장한 손바닥만 한 작은 기계가 결국 금융의 판을 바꾼 주인공이 되었습니다.

2010년대 : 데이터와 알고리즘이 지배하는 금융의 대변혁

인간이 주도하던 영역이 데이터와 알고리즘의 힘으로 재편되었습니다. 2010년대는 금융에서 데이터가 신용을 재정의하고, 알고리즘이 투자를 대중화하며, 개인화가 금융을 당신만을 위한 서비스로 바꿔 놓았습니다. 이는 단순한 기술 발전이 아니라 금융의 DNA 자체가 다시 쓰인 사건이라 할 수 있습니다.

신용평가의 혁명 : 데이터가 신용이 되다

"기계가 내 신용을 평가한다?" 이제는 신용평가를 할 때 당신의 스마트폰 사용 패턴까지 분석합니다. 2015년 알리페이의 지마크레딧(Zhima Credit)[12]은 금융권의 오래된 벽을 허물었습니다. 과거에는 3~5년간의 금융 거래 기록만으로 신용을 평가했지만, 이제는 온라인 쇼핑 패턴, 친구 관계, 직장·학력, 위치 정보, 생활 습관까지 점수화했습니다.

- **온라인 쇼핑 패턴** : "명품을 할부로 사는가, 일시불로 사는가?"
- **친구 관계** : "신용등급이 높은 친구들과 자주 연락하는가?"
- **학력과 직장** : "안정적인 소득원이 있는가?"
- **위치 정보** : "고급 주거지역에 거주하는가?"
- **라이프스타일** : "규칙적인 생활 패턴을 가지고 있는가?"

이로 인해 기존 은행에서 외면받던 수억 명의 젊은 층이 새로운 금융 서비스에 접근할 수 있게 되었습니다. 좋은 데이터가 많을수록 더 유리한 조건을 얻는, '데이터가 곧 신용인 시대'가 열린 것입니다.

투자의 대중화, 그리고 자동화

복잡한 투자는 금융 부유층들만의 '전유물'이던 시대가 있었습니다. 그러나 2008년 금융위기 이후, 로보어드바이저는 월가의 전략을 일반인 손에 쥐어 주며 투자 문턱을 허물었습니다.[13] 단 100달러로 투자를 시작할 수 있고, 수수료는 기존의 대략 5분의 1에 불과했습니다.

누구나 스마트폰 하나로 '전문가급 포트폴리오 관리'를 받을 수 있게 되

12. 지마크레딧(Zhima Credit)은 중국 앤트그룹(Ant Group, 알리바바 계열)이 개발한 개인 신용평가 프로그램입니다. 알리페이(Alipay) 사용자 데이터를 바탕으로 신용도 점수를 매기며, 높은 점수를 받은 사람에게는 각종 금융 서비스 혜택이 제공됩니다.

13. 2008년 설립된 미국의 베터먼트(Betterment)와 웰스프론트(Wealthfront) 등이 대표적인 로보어드바이저입니다. 이들은 각각 '고객의 위험 허용도 및 투자 기간' 및 '투자자의 리스크 허용도'를 기준으로 ETF를 배분하여 운용합니다.

면서 시장은 2015년 200억 달러에서 2023년에는 1조 달러 이상으로 폭발적으로 성장했습니다. 투자라는 세계가 소수의 특권에서 다수의 일상으로 바뀐 것입니다.

동시에 금융의 또 다른 축에서는 인간이 사라지는 혁명이 일어났습니다. 뉴욕증권거래소 플로어를 가득 메우던 트레이더들의 외침은 잦아들고, 지금은 거래의 60~70% 이상을 알고리즘이 담당합니다.[14]

초고속 네트워크와 컴퓨터는 밀리초 단위로 매매를 반복하며, 인간이 주가 변화를 인식하기도 전에 수백 건의 거래가 끝나 버립니다.

월가는 더 이상 사람이 뛰는 공간이 아니라 기계가 지배하는 속도의 전쟁터로 변했습니다.

개인화의 시대 : 당신만을 위한 금융

2010년대 후반의 마지막 혁명은 개인화였습니다. 금융은 대중을 위한 표준화 서비스에서 '한 사람만을 위한 맞춤형 서비스'로 진화했습니다.

AI(머신러닝 형태)는 고객의 거래 이력, 앱 사용 패턴, 행동 데이터까지 분석해 최적의 대출·보험·투자 상품을 추천하고, 고객별 리스크에 따라 금리와 혜택을 달리 적용하는 '프라이싱(pricing)' 혁신이 일어났습니다.

또한 개인화가 심화될수록 신뢰 관리가 핵심이 되었습니다. 실시간 사기 탐지 시스템과 맞춤형 보안이 도입되었고, 서비스 제공자들은 투명성과 신뢰성을 강조하며 고객과의 관계를 재정립했습니다.

---

14. 2023년 기준, 미국 기관투자자 거래량의 약 80%가 알고리즘으로 처리되었습니다. 반면 롱온리(Long Only) 투자자들은 약 55% 내외를 알고리즘으로 거래합니다.

40년 변화의 결산 : 완전히 달라진 금융 생태계

40여 년간 진행된 디지털 혁명으로 금융업을 둘러싼 이해당사자들에게는 큰 변화가 있었습니다. 요약하면 다음과 같습니다.

공급자의 변화

금융회사들은 막대하고 지속적인 IT 투자가 불가피해졌습니다. 2000년대 초반 은행들의 IT 투자 비용은 무시할 만한 수준이었던 것에 비해, 2020년 총예산 대비 IT 예산 비중은 15~20% 수준으로 급격히 증가했습니다.

핀테크 기업들이 새로운 경쟁자로 부상하여, 2010년대 초 수십억 달러에 불과했던 전 세계 핀테크 투자액이 2020년대 초반 수천억 달러 투자 규모로 폭증한 바 있습니다.

고객의 변화

금융거래 방식이 바뀌었습니다. 2020년대 들어 고객들의 은행 지점 방문은 급격히 줄어들었고, 이제는 자금이체 등 여·수신 업무의 약 80% 이상이 인터넷이나 모바일을 통해 이루어집니다.

특히 2023년 한국의 모바일뱅킹은 전체 인터넷뱅킹 거래의 약 88%를 담당하고, 은행 업무의 모바일 이용률이 약 82%로 상승했습니다. 24시간, 언제 어디서든 이용 가능한 디지털 플랫폼으로 전환되었음을 보여 줍니다.

직원의 변화

극적인 변화가 일어났습니다. 전통적인 은행 창구 직원은 대폭 감소하고 IT 직종 직원은 급격히 증가했습니다. 단순한 일자리 감소가 아닌 업무 자체의 변화가 일어난 것입니다.

규제당국의 변화

이러한 급격한 변화에 맞춰 새로운 도전에 직면해야 했습니다. 전통적인 은행 규제 체계로는 핀테크와 암호화폐 같은 새로운 금융 서비스를 규제하기 어려웠습니다.

미국 금융감독청(OCC)은 2016년부터 핀테크 지원 창구를 오픈했습니다. 한국도 2019년 금융혁신지원특별법을 제정하여 규제 샌드박스[15]를 도입했습니다.

2022년 11월 : 모든 것이 다시 시작되었다

출시 2개월 만에 사용자 1억 명

챗GPT가 출시 2개월 만에 사용자 1억 명을 달성했습니다. 이는 전무후무한 기록입니다.[16] 최근 3년여 간의 AI 혁명은 그 변화의 속도, 그리고 미치는 영향력의 범위 측면에서 40여 년간의 디지털 혁명을 압도하고 있습니다. 이대로라면 AI 혁명은 사고(생각)하고 창조하는 업무까지도 대체할 기세입니다. 한마디로 우리의 미래를 짐작하기 어렵습니다.

"AI 에이전트 시대가 열린다. 인간과 컴퓨터의 상호작용이 완전히 달

15. 규제 샌드박스는 혁신적 서비스나 기술이 규제에 가로막히지 않도록 일정 기간 규제를 유예·면제해 주는 제도입니다. 이를 통해 새로운 금융 서비스를 시장에서 직접 시험해 볼 수 있습니다.

16. 인스타그램은 1억 명 사용자까지 2년 6개월, 틱톡은 9개월이 걸렸습니다.

라질 것이다."

2023년 11월 빌 게이츠가 공개된 자리에서 언급한 내용입니다. 멀티 모달리티 기술의 확대, 일반인공지능(AGI)[17] 기술의 발전을 통해 개인화된 사용자의 요구 사항에 최적화된 경험을 제공하는 AI 시대가 열릴 거라고 덧붙였습니다.

지금 우리 앞에는 역사적 선택이 놓여 있습니다. 지난 40년의 교훈을 받아들일 것인가? AI 시대의 변화에 능동적으로 대응할 것인가, 아니면 변화를 거부하다 도태될 것인가?

- ATM을 거부하던 고객들도 결국 변화를 받아들일 수밖에 없었다.
- 인터넷 뱅킹을 가볍게 본 은행들은 시장의 주도권을 잃었다.
- 모바일 혁신에 늦게 올라탄 기업들은 경쟁의 중심에서 밀려났다.

미래는 아무도 모릅니다. 하지만 한 가지는 확실합니다. 시장을 관망하며 일회성 기술로 AI를 바라보는 것만으로는 부족합니다.

지속적 성장을 위해서, 아니 생존을 위해서라도 시장의 변화를 파악하고, 기업의 역량을 진단하며, 경쟁력을 확보하기 위한 조직, 인프라(인력 및 시스템) 및 사업운영 모델의 체계를 갖춰야 합니다.

금융회사 리더들의 고민은 깊어지고 있습니다. 아무도 모르는 기술 변화 속도 앞에서 각자 다른 전략으로 대응하고 있습니다.

---

17. 일반인공지능(Artificial General Intelligence)은 범용인공지능이라고도 불리며, 인간 수준의 사고가 가능하여 주제에 구애받지 않고 성공적으로 문제를 해결할 수 있는 인공지능을 말합니다.

사례

Harvey AI : 3년 만에 30억 달러가 된 법률 혁명

룸메이트의 우연한 발견에서 시작된 혁명

2022년 샌프란시스코, 윈스턴 와인버그(Winston Weinberg, 증권 소송 변호사)와 가브리엘 페레이라(Gabriel Pereyra, 전 구글 딥마인드 연구과학자)는 룸메이트였습니다. 어느 날 페레이라가 와인버그에게 OpenAI의 GPT-3를 보여 주었습니다.

와인버그는 "이것이 법률 업무를 완전히 바꿀 수 있다."고 직감했고, 그로부터 3년 후 기업가치 30억 달러의 유니콘 기업이 탄생합니다. 3년 만에 42배 성장, 벤처 투자 역사상 유례없는 속도입니다.

- 2023년 11월(창업 1년) : 직원 수 100명, 매출액 10배 증가, 시리즈 B 투자 8,000만 달러 모집, 기업가치 7억 1,500만 달러
- 2024년 7월 : 시리즈 C 1억 달러 조달, 기업가치 15억 달러
- 2025년 2월 : 시리즈 D 3억 달러 조달, 기업가치 30억 달러

글로벌 로펌들의 즉각적 반응

2023년 2월 앨렌 엔 오버리(Allen & Overy, 영국 대형 로펌)는 "3,500명 변호사가 4만 건의 질의에 Harvey를 사용했다."고 발표했습니다.

영국 대형 로펌 최초로 생성형 AI를 도입한 역사적 순간이었습니다. 불과 4개월간의 시험 운영에서 나온 수치였습니다.

애셔스트(Ashurst, 영국 대형 로펌)도 4,000명 이상의 변호사와 직원에게 Harvey를 제공하는 등 Harvey AI를 고객 업무용 생성형 AI 솔루션으로 채택했습니다.

Harvey 시스템 도입으로 다음과 같은 변화가 생겼습니다.

- ColeFrieman & Mallon LLP(미국) : 변호사 1명 수당 10시간 절약
- Cremades y Asociados(스페인) : 변호사 1명 주당 7시간 절약 / 90% 업무 효율 개선
- Allen & Overy(영국) : 변호사 3,500명이 4만 건 질문, 업무의 질 개선

OpenAI와의 전략적 파트너십

Harvey AI는 OpenAI와의 전략적 파트너십으로 탄생했습니다. 즉 맞춤형 판례법 모델을 개발하여 Harvey만의 독점적 기술 우위를 확보했습니다.

Harvey AI가 하는 일은 다음과 같습니다.

- 복잡한 법률 문서의 초안 작성
- 수백 개의 계약서 간 중대한 차이점 즉시 식별
- 복잡한 소송 시나리오에 대한 전문가 수준 답변

Harvey와 OpenAI는 미국 내 10개 대형 로펌 소속 변호사에게 2가지 모델, 즉 Harvey가 자체 개발한 '커스텀 케이스 로 모델(Custom Case Law Model)'과 GPT-4 기본 모델의 결과물을 비교하도록 했습니다.

그 결과, 97%의 변호사가 커스텀 모델을 선호했다고 와인버그 CEO가 밝혔습니다. 그 이유로는 커스텀 모델 답변이 더 완전했으며, 질문의 뉘앙스를 더 깊이 이해하고 관련된 판례법을 풍부하게 포함했다는 점을 들었습니다.

산업 전체를 바꾼 도미노 효과

Harvey의 성공은 법률업계 전체의 AI 혁명을 촉발했습니다.

렉시스넥시스(LexisNexis)* 조사(2024년 1월) 결과, 미국 대형 로펌의 53%가 AI 도입을 계약했고, 실제 43%가 사용하고 있습니다.

* LexisNexis는 법률 및 비즈니스 정보 데이터베이스를 제공하는 글로벌 기업입니다.

Harvey AI가 3년 만에 달성한 것

- 30억 달러 기업가치
- 수백 개 글로벌 로펌 도입
- 업무 효율성 50% 향상
- 전체 법률업계 AI 전환 촉진

Chapter 2

AI 시대, 금융회사의 전략과 인재

변화는 이미 시작되었습니다. 이제 준비가 필요한 시기입니다.

1장에서 확인했듯이 챗GPT 출시 3년여 만에 금융업계의 판도가 바뀌고 있습니다. 모건스탠리의 약 16,000명 재무 어드바이저가 GPT-4로 무장하고, 골드만삭스에서는 수조 원의 자금이 AI의 판단으로 실시간 이동하고 있습니다.

그런데 여기서 중요한 질문이 생깁니다.

"우리는 준비되어 있는가?"

1장에서 본 Harvey AI의 사례는 시사하는 바가 큽니다. 룸메이트 간의 우연한 대화에서 시작된 아이디어가 불과 3년 만에 기업가치 30억 달러의 유니콘 기업으로 성장했습니다. 글로벌 로펌들이 즉각적으로 반응했고, 변호사들의 업무 방식을 근본적으로 바꿔 놓고 있습니다. 이것이 바로 AI 시대의 변화 속도입니다.

"하지만 이런 혁신적 변화를 어떻게 우리 조직에 적용할 수 있을까요?"

성공한 기업들은 공통적으로 한 가지를 깨달았습니다. AI 도입은 단순한 기술 프로젝트가 아니라 조직 전체의 근본적 변화라는 것입니다. 이것이 바로 2장에서 다룰 'AI 시대, 금융회사의 전략과 인재'입니다.

먼저 '무엇을 위해 도입하느냐?'를 고민해야 합니다. 명확한 목적 없는 AI 도입은 비용만 늘릴 뿐이지만, 전략적 목표가 분명한 기업들은 이미 게임 체인저급 성과를 거두고 있습니다.

구축 전략, 특히 기술 아키텍처 선택이 잘못되면 방향을 잃습니다. 모건스탠리는 왜 OpenAI와의 독점 파트너십을 선택했을까요? JP모건은 왜 2,000명의 AI 전문가를 자체 보유하는 완전 내재화 전략을 택했을까요? 골드만삭스는 왜 하이브리드 접근법을 선택했을까요? 각각의 선택에는 나름대로의 전략적 의도가 있었습니다.

데이터와 거버넌스가 부실하면 신뢰가 무너질 수 있습니다. AI는 데이터만큼만 좋습니다. 하지만 단순히 데이터를 모으는 것으로는 충분하지 않습니다. 신뢰할 수 있는 AI를 구축하려면 체계적인 데이터 관리와 거버넌스 구축이 필수입니다.

인재와 조직 문화가 준비되지 않으면 모든 투자가 무의미합니다. 기술은 빠르게 발전하지만 사람과 조직의 변화에는 시간이 걸립니다. AI 네이티브(AI Native) 인재 확보부터 전사적 AI 리터러시(AI literacy) 구축, 그리고 AI와 인간이 협업하는 새로운 조직 문화 창조까지, 이 모든 것이 AI 성공의 핵심입니다.

2장에서는 이 4가지 관점(무엇을 위해, 어떤 구축 전략으로, 데이터와 거버넌스 그리고 인재와 조직 문화는 어떻게)에서 글로벌 선도 기업들이 어떤 선택을 했는지를 살펴봅니다. 이를 통해 우리는 어떤 부분이 핵심이고 그래서 어떻게 준비해야 하는지 판단할 수 있습니다.

기술의 변화 속도가 인간의 계획 속도를 압도하고 있습니다. 따라서 완벽한 계획보다는 올바른 방향으로의 빠른 시작이 중요합니다. 지금부터 그것을 준비하는 구체적인 방법을 찾아보겠습니다.

1 금융회사 AI가 추구하는 핵심 가치

글로벌 금융회사들은 왜 AI 도입을 기업의 핵심 전략으로 선택하고 있을까요? 일반적으로 알고 있는 '효율성 제고' 측면도 AI 도입의 중요한 목적이지만 그 밖에 기업마다 AI를 바라보는 시각에 따라 여러 도입 목적이 있음을 잘 살펴볼 필요가 있습니다.

모건스탠리는 수십 년간 잠들어 있던 10만 개 문서를 '살아 있는 지식'으로 바꾸고 있고, 골드만삭스는 AI를 '새로운 직원'으로 채용해 업무에 투입하고 있습니다. 중국의 핑안보험은 단순한 보험회사를 넘어 의료-금융-자동차를 연결하는 거대한 생태계를 구축했으며, 스웨덴의 클라르나는 700명 직원이 하던 고객 서비스를 AI 하나로 대체하면서도 고객 만족도를 유지하고 있습니다.

이들의 공통점은 AI를 단순한 '비용 절감 도구'가 아닌 '새로운 경쟁력의 원천'으로 활용하고 있다는 점입니다.

내부 지적 자본의 혁명 : 10만 개 문서가 살아나다

“우리 회사에 잠들어 있는 10만 개의 리서치 보고서를 깨워야 합니다.”

2023년 9월 모건스탠리가 OpenAI의 GPT-4를 전면 도입하며 한 말입니다. 수십 년간 축적된 방대한 지적 자본이 검색조차 어려운 기존 상황에서 이제 활용 가능한 자산으로 바뀌었습니다.

JP모건은 다른 접근을 택했습니다. 2024년 7월 OpenAI 기반 기술을 사용하되 데이터 거버넌스는 완전 자체 개발하는 방식으로 AI를 구축하여 오픈했습니다. 목표는 사내에 축적되어 있는 500페타바이트(PB)[18] 데이터의 완전한 활용이었습니다.

골드만삭스는 한 단계 더 나아갔습니다. 단순한 데이터 활용을 넘어 AI를 ‘또 하나의 골드만삭스 직원’[19]으로 만들겠다고 선언했습니다. 모든 지식 근로자의 워크플로에 AI를 제공하고, 기업 문화와 업무 규칙, 각종 문서를 학습시켜 골드만삭스만의 고유한 AI 직원을 창조하겠다는 것입니다.

이들의 공통점은 명확합니다. AI 구축을 통해 지식기반 산업인 금융의 핵심 경쟁력을 완전히 다른 차원으로 끌어올리고 있습니다.

투자 의사결정의 새로운 무기 : 보이지 않는 신호를 읽는다

인간이 놓치는 미묘한 신호들이 있습니다. 중요한 회의에서 경영진이 언

18. 페타바이트(PB)는 데이터 용량 단위로 1PB=100만GB(기가바이트)입니다. 500페타바이트는 스마트폰(128GB)으로 표현하면 약 390만 대 분량의 데이터를 담을 수 있는 용량입니다. 미국 국회도서관(Library of Congress) 전체 디지털 컬렉션(약 20PB)의 25배 규모이기도 합니다.

19. 골드만삭스는 ‘Devin(새로운 AI 직원)’이라는 완전 자율형 AI 소프트웨어 엔지니어를 개발하여 2025년 7월부터 채용(배포)했습니다.

급한 발언의 문맥, Q&A에서의 감정과 어조, 여러 참가자의 비언어적 신호까지 생성형 AI는 모든 정성적·청각적·시각적 데이터를 종합 분석합니다.

골드만삭스는 이를 새로운 알파(α, 시장 평균 초과 수익) 창출의 기회로 보고 있습니다. 전통적 재무 지표와 함께 뉴스 기사, 분기 실적 발표 시의 대화록, 각종 공시 문서 등 비정형 데이터를 AI로 분석해 경쟁사가 놓친 투자 신호를 포착하고 있습니다.

"AI는 데이터만큼만 좋다.(AI is only as good as the date behind it.)"

글로벌 보험회사 알리안츠는 데이터 기반한 의사결정을 특히 강조합니다. 알리안츠 데이터 플랫폼을 통해 모든 직원이 데이터에 접근할 수 있도록 하며, AI가 이 데이터를 보험의 핵심 의사결정에 직접 활용하도록 설계했습니다.

데이터가 곧 경쟁력인 시대, AI는 그 데이터를 실시간 경쟁 우위로 전환하는 엔진이 되고 있습니다.

보험업계의 생태계 혁명 : 경계를 허무는 통합 솔루션

보험회사들이 AI로 단순한 효율화를 넘어 완전히 새로운 비즈니스 생태계를 구축하고 있습니다.

'하나로 연결된 모든 것' 전략

중국의 핑안보험은 단순한 보험회사를 넘어서서, '고객 한 명, 계정 하나로 모든 서비스를 한 번에(one customer, one account, multiple products, one-stop service)'라는 혁신적인 모델을 만들었습니다. 즉 핑안그룹은 금융·보험·병원·

자동차·부동산·스마트시티를 하나의 거대한 AI 생태계로 묶어 냈습니다.

몇 가지 앱으로 사례를 들어 보겠습니다.

핑안굿닥터(Ping An Good Doctor, 주머니 속 AI 의사) : 중국인 약 3억 명이 사용하는 중국 최대 의료 앱으로 24시간 언제든지 의사와 상담 가능합니다. AI 진단의 정확도는 95% 이상(웬만한 인간 의사에 버금가는 정확도)이라고 하며, 약을 주문하면 1시간 이내에 배송됩니다.

애스크밥(AskBob, 의사들의 똑똑한 조수) : 약 3,800만 개 의료 논문을 읽고 학습한 AI이며, 중국 140만 명 의사들의 자문역을 맡고 있습니다. 이 AI는 의사와의 대결에서 인간 의사팀을 이긴 세계보건기구로부터 인증받은 글로벌 수준의 AI입니다.

핑안오토오너(Ping An Auto Owner, 차량 관리 마법사) : 중국인 약 1억 명 이상이 사용하는 자동차 관리 앱으로 사고가 발생하면 사진 1장으로 약 2분 만에 보험 처리가 완료됩니다. 차량 손상 사진 등의 비정형 데이터를 95% 정확도로 판단합니다. 또한 주유부터 정비까지 80가지 서비스를 한 번에 처리합니다.

이제 이 씨의 하루를 보겠습니다.

- **아침** : 핑안 앱으로 건강검진 예약
- **출근길** : 차량 이상 신호가 감지되자 즉시 앱을 통해 정비소 예약
- **점심시간** : AI 의사에게 두통 상담 후 역시 앱으로 약국에 약 주문

- **퇴근 시** : 접촉 사고가 발생하여 앱으로 사진 찍어 즉시 보험 처리
- **저녁** : 모든 데이터가 연동되어 제시된 맞춤형 건강 관리 플랜 확인

핑안보험이 보여 준 것은 단순한 '기술 혁신'이 아니라 가히 '생활 방식의 혁명'이라 하겠습니다.

리서치 업무의 지각 변동 : 며칠 또는 몇 시간이 단지 수분으로

"애널리스트가 하루 종일 걸려 하던 기초 분석을 AI가 단 몇 분에 완료합니다."

재무제표 분석, 산업 동향 파악, 경쟁사 비교, 공시 확인 등 모든 기초 작업이 몇 분으로 단축되면서 애널리스트의 업무 자체가 재정의되고 있습니다.

모건스탠리는 자사의 리서치 관련 AI인 'AskResearchGPT'[20]의 파괴력을 다음과 같이 설명하고 있습니다.

- 연간 7만여 건의 자체 리서치 자료 실시간 활용
- 요청 자료 요약 및 복합 정보 통합 분석 즉시 처리
- 실시간 정보 기반 알파(α) 신호 생성
- 투자은행(증권기관 부문) 및 리서치 팀의 생산성 대폭 증가

20. 2024년 10월 배포된 모건스탠리 증권기관 부문 직원들이 사용하는 내부 목적용 특화 AI입니다. 방대한 연구 자료 속에서 핵심 인사이트를 빠르게 추출하고, 이메일 초안까지 자동으로 생성하게 하는 AI 도구입니다. 앞으로 여러 차례 언급 및 설명됩니다.

또한 2024년 JP모건은 'LLM Suite 플랫폼'[21]을 구축한 바 그 기능을 다음과 같이 설명합니다.

- 전 직원(약 20만 명)이 동시 사용하는 리서치 자동화 시스템
- 문서 생성부터 분석, 요약까지 완전 자동화
- 코드 생성, 이메일 초안, 리포트 작성 등 종합 플랫폼

이러한 AI들을 통해 애널리스트들이 기계적 분석에서 해방되어 진정한 인사이트 창출과 전략적 분석에 집중할 수 있게 되었습니다.

단순한 업무 자동화를 넘어 금융 분석 자체의 질적 혁신이 일어나고 있습니다.

컴플라이언스 혁명 : 위험을 예측하고 차단한다

"하나의 규제 위반이 수십억 달러의 손실로 이어질 수 있습니다."

생성형 AI는 기존 머신러닝의 '단순한 이상거래 탐지' 정도의 한계를 넘어 각종 계약서나 마케팅 자료, 금융상품 판매 과정들을 분석해 규정 위반 가능성을 조기에 감지합니다. 보험회사들은 각 보험 케이스(사건)의 리스크 평가부터 보험료 산정까지 AI로 완전히 자동화하고 있으며, 최근에는 AI 자체의 오류(할루시네이션) 방지까지 체계적으로 관리하고 있습니다.

- **자금세탁 방지(AML)** : 글로벌 제재·감시 리스트와 실시간 대조
- **고객 신원 확인(KYC)** : 완전 자동화된 신원 검증

---

21. JP모건이 자체 개발한 GPT 기반 AI 플랫폼입니다. 직원들이 문서를 요약, 생성 및 분석을 빠르게 수행할 수 있도록 돕는 직원용 AI 도구입니다. 2024년 전시 배포되어 약 20만 명이 사용 중입니다. 앞으로 여러 차례 언급 및 설명됩니다.

• **위험 등급 분류** : AI 기반 실시간 리스크 평가

• **보험료 산정** : 대규모 데이터에 기반하여 정확한 위험 예측

위험 관리가 사후 대응에서 사전 예측으로 완전히 바뀌고 있습니다.

고객 서비스의 재창조 : 인간을 뛰어넘다

"인간 직원과 동일한 만족도, 하지만 24시간 35개 언어로 서비스합니다."

클라르나(Klarna)는 스웨덴 최대의 핀테크 기업으로 'Buy Now, Pay Later(BNPL)' 방식의 결제 서비스로 유명합니다. 즉 온라인 쇼핑몰에서 상품은 바로 받고 결제는 유연하게 처리할 수 있게 한 사용자 경험(UX)을 혁신적으로 바꾼 플랫폼입니다

클라르나는 인간의 개입 없이 업무를 처리하는 OpenAI 기반의 AI 챗봇을 2024년 3월에 도입했습니다. 이를 통해 과거 룰 기반 챗봇의 제한된 FAQ 기능을 완전히 뛰어넘어 복잡한 문맥 이해와 다단계 응대까지 가능해졌습니다.

클라르나 AI 어시스턴트의 담당 업무

• 24시간 35개 언어로 쇼핑 보조 및 고객 상담

• 구매 후 환불, 반품, 결제 및 고객 분쟁까지 담당

• 구매력 한도와 그 이유 등 개인 재정 관리

• 실시간 잔액 업데이트 및 결제 일정 관리 등

클라르나 AI 어시스턴트의 획기적 성과(2024년 공식 발표)

- 출시 첫 달 230만 건 대화 처리(전체 고객 서비스의 2/3 담당)
- 700명 풀타임 직원과 동등한 업무량 수행
- 인간 직원과 동일한 수준의 고객 만족도
- 반복 문의 25% 감소로 문제 해결 정확도 향상
- 23개 시장 24시간 서비스, 35개 언어 지원
- 2024년 연간 수익 개선 효과 : 약 4,000만 달러로 추정

'AI 도입, 목적이 다르면 결과도 다르다.'

금융회사들의 AI 도입 사례를 살펴보니 단순한 '효율성 향상'을 넘어 각기 다른 전략적 목적을 추구하고 있었습니다. 모건스탠리는 지적자본 활용, 골드만삭스는 새로운 알파 창출, 핑안보험은 생태계 통합, 클라르나는 고객경험 혁신에 초점을 맞췄습니다.

AI 성공의 핵심은 '무엇을 위해 도입하느냐?'에 달려 있습니다. 명확한 목적 없는 AI 도입은 비용만 늘릴 뿐이지만 전략적 목표가 분명한 기업들은 이미 게임 체인저급 성과를 거두고 있습니다. 목적이 정해졌다면 그에 맞는 구축 전략이 성패를 가를 수 있습니다.

2 AI 구축 전략 1 : 기술 아키텍처 선택

세 거대 투자은행, 3가지 완전히 다른 AI 구축 전략

AI 기술이 금융업계를 급속히 변화시키고 있는 지금, 기술 아키텍처 측면[22]에서 어떤 AI 구축 전략을 선택하느냐가 회사의 미래 경쟁력을 좌우하게 되었습니다.

그런데 글로벌 금융회사들, 특히 월스트리트의 세 거대 투자은행은 왜 완전히 다른 길을 선택했을까요?

모건스탠리는 OpenAI와 독점 파트너십을 체결해 모든 AI 인프라를 외부에 맡겼습니다. 클라우드 인프라(Cloud Infra)[23]부터 AI 모델까지 완전히

22. 기술 아키텍처(Technical Architecture)는 어떤 시스템이나 서비스가 동작하기 위해 필요한 기술 요소들이 어떻게 구성되고 상호 연결되는지를 정의한 구조를 말합니다. AI가 작동하는 전체 기술적 토대 중 중요하다고 판단되는 '클라우드 인프라' 그리고 'AI 모델' 관련해서 살펴봅니다.

23. AI 개발과 활용에 필요한 막대한 연산 자원(GPU 등)과 데이터 저장 공간을 클라우드 제공업체(AWS, Azure, GCP 등)에서 빌려 쓰는 환경을 말합니다.

OpenAI에 의존하는 전략을 택했습니다.

JP모건은 정반대였습니다. 2,000명의 AI 전문가를 고용해 클라우드 인프라부터 AI 모델까지 모든 것을 내부에서 직접 구축(오픈소스 LLM 기반)했습니다. 외부 의존도를 최소화하는 완전 자체 구축 전략입니다.

골드만삭스는 또 다른 길을 선택했습니다. 클라우드 인프라는 내부에서 통제하되, AI 모델은 OpenAI, 구글, 메타, 앤트로픽 등 여러 외부 AI 모델을 선택적으로 활용하는 하이브리드 전략을 구사하고 있습니다.

어떤 전략을 선택하느냐에 따라 향후 경쟁력이 완전히 달라질 수 있습니다. AI 구축 목적, 비즈니스 전략, 규제 환경, 확장성, 개발 편의성, 구축 비용 등을 종합적으로 고려해야 하는 복잡하고 어려운 선택입니다.

각각의 선택에는 나름의 논리와 장단점이 있습니다. 언급된 글로벌 금융회사들의 실제 사례를 통해 우리가 어떤 AI구축 전략을 선택해야 할지 힌트를 찾아보겠습니다.

전략적 선택 매트릭스 : 인프라(클라우드)와 AI 모델(LLM)

우선 AI 인프라를 구축하고자 할 때 인프라(클라우드) 운영 방식과 활용할 AI 모델(LLM)의 소유 및 접근 방식, 이 2가지를 일종의 매트릭스 형태로 고려해야 합니다.

이 두 축을 기준으로 둘 다 내부에서 자체 개발할 것인지, 또는 외부 API 활용을 주축으로 할 것인지, 아니면 하이브리드 형태로 다양한 협력 등을 통해 구축할 것인지 등 전략 조합이 가능합니다.

인프라(클라우드) 운영 방식

내부 인프라 구축 방식은 자체 데이터센터에 직접 서버와 네트워크 장비를 구축하는 것입니다. 완전한 통제가 가능하지만 초기 투자비가 크고 운영 부담이 높습니다.

반면 외부 클라우드는 AWS, Azure, GCP 같은 서비스[24]를 활용하는 방식으로, 빠른 확장성과 비용 효율성이 장점이지만 데이터가 외부로 나간다는 점을 고려해야 합니다.

하이브리드 방식은 중요한 데이터(업무)는 내부에서, 일반적 데이터(업무)는 외부 클라우드에 배치하는 방법으로 유연성은 높지만 관리 복잡도가 증가합니다.

대형언어모델(LLM) 활용 방식

자체 구축은 오픈소스 모델인 라마, 미스트랄(Mistral) 등을 기반으로 직접 개발하는 방식입니다. 완전한 통제와 맞춤화가 가능하지만 전문 인력과 시간이 많이 필요합니다.

상용 API 활용 방식은 챗GPT(OpenAI), 클로드(앤트로픽), 제미나이(구글) 등 서비스를 이용하는 것으로, 즉시 사용 가능하고 최고 품질을 제공하지만 외부 의존도가 높아집니다.

혼합 전략은 용도에 따라 내부 모델과 외부 API를 선택적으로 활용하는 방식으로 효율적이지만 관리 체계가 복잡해집니다.

---

24. AWS(Amazon Web Service)는 아마존이 2006년 출시한 클라우드 서비스로 200여 종 이상의 폭넓은 기능을 제공합니다. Azure는 마이크로소프트가 2010년 선보였으며, 다른 MS 제품과의 뛰어난 통합성이 강점입니다. GCP(Google Cloud Platform)는 구글이 2008년 출시했으며, 빅데이터와 AI·머신러닝 분야에 강합니다.

인프라(클라우드) 구축 판단 가이드	
목적(상황)	**권장 방식**
민감 데이터 중심, 규제 강한 환경	내부 인프라(예 : 고객 정보, 거래 정보 등)
빠른 개발/테스트, 비용 효율 중시	외부 클라우드(예 : 비정형 데이터 분석 등)
민감도에 따라 혼합 운영 필요시	하이브리드 전략

대형언어모델(LLM) 구축 판단 가이드	
목적(상황)	**권장 방식**
민감 데이터 처리, 보안 통제 필요	오픈소스 모델 자체 호스팅
빠른 PoC, 프로토타입	상용 API 활용
GPU 자원 보유 및 커스터마이징이 중요	오픈소스 모델 + 내부 튜닝
장기적 비용 최적화 및 통제력 확보	오픈소스 모델(초기 비용 부담)

외부 협력 전략 : 모건스탠리의 선택

'OpenAI와의 독점 파트너십으로 경쟁 우위 확보'

모건스탠리는 클라우드 인프라와 AI 모델(LLM)을 모두 외부에 맡기는 전략을 선택했습니다.

핵심 차별화 포인트

모건스탠리의 전략에서 가장 눈에 띄는 점은 OpenAI와 직접적인 파트너십을 구축했다는 것입니다. 일반 기업들이 마이크로소프트 클라우드(MS Azure) 서비스를 통해 OpenAI 서비스를 이용[25]하는 것과 달리, 모건스탠리는 OpenAI와 직접 연결된 특별한 협력 관계를 맺었습니다.

이를 통해 자산관리 분야에서 OpenAI의 유일한 전략적 파트너라는 독보적 지위를 확보했으며, 금융업 특유의 엄격한 규제와 보안 요구를 충족할 수 있는 맞춤형 지원을 받고 있습니다. 따라서 모건스탠리가 활용하는 서비스는 일반적인 API 사용과는 차원이 다른 차별화된 형태라고 할 수 있습니다.

기술적 구현의 정교함

기술적으로는 GPT-4의 강력한 성능을 활용하면서도 보안을 철저히 지키는 방식을 구현했습니다. 외부 데이터는 완전히 차단하고, 오직 모건스탠리 내부에서 축적한 자료만을 활용해 답변을 생성하도록 설계했습니다.

이런 데이터 격리를 통해 고객 정보 보안을 확보하면서도 AI의 이점을 최대한 활용할 수 있는 구조를 만들었습니다.

이 전략의 장단점

이 접근법의 가장 큰 장점은 빠른 도입이 가능하다는 점입니다. 복잡한 내부 개발 과정 없이 즉시 최고 수준의 AI 기술을 확보할 수 있었고, 개발 부담과 리스크를 크게 줄일 수 있었습니다.

하지만 외부 의존도가 매우 높아 OpenAI의 정책 변화나 서비스 중단에 취약하다는 단점이 있습니다. 또한 장기적으로 비용 통제가 어렵고 기술 독립성이 부족하다는 우려도 있습니다.

---

25. Azure OpenAI Service는 마이크로소프트의 보안·컴플라이언스 체계 위에서 운영되어 기업들이 감사나 법적 요구 사항을 충족하기 쉽습니다. 또한 광범위한 데이터 지역성과 다양한 MS 제품군과의 높은 연계성을 활용할 수 있습니다. 무엇보다 마이크로소프트가 OpenAI 수익 배분권 49%를 보유한 전략적 파트너라는 점에서 OpenAI 서비스는 Azure를 통해 제공됩니다.

내부 구축 전략 : JP모건의 선택

'모든 것을 우리가 직접 만든다.'

JP모건은 인프라와 LLM 구축 모두에서 '완전 자체 구축' 전략을 선택했습니다.

대규모 내부 역량 구축

JP모건의 완전 자체 구축 전략이 가능한 이유는 방대한 내부 전문 인력을 확보했기 때문입니다. JP모건의 CEO제이미 다이먼(Jamie Dimon)은 연례보고서에서 "900명 이상의 데이터 사이언티스트, 600명 이상의 머신러닝 엔지니어, 그리고 200명 규모의 AI 리서치 팀을 보유하고 있다."고 발표했습니다. 이 정도 규모의 전문 인력을 통해 외부 의존 없이 모든 것을 직접 개발 및 운영하고 있는 것입니다.

자체 개발 솔루션들

JP모건이 직접 개발한 AI 솔루션들을 보면 완전 자체 구축의 의미를 알 수 있습니다. LLM Suite는 OpenAI 기술을 기반으로 사내 환경에 맞게 재개발한 생성형 AI이고, Omni AI, JADE, CoiN, LOXM 등은 JP모건이 자체 구축한 내부 전략 특화 솔루션들입니다. 모든 모델이 JP모건의 기준과 요구 사항에 맞춰 처음부터 설계되었습니다. 이를 통해 데이터 통제가 가능해져 외부 유출 위험을 원천 차단할 수 있습니다.

완전 자체 구축이라는 것의 의미

단순히 AI 모델만 자체 개발하는 것이 아니라 핵심 AI 인프라부터 데이터 처리 아키텍처까지 모든 것을 직접 설계하고 관리한다는 의미입니다. SaaS 솔루션[26]에 대한 의존도를 최소화하고, 내부 보안 기준과 각종 규제 요구 사항을 반영한 맞춤 설계를 했다고 알려지고 있습니다.

이 전략의 장단점

자체 구축의 가장 큰 장점은 완전한 통제력과 독립성을 확보할 수 있다는 점입니다. 장기적으로는 비용 효율성도 확보할 수 있고, 회사의 특수한 요구 사항에 맞춘 최적화도 가능합니다.

하지만 막대한 초기 투자가 필요하고, 긴 개발 기간과 수많은 시행착오를 거쳐야 합니다. 또한 빠르게 발전하는 AI 기술에서 최신 기술 도입 속도가 상대적으로 느릴 수 있다는 우려도 있습니다.

혼합 전략 : 골드만삭스의 균형

'내부 통제 + 외부 혁신'의 조합

골드만삭스는 클라우드는 내부에서 통제하되 LLM은 외부 API를 활용하는 하이브리드 전략을 선택했습니다.

하이브리드 아키텍처의 핵심

골드만삭스의 전략에서 주목할 점은 'GS AI Platform'이라는 자체 AI

26. SaaS(Software as a Service)는 사용자가 소프트웨어를 직접 설치하거나 관리하지 않고, 인터넷을 통해 제공되는 소프트웨어를 필요한 만큼 구독·이용하는 서비스 모델을 말합니다.

플랫폼을 통해 모든 AI 기능을 통제한다는 것입니다.[27] 이 플랫폼 내에서 OpenAI, 구글, 메타 등의 다양한 외부 모델을 선별적으로 사용하되 무분별한 활용은 철저히 차단합니다. 동시에 특정 기능에 특화된 소형 모델인 sLLM[28]도 병행 운영하여 효율성을 극대화하고 있습니다.

통제된 방식의 외부 기술 활용

GS AI Platform의 핵심 역할은 모든 AI 모델의 개발, 학습, 배포, 운영을 총괄하면서 보안과 컴플라이언스를 일관되게 관리하는 것입니다. 외부 LLM이 조직 내에서 무분별하게 사용되는 것을 방지하고, 대신 조직 전체에 일관된 AI 사용 가이드라인을 적용할 수 있는 체계를 구축했습니다. 이를 통해 외부 기술의 이점은 활용하되 내부 통제는 놓치지 않는 균형을 이루어 내고 있습니다.

이 전략의 장단점

하이브리드 전략의 가장 큰 장점은 내부 통제력을 유지하면서도 최신 외부 기술을 효과적으로 활용할 수 있다는 점입니다. 상황에 따라 유연하게 대응할 수 있어 변화하는 AI 환경에 빠르게 적응할 수 있습니다. 하지만 이런 복잡한 관리 체계를 운영하려면 높은 수준의 기술적 노하우가 필요하고, 지속적인 최적화 작업도 필요합니다.

---

27. 골드만삭스가 플랫폼 전체를 직접 통제·설계·보안 관리하고 있다는 의미이고, 반드시 물리적으로 사내 서버실(IDC)에 구축했다는 의미는 아닙니다. 사내 서버실 구축인지 외부 프라이빗 클라우드 환경인지 또는 하이브리드 클라우드 환경인지는 정보가 오픈되지 않아 불명확합니다.

28. sLLM은 용어를 사용하는 사람의 의도에 따라 small LLM(소형 LLM) 또는 specialized LLM(특화 LLM)의 2가지 사용 예를 가지고 있습니다. 여기에서는 2가지 의미 모두로 해석해도 무방합니다.

경영진을 위한 전략 선택 가이드

핵심 고려 사항

AI 구축 전략을 선택할 때는 4가지 핵심 요소를 종합적으로 고려해야 합니다.

데이터 민감성 수준은 가장 중요한 판단 기준입니다. 고객의 금융 정보나 거래 데이터처럼 민감한 정보를 다룬다면 내부 구축을 우선 고려해야 하고, 일반적인 업무 데이터나 공개 가능한 정보라면 외부 클라우드 활용도 가능합니다.

규제 환경의 제약도 중요합니다. 우리나라 금융 산업 같은 규제 환경에서는 내부 인프라가 거의 필수적(제4장에서 설명)이지만, 보안이 필요한 정보가 아닌 경우 및 상대적으로 자유로운 환경에서는 외부 클라우드를 활용할 여지가 있습니다.

기술 역량과 투자 여력은 실제 실행 가능성을 좌우합니다. 충분한 AI 전문 인력과 투자 여력이 있다면 내부 구축을 고려할 수 있지만, 역량이 제한적이라면 외부 API 활용을 우선해야 합니다.

마지막으로 사업 전략과 차별화 포인트를 고려해야 합니다. AI가 회사의 핵심 경쟁력이라면 자체 구축을 통한 차별화가 필요하지만, AI가 업무를 지원하는 도구라면 외부 솔루션을 활용해 효율성을 추구하는 것이 합리적입니다.

내부 인프라(온프레미스) vs 외부 클라우드		
항목	**내부 인프라(온프레미스)**	**외부 클라우드**
보안 및 데이터	민감한 정보 보호에 유리 (규제 대응 용이)	CSP 보안 높은 수준 (제3자 접근은 가능)
비용 구조	초기 투자비용 높음 (서버, 네트워크, 유지보수 등)	초기 투자 없음 (사용량 기반 요금 관리)
유연성·확장성	확장에 한계 (서버 증설 시 물리적 제약)	빠른 확장 가능, (GPU/메모리 등 추가 할당)
운영 부담	자체 운영 인력 필요 (서버 관리, 보안, 장애 대응 등)	운영·유지보수 부담 낮음 (CSP 관리)
성능 최적화	맞춤형 튜닝 가능 (특정 워크로드 최적화 가능)	일반화된 인프라 환경 (맞춤 튜닝 제한적)
기술 도입 속도	도입/배포 느림 (내부 검증, 승인 등 절차)	도입 빠름 (수 분 ~ 수 시간)

자체 Model vs 상용 API 활용		
항목	**자체 모델(오픈소스)**	**상용 API 활용**
API 제어력	완전한 제어 가능	API 호출 방식 (요청/응답 포맷 제한됨)
비용 구조	초기 비용 큼 (GPU 인프라, 서버 비용 등)	초기비용 없음 (사용량 기반 과금)
보안 및 데이터	민감 정보 내부 관리	프롬프트·응답이 외부 전송 (금융권 보안 이슈 발생 가능)
모델 품질	튜닝 필요 / 완성도 편차 큼	최상위 품질 즉시 사용
확장성 및 안정성	아키텍처 설계에 따라 다름	자동 확장 지원
파인튜닝	파인튜닝, 커스터마이징 가능	제한적

현실적 권고 사항 : 단계적 접근이 현명해 보입니다

대부분의 기업에서는 한 번에 완벽한 시스템을 구축하려 하기보다 단계적으로 접근하는 것이 현실적입니다.

1단계 : 외부 API를 활용한 빠른 검증부터 시작하는 것이 좋습니다. 상용 API를 활용해 개념 검증(PoC)을 수행하면서 실제 비즈니스 가치와 활용 패턴을 파악할 수 있고, 초기 투자 부담도 최소화할 수 있습니다.

2단계 : 검증된 핵심 영역부터 내재화를 시작합니다. 특히 민감한 데이터를 처리하는 영역을 내부 구축하면서 점진적으로 역량을 키워 나가는 것이 안전합니다.

3단계 : 하이브리드 최적화를 통해 업무별, 데이터별로 최적의 방식을 선택합니다. 내부 통제력과 외부 혁신 사이의 균형점을 찾아 지속적으로 최적화하고 조정해 나가는 과정이 필요합니다.

'전략 선택의 핵심은 완벽함이 아닌 적합성일 수 있다.'

모건스탠리의 외부 협력, JP모건의 완전 내재화, 골드만삭스의 혼합 전략 모두 각각의 상황에서 합리적 선택일 수 있습니다. 중요한 것은 자사의 역량과 목표에 맞는 전략을 빠르게 선택하고 실행하는 것입니다. 시장이 기다려 주지 않는 상황에서, 완벽한 계획보다는 신속한 실행과 지속적 개선이 더 중요할 수 있습니다.

3 AI 구축 전략 2 : 솔루션 선택

'기술을 위한 기술'이 아닌 '비즈니스를 위한 AI'를 만들어야 합니다.

금융회사에서 AI 솔루션을 도입할 때 가장 중요한 것은 단순히 최신 기술을 따라가는 것이 아니라, 실질적인 비즈니스 가치를 창출할 수 있는 솔루션을 전략적으로 선택하는 것입니다. 특히 금융업계에서는 데이터의 민감성, 엄격한 규제 요건, 고객 신뢰 확보 등 다양한 요소를 동시에 고려해야 하므로 더욱 신중하고 체계적인 접근이 요구됩니다.

그런데 막상 AI 솔루션을 선택하려고 하면 수많은 옵션 앞에서 혼란스러울 수 있습니다. 그렇다면 어떤 것부터 시작해야 할까요? 어디에 투자해야 가장 큰 효과를 볼 수 있을까요?

일부 회사는 막대한 자원과 시간을 투자해 전사적으로 AI 솔루션을 일괄 도입하기도 하지만, 대부분은 보다 점진적이고 전략적인 접근을 선택하고 있습니다. AI 솔루션은 목적에 따라 크게 2가지로 나눌 수 있는데, 하나는 내부 직원용 솔루션이고, 또 하나는 외부 영업용(또는 고객용) 솔루션입니다.

내부 직원용 솔루션은 운영 효율성 및 생산성 향상을 목표로 내부 업무 프로세스를 자동화하거나 데이터 기반 의사 결정을 지원하는 AI 도구입니다. 외부 영업용 솔루션은 고객 경험 개선, 개인화된 서비스 제공, 마케팅 및 영업 채널 최적화를 목적으로 AI를 활용하는 것입니다. 각 조직은 처한 환경과 전략적 목표에 따라 우선순위를 다르게 설정하게 됩니다.

전략적 선택의 기준 : 임팩트와 실현 가능성

AI 솔루션을 선택할 때 가장 중요한 2가지 기준이 있습니다. 바로 '비즈니스에 미치는 임팩트'와 '실제 구현 가능성'입니다.

높은 임팩트와 낮은 복잡도를 가진 솔루션들은 당장 시작할 수 있는 'Quick Wins'[29]입니다.

내부 문서 검색 시스템이나 회의록 자동 생성, 이메일 초안 작성 같은 것들이 여기에 해당합니다. 이런 솔루션들은 투자 대비 즉시 효과를 볼 수 있어서 조직 내 AI에 대한 신뢰를 쌓는 데 매우 유용합니다.

반면 높은 임팩트를 가지지만 구현이 복잡한 솔루션들은 'Strategic Bets'[30]입니다.

모건스탠리의 AskResearchGPT나 골드만삭스의 전문 분야별 AI 에이전

---

29. 'Quick Wins'과 'Strategic Bets'는 주로 프로젝트 관리, 비즈니스 전략, 제품 로드맵 같은 맥락에서 쓰이는 용어입니다. 'Quick Wins'는 짧은 기간 안에 달성할 수 있고, 적은 자원으로도 즉각적인 성과나 가시적인 개선을 만들어 내는 일입니다.

30. 'Strategic Bets'는 장기적이고, 위험과 불확실성이 있지만 성공 시 큰 영향력과 지속적인 성과를 낼 수 있는 중·대규모 전략적 시도를 말합니다.

트 같은 것들이 대표적입니다. 이런 솔루션들은 장기적으로 엄청난 가치를 창출할 수 있지만 상당한 투자와 시간, 그리고 조직적 변화가 필요합니다.

흥미롭게도 많은 기업이 실수하는 부분이 바로 낮은 임팩트에 높은 복잡도를 가진 함정에 빠지는 것입니다. 화려해 보이지만 실제로는 비즈니스 가치가 크지 않은 솔루션들에 과도한 자원을 투입하는 경우가 종종 있습니다.

현실적인 단계별 접근법

성공적인 AI 도입을 위해서는 단계적 접근이 필요해 보입니다.

1단계 : 단기 성과 확보(Quick Wins)에 집중

단기간(3~6개월) 안에 눈에 보이는 성과를 내는 것이 목표입니다. 이 단계에서는 주로 내부 직원용 일반 솔루션들을 우선 도입하게 됩니다.

내부 직원들이 매일 사용하는 문서 검색 시스템부터 시작하는 것이 좋습니다. 모건스탠리가 "우리 회사에 잠들어 있는 10만 개의 리서치 보고서를 깨워야 합니다."라고 했던 것처럼 기존 자료의 활용도를 높이는 것만으로도 상당한 효과를 볼 수 있습니다.

모건스탠리의 'Morgan Stanley Assistant'는 OpenAI의 GPT-4 기반으로 내부 리서치 보고서와 문서를 실시간 검색하고, 회사 정책과 절차에 대한 질의 응답, 복잡한 금융 데이터 해석까지 처리합니다. 수십 년간 축적된 방대한 지적 자본이 검색조차 어려웠던 상황에서 AI가 이 모든 지식을 즉시 활용 가능한 자산으로 완전히 바꾸어 놓았습니다.

JP모건의 접근은 더욱 포괄적입니다. 2024년 7월 출시된 'LLM Suite'는 약 20만 명인 전 직원이 동시 사용할 수 있는 규모로 설계된 것이 특징입니다. 금융 리서치 보고서 작성 지원, 데이터 분석 및 인사이트 도출, 이메일 및 기타 문서 생성, 아이디어 생성과 콘텐츠 작성 지원을 모두 아우르는 통합 플랫폼을 만들었습니다.

골드만삭스는 한 단계 더 나아가 'GS AI Assistant'를 통해 다중 AI 모델 통합 플랫폼을 구축했습니다. OpenAI, 구글의 제미나이, 메타의 라마, 앤트로픽의 클로드까지 다양한 모델을 상황에 따라 선택적으로 활용하는 혁신적 접근을 보여 주고 있습니다.

회의 요약 자동화도 즉시 효과를 체감할 수 있는 영역입니다. 모건스탠리의 'Morgan Stanley Debrief'처럼 고객 상담 내용을 자동으로 정리하고 CRM(고객 관계 관리) 시스템에 저장하는 체계를 구축하면 상담사들이 고객과의 대화에만 집중할 수 있게 됩니다.

2단계 : 핵심 업무 효율화(core efficiency) 확보

비교적 중기 기간(6~18개월)에 걸쳐 핵심 업무 프로세스의 효율성을 높이는 솔루션들을 본격 도입합니다. 이 단계에서는 경쟁력의 핵심인 업무 특화 전문 AI 솔루션들이 중심이 됩니다.

관리 업무 효율화를 넘어 각 금융회사는 사업 전략에 따라 특화된 AI 솔루션들을 구축하고 있습니다. 이것이 진정한 경쟁 우위의 원천이 되고 있습니다. 업무의 본질을 바꾸는 전문 AI들이 등장하고 있는 것입니다.

모건스탠리의 'AskResearchGPT'는 2024년 10월에 구축된 '기관증권그룹(Investment Banking & Institutional Securities)'[31] 전용의 전문 금융 분석 AI입

니다. IPO 및 증권 발행 주선, M&A 자문, 세일즈 및 트레이딩, 기업 대출 등 모건스탠리의 핵심 사업 영역에 특화된 전문가 수준의 기능을 제공합니다. 연간 약 7만 건에 달하는 자체 리서치 자료를 실시간으로 활용하며, 질의 기반 요약부터 복잡한 정보 통합 분석까지 즉시 수행합니다. 또한 팩트 기반의 알파 신호를 실시간으로 생성해 투자 인사이트를 강화합니다.

JP모건이 2,000명 이상의 AI 및 머신러닝 전문가를 내부에 보유하고 있는 이유는 다양한 자체 개발 전문 솔루션을 운영하고 있기 때문입니다. 'Omni AI'는 데이터 사이언티스트와 엔지니어들이 AI 모델을 개발, 훈련, 배포할 수 있도록 지원하는 통합 플랫폼입니다. 'CoiN(Contract Intelligence)'은 수천 페이지에 달하는 법률 문서를 단 몇 초 만에 분석해 핵심 조항을 자동으로 추출하는 계약 분석 시스템입니다. 또한 'LOXM'은 실시간 시장 데이터를 기반으로 최적의 거래 전략을 수립하는 주식 거래 최적화 알고리즘입니다. JP모건은 이와 같은 기술들을 통해 업계에서 가장 포괄적이고 강력한 AI 생태계를 구축해 나가고 있습니다.

골드만삭스는 '특화된 AI 에이전트들의 협업'이라는 새로운 접근 방식을 통해 금융 AI의 진화를 이끌고 있습니다. 'Banker Copilot'은 투자은행 업무에 특화된 AI로 복잡한 공시 서류에서 핵심 정보를 신속하게 추출하고, IPO 관련 수백 페이지 분량의 보고서를 몇 분 만에 자동으로 생성합니다. 한편 'Legend Copilot'은 데이터 엔지니어링에 중점을 둔 에이전트로 데이터 업로드 자동화는 물론 복잡한 데이터 구조의 최적화까지 수행

31. 모건스탠리는 크게 기관증권(Institutional Securities), 자산관리(Wealth Management), 투자관리(Investment Management)의 3대 축으로 운영되고 있습니다. 그중 기관증권그룹은 투자은행·트레이딩·리서치 등 기관 고객을 대상으로 하는 핵심 사업 부문입니다.

합니다. 이처럼 각 역할에 특화된 AI들이 협업하는 구조는 골드만삭스만의 차별화된 기술 전략을 보여 줍니다.

컴플라이언스 모니터링의 자동화를 통해 위험 관리 역량을 강화하는 것도 이 단계의 중요한 목표입니다. 생성형 AI는 기존 머신러닝을 활용한 이상거래 탐지 솔루션의 한계를 넘어 각종 계약서나 마케팅 자료, 금융상품 판매 과정들을 분석해 규정 위반 가능성을 조기에 감지합니다.

3단계 : 전략적 차별화(strategic differentiation) 추구

비교적 시간을 가지고(예, 18개월 이상) 궁극적으로 경쟁 우위를 창출할 수 있는 차별화된 AI 역량 구축에 나서야 합니다. 여기서는 외부 영업용 솔루션들이 중심이 되어 고객 접점에서의 혁신을 이루어 냅니다.

생성형 AI 기술의 발전으로 기본 머신러닝 기반 챗봇이 완전히 새로운 차원으로 진화했습니다. 한층 향상된 언어 이해 능력과 고객 대응력으로 고품격 서비스를 제공하고 있습니다.

뱅크오브아메리카의 '에리카'는 안정성을 우선한 전략 사례입니다. 자체 가상 금융 시스템인 에리카는 고객의 계좌 관리, 개인화된 금융 인사이트 제공, 자동 알림을 통한 예측 기반 서비스 등 실용적인 기능에 집중하고 있습니다. 생성형 LLM 기반의 자유로운 언어 생성보다는 규칙 기반의 정확하고 신뢰할 수 있는 서비스에 중점을 두는 신중한 접근 방식을 택한 것입니다.

모건스탠리의 'Morgan Stanley Debrief'는 영업회의의 완전 자동화를 보여 줍니다. 2024년 6월 출시된 이 회의 지원 시스템은 고객 상담의 모든 과정을 자동화하는 혁신적 시스템입니다. 고객과의 회의 내용을 텍스트로 전환하고, 핵심 논의 사항과 액션 아이템을 자동 생성하며, 상담사가 수정 가능한 이메일 초안을 자동 생성해 최종 승인 시 CRM 시스템에 자동 저장합니다.

가장 혁신적인 사례는 중국 핑안보험의 생태계 통합입니다. 앞에서 언급한 바 있듯이 '핑안굿닥터'와 '핑안오토오너' 등을 통해 단순한 보험회사를 넘어서서 '고객 한 명, 계정 하나로 모든 서비스를 한 번에'라는 혁신적인 모델을 만들었습니다. 3억 명이 사용하는 의료 앱에서 24시간 AI 진단을 받고, 1억 명 이상이 사용하는 자동차 관리 앱에서 사고 시 사진 1장으로 2분 만에 보험 처리를 완료하는 통합 생태계를 구축했습니다.

투자 우선순위와 성공을 위한 현실적 조언

"그렇다면 구체적으로 어떤 기준으로 투자 우선순위를 정해야 할까요?"

가장 중요한 것은 ROI(투자수익률)이어야 할 것입니다. 비용 절감 효과, 수익 증대 효과, 위험 감소 효과를 정량적으로 측정할 수 있어야 합니다. 또한 궁극적으로는 혁신을 통해 새로운 서비스와 상품으로 무장하여 고객 기반을 확대하고 새로운 수익원을 확보하는 것이 필요합니다.

숫자 이외에도 전략적 중요도, 조직 역량 구축에 기여하는 정도, 다른 영역으로의 확장 가능성 같은 정성적 요소들도 함께 고려해야 합니다.

즉시 도입을 권장하는 솔루션들은 기존 업무 프로세스에 즉시 통합이 가능하고, 6개월 내 명확한 ROI 측정이 가능하며, 규제 리스크가 낮은 것들입니다. 반면 기술적 불확실성이 높거나 규제 환경 변화에 민감한 솔루션들은 신중한 접근이 필요합니다.

'자사의 현실을 정확히 파악하는 것이 필요합니다.'

기술 역량, 데이터 인프라, 조직 문화를 종합적으로 고려해야 합니다. 거대한 계획보다는 작은 성공을 축적해 나가는 것이 중요하고, 각 단계에서 얻은 경험과 학습을 다음 단계에 빠르게 반영할 필요가 있습니다.

AI처럼 그 변화의 속도를 가늠할 수 없는 경우, 완벽한 계획을 세우느라 시간을 보내기보다는 빠른 실행과 지속적 개선이 더 중요하고 필요합니다. 시장이 기다려주지 않는 상황에서는 더욱 더 그렇습니다.

AI 솔루션 선택의 핵심은 기술의 완벽함도 중요하지만 비즈니스 적합성일 수 있습니다. 화려한 기술에 현혹되지 말고, 우리 조직에 정말 필요한 것이 무엇인지 냉정하게 판단해야 합니다.

4 데이터 & 거버넌스 체계 수립

"AI는 데이터만큼만 좋다.(AI is only as good as the data behind it.)"

알리안츠의 이 말은 AI 시대의 가장 중요한 진실을 담고 있습니다. 아무리 뛰어난 AI 모델이라도 질 낮은 데이터로는 의미 있는 결과를 만들 수 없습니다.

"아무리 혁신적인 AI라도 제대로 된 거버넌스 체계 없이는 오히려 치명적인 위협이 될 수 있다."

특히 고객의 신뢰가 생명인 금융업계에서는 AI의 투명성과 책임성이 더욱 중요합니다. 한 번의 실수가 수십억 달러의 손실과 브랜드 신뢰도 추락으로 이어질 수 있기 때문입니다.

그렇다면 글로벌 금융 선도기업들은 어떻게 데이터 기반과 거버넌스 체계를 구축하고 있을까요?

싱가포르 DBS는 10년에 걸쳐 5.3페타바이트의 데이터를 체계적으로 통합해 800개 이상의 AI 모델을 안정적으로 운영하고 있습니다. JP모건과 골드만삭스는 윤리학자부터 데이터 과학자까지 전문가로 구성된 팀을 구성해 AI의 모든 생애주기를 관리하고 있으며, 모건스탠리는 실제 배포 전 단계에 실시하는 '사전 평가 프레임워크'를 통해 AI의 안전성을 철저히 검증하고 있습니다.

이들의 성공 사례를 통해 진정한 AI 혁신을 위한 데이터와 거버넌스 전략을 살펴보겠습니다.

데이터 : AI 성공의 절대 조건

많은 금융회사가 AI 도입에 실패하는 이유 중 하나가 바로 데이터 준비 부족입니다. AI 모델을 도입하기 전에 먼저 해야 할 일은 데이터를 제대로 정리하고 통합하는 것입니다. 이는 단순히 기술적인 문제가 아니라 조직 전체의 변화를 요구하는 근본적인 과제일 수 있습니다.

그런데 데이터 구축이 왜 이렇게 어려운 걸까요?

단순히 서버에 데이터를 모아 두는 것만으로는 충분하지 않기 때문입니다. 데이터가 AI의 연료라면 그 연료는 깨끗하고 접근 가능하며 신뢰할 수 있어야 합니다.

데이터 구축 시 반드시 고려해야 할 핵심 사항들을 확인해 봅니다.

- **데이터 품질이 AI 성능을 결정** : 'Garbage In, Garbage Out', 아무리 뛰어난 AI 모델이라도 질 낮은 데이터로는 의미 있는 결과를 만들 수 없습니다.

- **실시간 데이터 처리 능력이 경쟁 우위 :** 실시간 처리 없이는 급변하는 금융 환경에서 경쟁력을 유지하기 어렵습니다.
- **데이터 거버넌스는 선택이 아닌 필수 :** 규제 준수, 개인 정보 보호, 데이터 보안은 AI 도입 전에 반드시 갖춰져야 할 기본 요소입니다.
- **조직 전체의 데이터 문화 조성이 핵심 :** 기술적 인프라만으로는 부족하며, 데이터 기반 의사결정을 하는 조직 문화가 뒷받침되어야 합니다.

데이터 성숙도 진단 : 우리는 어느 단계에 있는가?

AI 성공의 절대 조건인 데이터를 제대로 활용하려면 먼저 현재 우리 조직의 데이터 성숙도를 정확히 파악해야 합니다. 많은 조직이 자신들의 데이터 수준을 과대평가하는 경향이 있는데, 현실적인 진단이 성공적인 AI 도입의 첫걸음입니다.

1단계 : 분산된 데이터

각 부서별로 독립적인 시스템을 운영하고 있고, 데이터가 서로 연결되지 않은 상태입니다. 같은 고객 정보가 여러 시스템에 중복 저장되어 있고, 일관성 없는 데이터 포맷으로 인해 통합 분석이 거의 불가능합니다. 많은 전통적인 금융회사가 겪는 어려움입니다.

2단계 : 기본적인 데이터 통합

데이터 웨어하우스나 기본적인 통합 시스템을 구축했지만 여전히 수동적인 데이터 처리에 의존하고 있습니다. 정기적인 배치 작업을 통해 데이터를 통합하지만 실시간 분석은 어려운 상태입니다.

3단계 : 구조화된 데이터 플랫폼

통합된 데이터 플랫폼을 구축하고 어느 정도 자동화된 데이터 파이프라인을 운영하고 있습니다. 기본적인 데이터 거버넌스 정책이 있고, 데이터 품질 관리 프로세스가 도입되어 있습니다.

4단계 : 셀프서비스 데이터 환경

비전문가도 쉽게 데이터에 접근하고 활용할 수 있는 환경이 구축되어 있습니다. 데이터 카탈로그, 자동화된 데이터 검색, 실시간 데이터 활용 등이 가능하도록 구현되어 있습니다.

5단계 : AI 기반 데이터 생태계

AI와 머신러닝이 데이터 파이프라인에 완전히 통합되어 있고, 예측적 데이터 관리, 자동화된 데이터 품질 개선, 지능형 데이터 거버넌스가 구현되어 있습니다.

10년의 여정 : 싱가포르 DBS의 데이터 혁신 사례

"빅데이터라는 용어가 생기기도 전부터 우리는 데이터 작업을 하고 있었습니다."

DBS의 최고 데이터 책임자 니미쉬 판치마티아(Nimish Panchmatia)의 이 말은 DBS의 데이터 전략을 함축적으로 보여 줍니다. 2014년부터 시작된

DBS의 디지털 변화 핵심에는 데이터가 있었습니다.

체계적인 데이터 통합의 힘

DBS가 구축한 'ADA(Advancing DBS with AI)' 플랫폼은 단순한 데이터 저장소가 아닙니다. 5.3페타바이트의 데이터를 담고 있는 이 플랫폼은 데이터 거버넌스, 데이터 품질 및 보안을 보장하는 통합 시스템입니다.

가장 주목할 점은 셀프 서비스 방식입니다. 데이터 전문가가 아닌 일반 직원들도 필요한 데이터를 쉽게 찾고 활용할 수 있도록 설계되었습니다.

DBS 핵심 데이터 전략

- **단계적 접근** : 한 번에 모든 것을 바꾸려 하지 않고, 체계적인 로드맵을 따라 10년에 걸쳐 점진적으로 구축
- **비즈니스 중심 설계** : 기술 중심이 아닌 실제 업무 프로세스와 고객 서비스 여정을 기반으로 데이터 아키텍처 설계
- **지속적인 데이터 품질 관리** : 5.3페타바이트라는 방대한 데이터를 일관된 품질로 유지하는 자동화 시스템 구축

표준화된 AI 개발 방법론

앨런 튜링의 이름을 딴 'ALAN(DBS AI Protocol)'은 DBS가 개발한 표준화된 AI 개발 방법론입니다. 이 프로토콜을 통해 DBS는 800개 이상의 AI 모델과 350개 이상의 활용 사례를 체계적으로 관리하고 있습니다.

가장 큰 장점은 반복 가능한 접근 방식을 제공한다는 것입니다. 즉 AI 프로젝트를 할 때 매번 새롭게 방법을 짜는 게 아니라 이미 검증된 절차

와 기준을 재사용할 수 있게 제공합니다.

ALAN 프로토콜의 데이터 관점 핵심 요소

- 어떤 사례에 어떤 데이터셋이 사용되었는지에 관한 정보, 모델 성능 지표 및 배포 현황까지 ALAN에서 확인
- 사용된 데이터셋과 모델을 재사용 가능한 형태로 보관
- 데이터 품질이 AI 모델 성능에 미치는 영향을 지속적으로 모니터링

조직적 역량의 체계적 구축

DBS의 데이터 성공에서 빼놓을 수 없는 것이 2023년에 설립된 '데이터 챕터(Data Chapter)'입니다. 700명의 데이터 전문가가 은행 전체에 분산되어 있으면서도 하나의 조직처럼 협력하는 구조입니다.

이들은 단순히 기술적인 업무만 하는 것이 아닙니다. 각 사업 부문의 요구 사항을 이해하고, 데이터 기반 실험을 주도하며, 머신러닝과 AI 모델의 활용을 촉진하는 역할을 합니다.

조직적 측면에서의 DBS 성공 요인은 다음과 같이 평가됩니다.

- **데이터 전문가의 전략적 배치** : 각 사업 부문에 데이터 전문가를 배치하여 현업과 데이터팀 간의 소통 격차 해소
- **지속적인 역량 개발** : 데이터 기술의 급속한 발전에 대응하기 위한 체계적인 교육 및 훈련 프로그램 운영
- **성과 기반 평가** : 데이터 활용이 실제 비즈니스 성과로 연결되는지 지속적으로 측정하고 개선

성공적인 AI 도입을 위해서는 데이터를 단순한 IT 자산이 아닌 핵심 선

략 자산으로 접근해야 합니다.

DBS의 10년 여정이 보여 주듯 체계적인 계획, 지속적인 투자, 그리고 조직 전체의 변화 의지가 있어야만 진정한 데이터 기반 조직으로 변화할 수 있습니다.

거버넌스 체계 : 신뢰할 수 있는 AI 구축을 위한 필수 요소

금융업계는 높은 수준의 규제를 받는 산업이기 때문에 AI를 도입할 때 더욱 신중한 접근이 필요합니다. 고객의 신뢰는 금융업의 가장 중요한 자산이고, 한 번 잃으면 회복하기 어렵습니다.

세계 최고 수준의 투자은행들이 AI 거버넌스에 얼마나 심혈을 기울이고 있는지 살펴보면 성공적인 AI 도입을 위해서는 기술적 혁신만큼이나 체계적인 리스크 관리가 중요하다는 것을 알 수 있습니다.

People : 조직적 거버넌스 체계

JP모건의 접근 방식은 조직적 측면에서 매우 체계적입니다. "설명 가능한 AI(Explainable AI), 책임감 있는 AI(Responsible AI), 윤리적 AI(Ethical AI)는 이제 선택이 아닌 필수입니다."라는 원칙 하에 '모델 리스크 거버넌스(Model Risk Governance)'라는 전담 조직을 운영하고 있습니다. 이 조직은 AI가 고객이나 회사에 위험을 초래하지 않도록 리스크를 평가하는 역할을 담당합니다.

특히 주목할 점은 '다학제적 접근법(multidisciplinary approach)'입니다. 윤리학자, 데이터 과학자, 엔지니어, AI 연구자, 리스크 및 통제 전문가 등으로 구성된 다학제적 팀을 운영하며, AI 개발 및 배포 초기 단계부터 윤리적 고려와 리스크 관리를 강조합니다.

골드만삭스는 'AI 챔피언(AI Champions)' 프로그램을 통한 조직 차원의 거버넌스를 구축했습니다. 각 사업 그룹 내에서 AI의 가장 효과적인 활용 사례를 발굴하고 우수 사례 도입을 촉진할 담당자로 구성된 팀이 조직 전체를 연결하는 '연결 조직(Connective Tissue)' 역할을 합니다.

Process : 체계적 위험 관리 프로세스

프로세스는 모델 승인 과정, 컴플라이언스 점검 과정 및 모니터링 과정에서의 절차를 수립함을 의미합니다. 즉 모델이 실제 운영에 투입되기 전에 반드시 내부 승인 절차를 거치도록 하고, 해당 과정에서 규제와 내부 컴플라이언스 기준을 철저히 점검합니다.

또한 운영 중인 모델은 성능과 안정성을 주기적으로 모니터링하며, 오류나 편향이 발견되면 신속히 개선 조치를 취하는 체계를 유지합니다. 이를 통해 모델이 전 생애주기에 걸쳐 안전하고 신뢰성 있게 운영될 수 있도록 보장합니다.

모건스탠리는 평가 중심의 AI 거버넌스 체계를 구축한 것이 특징입니다. 모든 AI 활용 사례는 실제 배포 전에 테스트를 거치는 '사전 평가 프레임워크(pre-deployment evaluation framework)'를 통해 검증되며, 이 과정에서 모델의 실제 작동 방식이 측정되고, 각 단계마다 전문가 피드백을 반영해 지속적인 개선이 이루어집니다.

특히 '요약 평가(summarization eval)'에서는 GPT-4가 방대한 내부 데이터와 콘텐츠를 얼마나 정확하고 간결하게 요약하는지를 중점적으로 테스트합니다. 프롬프트 엔지니어[32]와 도메인 전문가들은 AI 응답의 정확성, 일관성, 맥락 적합성을 기준으로 평가하고, 그 결과를 바탕으로 프롬프트를 최적화하고 모델의 출력 품질을 향상시킵니다.

Technology : 기술적 통제 메커니즘

기술적 측면에서는 승인, 검증, 모니터링과 같은 프로세스를 효율적으로 지원하기 위해 자동화 시스템과 중앙집중식 AI 플랫폼을 도입함을 의미합니다. 이를 통해 데이터 사용, 모델 검증, 보안, 감사 등 주요 관리 포인트를 한곳에서 통합적으로 제어할 수 있으며, 통합 대시보드 도구를 활용해 실시간 현황을 시각화하고 관련 부서 간 정보를 원활히 공유합니다.

특히 골드만삭스의 중앙집중식 AI 플랫폼은 기술적 거버넌스의 모범 사례를 보여 줍니다. GS AI Platform을 통한 통합적 AI 거버넌스는 모든 AI 사용에 대한 단일하고 통제된 게이트웨이를 만들어 데이터 사용, 모델 검증, 보안 프로토콜, 감사 등에 대한 일관된 전사적 정책을 시행하고 있습니다.

성공을 위한 핵심 체크포인트

데이터와 거버넌스 구축에서 중요한 것은 '완벽함'보다 '지속가능성'입니다. 모든 것을 한 번에 완벽하게 구현하려 하기보다는 핵심 영역부터 체계적으로 접근하는 전략이 더욱 현실적이고 효과적입니다.

---

32. 프롬프트 엔지니어(Prompt Engineer)는 생성형 AI 모델(GPT 등)에게 원하는 결과를 얻기 위해 최적의 질문(프롬프트)을 설계하고 조정하는 전문가입니다.

데이터 측면에서는 품질이 물론 중요하지만, 그 못지않게 현실적인 접근성과 활용 가능성도 중요합니다. 완벽한 데이터를 만들기 위해 수년을 기다리기보다는 80% 수준의 데이터라도 빠르게 가치를 창출하며, 점진적으로 개선해 나가는 접근도 고려할 필요가 있습니다.

거버넌스 또한 단순히 규제 준수의 차원에 그치는 것이 아니라 비즈니스 성과를 뒷받침할 수 있는 방향으로 설계되어야 합니다. 혁신을 가로막는 통제 장치가 아니라 안전하고 책임 있는 혁신을 가능하게 하는 기반이 되어야 합니다.

결국 데이터와 거버넌스 성공의 핵심은 최신 기술 그 자체보다는 지속적인 투자와 체계적인 인프라 구축에 달려 있습니다. DBS의 10년에 걸친 데이터 여정이 보여 주듯 견고한 데이터 기반은 단기간에 완성되지 않으며, 그러한 기반 없이는 AI의 실질적 가치를 실현하기 어렵습니다.

5 인재와 조직 문화의 전환

"AI를 구현하는 것도 중요하지만, AI와 함께 일하는 방식을 변화시키는 것도 마찬가지로 중요합니다."

알리안츠의 글로벌 데이터 및 AI 교육 책임자인 이사벨 코코슈카(Isabelle Kokoschka)의 말입니다. 금융업계는 AI라는 거대한 변곡점에 서 있습니다. 기술과 시스템의 변화에도 적응해야 하지만 무엇보다 인력이 AI로의 전환에 가장 큰 병목이 될 수 있다는 점에 주목해야 합니다.

그런데 AI 시대의 인재 전략은 단순히 뛰어난 개발자 몇 명을 영입하는 것만으로는 충분하지 않습니다. 맥킨지는 2025년 실시한 서베이를 통해 AI 역량이 성숙 단계에 도달한 기업은 1%에 불과하고, AI 도입의 가장 큰 장애물은 기술이 아닌 사람이라고 지적했습니다. 또한 IBM 보고서에 따르면, 경영진들은 향후 3년간 약 40%의 직원이 재교육을 받아야 할 것으로 예상한다고 합니다.

외부 인재 영입만으로는 지속가능한 경쟁 우위를 확보할 수 없다는 현실을 인식한 AI 선도기업들은 이제 한 단계 더 나아가고 있습니다. 그들은 전사적인 AI 리터러시(이해도와 활용 능력)를 구축하고, AI와 인간이 진정한 파트너로 협업할 수 있는 조직 문화를 만드는 데 집중하고 있습니다.

인재 확보 전략의 현실 : 복합형 인재 쟁탈전

'퀀트[33] + 금융 도메인[34]+ 머신러닝 = 희소자원'

AI 기술은 어디에나 적용할 수 있지만, 금융 도메인을 모르면 오용되거나 실패할 수 있습니다. 전통적인 퀀트와 금융 도메인, 그리고 머신러닝 역량을 동시에 보유한 인재는 극히 소수입니다.

이런 복합형 인재를 확보하기 위해 외부 스카우트, 내부 교육, 퀀트 출신 리스킬링이 동시에 일어나고 있습니다.

빅테크의 파괴적 스카우트

IT기업들의 인재 스카우트 전략이 워낙 치열해서 글로벌 은행에서 빅테크로의 이직 사례가 급증하고 있습니다. 빅테크들은 'Exploding Offer'[35]라는 파괴적 전술을 통해 월가 퀀트까지 직접 공략합니다. OpenAI 등 AI

---

33. 퀀트(Quant)는 'Quantitative Analyst'의 줄임말로 수학·통계·컴퓨터 과학을 활용해 금융 문제를 분석하고 투자 전략을 개발하는 사람을 일컫습니다.

34. '금융 도메인'은 금융 산업에 특화된 지식, 업무 환경, 규제, 관행 등 전체 분야를 의미합니다. 데이터와 AI를 다루더라도 '어떤 산업에 적용하느냐'에 따라 도메인 지식이 달라지기 때문에 따로 구분해서 부르는 용어입니다.

35. 'Exploding Offer'란 매우 매력적인 조건(높은 연봉, 스톡옵션 등)을 제시하면서도 응답 기한을 수일, 수시간 등 아주 짧게 설정하여 후보자가 다른 제안을 고려할 틈을 주지 않는 전략적 제안 방식입니다.

연구소들은 시타델(Citadel)과 같은 자산운용사는 물론 알고리즘 트레이징 전문기업인 HRT 등에 근무하는 월가의 퀀트 대상으로 직접 설명회나 인터뷰를 진행하여 AI 인재들을 영입하려 시도하고 있습니다. 이런 이유로 최근 전문 인력의 업계 간 이동성(inter-sector mobility)이 급증했습니다.

월가의 대규모 반격

월가에서 실리콘밸리로의 인재 유출이 가속화되면서 글로벌 금융회사들도 반격에 나서고 있습니다.

JP모건은 2,000명 이상의 AI 인재를 보유하여 업계 평균의 6배 인력을 확보했습니다. 빅테크 수준의 고액 패키지를 제공하거나, 계약서에 '이동 제한 조항(non-compete clause)'을 삽입하여 경쟁사로의 이직을 방지하고 있습니다. 또한 대학 연계 리쿠루팅 프로그램을 활용하여 유망한 AI 인재를 조기 발굴하고 충성도를 확보하는 전략을 사용하기도 합니다.

중앙집중식 인재 관리

일부 은행들은 효율적인 인력 확보와 활용을 위해 '중앙집중식 AI 운영 모델(Centralized AI Operating Model)'을 채택하고 있습니다. 골드만삭스 등은 이 모델을 도입하여 희소한 AI 인재를 전사적으로 효율성 있게 배분하고, 응집력 있는 전문팀 운영을 통해 일관된 전략과 품질을 확보하고 있습니다.

전사적 AI 리터러시 : 조직 전체의 역량 혁신

외부 인재에만 의존하는 전략에는 분명한 한계가 있습니다. 글로벌 컨설팅사 딜로이트(Deloitte)는 "AI가 초급 업무를 빠르게 자동화하면서 실무를 통해 배우던 기존의 도제식 학습 경로가 무너지고 있다."고 지적합니다. 조직 내부 인재가 판단력, 창의성, 윤리성과 같은 인간 고유 역량을 체계적으로 키워 갈 수 있도록 육성 전략을 강화하는 것이 필요합니다.

AI 교육이 필수인 3가지 이유

첫째, AI 생태계의 내재화를 위해서입니다. AI 도구를 단순히 도입하는 것만으로는 충분하지 않습니다. 조직 구성원 개개인이 AI 역량을 갖추고, 이를 조직 문화 속에 자연스럽게 흡수·정착시킬 때 비로소 효과적인 AI 활용이 가능합니다.

둘째, 컴플라이언스와 윤리적 리스크 관리 차원에서 필요합니다. 금융회사를 비롯한 다양한 산업에서 AI를 활용할 때는 환각, 편향성, 데이터 프라이버시 침해 등 다양한 윤리적·법적 위험이 뒤따를 수 있습니다. 이러한 리스크를 예방하고 책임 있는 AI 활용을 보장하기 위해 교육은 필수적입니다.

셋째, AI와 인력의 조화가 향후 경쟁력을 좌우하기 때문입니다. 자동화가 확산될수록 단순 업무는 기계가 대신하게 됩니다. 따라서 조직원은 AI와 협업하여 고부가가치 업무를 수행할 수 있는 능력을 갖춰야 하며, 이를 위한 교육이 반드시 뒷받침되어야 합니다.

리더십부터 시작하는 톱다운(Top Down) 교육

뱅크오브아메리카는 생성형 AI 도입 초기부터 최고경영진과 리더급 직원을 대상으로 한 톱다운 교육 방식을 채택했습니다. 이 교육은 AI의 기회와 위험 요소를 동시에 다루며, AI 기술을 비즈니스 전략과 위험 관리의 관점에서 어떻게 적용할 수 있는지를 생각하게 합니다. 또한 전략적 의사결정을 지원하기 위한 개념과 리스크 관리 방법을 핵심 어젠다로 삼고 있습니다. 이러한 접근은 리더십이 AI의 잠재력과 한계를 균형 있게 이해하도록 하여 조직 전반에 책임 있는 AI 활용 문화를 정착시키는 데 기여합니다.

한편, 글로벌 보험사 악사(AXA)는 유럽 경영대학인 HEC Paris와 공동으로 'Data & AI for Leaders' 프로그램을 개발해 운영하고 있습니다. 이 프로그램은 경영진과 고위 리더들이 AI 프로젝트를 규제, 윤리, ROI 관점에서 감독할 수 있는 역량 강화를 목표로 합니다. 이를 통해 기업이 단순한 기술 도입을 넘어 책임감 있고 전략적인 AI 활용 역량을 갖추도록 지원합니다.

차세대 인재 : AI 네이티브 vs AI 이민자

골드만삭스의 CIO 마르코 아르젠티(Marco Argenti)는 회사가 성장시키고자 하는 인재상을 'AI 네이티브(AI Natives)'로 정의했습니다.

AI 네이티브는 AI 도구와 시스템 환경 속에서 성장한 세대로 AI와의 협업에 익숙하고 이를 직관적으로 활용할 수 있는 역량을 지니고 있습니다. 이들은 본능, 창의성, 적응력을 바탕으로 AI를 단순한 도구가 아닌 조직의 전략적 파트너로 통합하는 데 핵심적인 역할을 수행합니다.

AI 이민자(AI Immigrants)는 아날로그 환경에서 성장했으나 디지털 기술을 배워서 사용하는 세대를 말합니다. 이들 역시 교육과 훈련을 통해 AI에 대한 이해도를 높일 수 있으며, 이들의 도메인 지식과 경험은 조직이 세대 간 협력을 기반으로 AI 융합 조직으로 진화하는 데 중요한 자산이 됩니다.

따라서 AI 네이티브에게는 단순한 도구 사용을 넘어서 기술을 조직의 목표 달성에 연결할 수 있는 '비즈니스 감각'을 키우는 훈련이 필요합니다. 또한 AI 이민자들과의 협업을 통해 산업 규제나 도메인 지식에 대한 이해도를 함께 높일 수 있어야 합니다.

나아가 젊은 인재에게 프로젝트 리더십이나 실험적인 과제를 주도할 기회를 제공하는 문화를 조성하는 것 역시, AI 네이티브의 성장을 위한 중요한 조직적 전략이 될 수 있습니다.

AI 리터러시 기본 교육

대부분의 글로벌 금융회사들은 AI 시대에 대응하기 위한 첫걸음으로 'AI 리터러시 기본 교육'을 조직 전반에 걸쳐 실시하고 있습니다.

JP모건은 전 직원의 생성형 AI 이해도를 높이기 위해 '프롬프트 엔지니어링 온보딩' 프로그램을 도입해, 모든 직무에서 최소 수준의 AI 활용 역량을 갖추도록 하고 있습니다.

보험사 AXA도 전사 대상의 'Gen-AI for All' 프로그램을 통해 직군과 관계없이 누구나 생성형 AI를 실무에 적용할 수 있도록 교육을 제공하고 있습니다.

알리안츠는 AI 활용 교육을 보다 정교하게 설계했습니다. 데이터 분석, 프로세스 마이닝(process mining), 생성형 AI 등 핵심 주제를 직무별 맞춤형 모듈로 나눠, 2024년 한 해 동안 총 5만 7,000시간 이상의 교육을 수행했다고 발표하고 있습니다.

DBS는 단순한 교육 차원을 넘어, 내부 AI/머신러닝 기반 개발 플랫폼인 'iGrow'를 통해 직원들에게 맞춤형 성장 경로, 성과 측정, 장기 경력 개발까지 지원하는 체계적인 인재 육성 시스템을 운영 중입니다.

한편, JP모건은 AI 시대의 경쟁력을 확보하기 위해 기술에 대한 근본적인 이해를 강조하고 있습니다. 이러한 관점에서 파이썬(Python)[36]을 핵심 기술로 지정하고, 신규 인력에게 파이썬 교육을 필수 과정으로 운영하고 있습니다. 이는 직원들이 단순히 AI 도구를 사용하는 수준을 넘어 AI를 설계하고 실제 문제를 해결할 수 있는 실질적인 기술 역량을 갖추도록 하기 위한 전략입니다.

실전 중심의 '자가 학습' 환경

AI 분야는 빠르게 변화하고 실무 적용의 난이도가 높아 이론 중심의 교육만으로는 한계가 있습니다. 특히 데이터 품질 문제, 환경 설정 오류 가능성, 예외 상황 발생 등 AI 모델을 개발하고 운영하는 과정에서 예상치 못한 문제들이 자주 발생하기 때문에 실습이 가능한 '자가 학습' 환경에서 직접 경험하며 문제 해결 능력을 키우는 것이 필수적입니다.

뱅크오브아메리카는 'The Academy'라는 고도화된 교육 플랫폼을 운영하고 있습니다. 이 플랫폼은 AI 대화 시뮬레이터와 VR 기반 학습 모듈을 포함하고 있으며, 2024년에만 직원들이 100만 회 이상 시뮬레이션을 실행하는 등 활발히 활용되고 있습니다. 초기 파일럿 참가자의 97%가 이

36. 파이썬(Python)은 배우기 쉬우면서도 강력한 범용 프로그래밍 언어로 데이터 분석, 웹 개발, 인공지능(AI) 등 다양한 분야에서 널리 사용됩니다. 최근 많은 글로벌 금융회사들이 직원 교육의 핵심 스킬로 채택하고 있습니다.

교육을 통해 실제 업무에 대한 자신감을 얻었다고 응답했습니다.

골드만삭스는 자체 개발한 GS AI Platform 내 다양한 기능과 도움말, 자료를 통해 직원들의 자율적 학습을 지원하며, 보험사 악사도 보안이 철저히 보장된 사내 대형 언어 모델인 'AXA Secure GPT'를 제공하여 직접 실습을 통한 AI 활용 역량 강화에 중점을 두고 있습니다.

AI 시대의 조직 문화 혁신 : 기술을 넘어선 문화 변화

"AI시대, 리더가 바뀌고 문화가 바뀌어야 기술이 가치가 됩니다."

그렇지 않으면 AI는 고비용 자동화 도구에 그칠 뿐입니다. 하버드 비즈니스 리뷰는 AI 성공의 핵심이 기술이 아닌 문화적 요소라는 메시지를 분명히 전달하고 있습니다.

데이터 기반 사고를 하고 변화에의 수용성을 갖춘, 실험을 허용하는 협업 중심의 문화가 AI를 고비용 자동화 도구가 아닌 성장 엔진으로 만드는 핵심입니다.

첫째, AI가 제대로 힘을 발휘하려면 조직 문화가 데이터 중심의 의사결정을 지향해야 합니다. AI는 데이터 기반 예측과 분석에 강점이 있지만, 만약 조직이 여전히 직관이나 경험에 의존한다면 AI의 인사이트는 무시되기 쉽습니다. 따라서 데이터에 대한 신뢰를 바탕으로 투명하게 공유하고, 근거 중심의 토론이 자연스럽게 이뤄지는 문화가 자리 잡아야 합니다.

둘째, 변화 주도형 리더십이 필요합니다. AI가 조직 현장을 혁신하려면 리더가 먼저 AI를 적극 활용하고 변화를 지지해야 합니다. 리더의 태도와 언행을 통해 'AI는 선택이 아닌 필수'라는 메시지가 조직 내에 확고히 심어져야 합니다.

셋째, 실패와 실험을 허용하는 문화가 조성되어야 합니다. AI 프로젝트는 초기부터 100% 성공하기 어려운 만큼, 실패를 학습의 과정으로 받아들이는 문화가 없으면 초기 시도에서 좌절하며 프로젝트가 중단될 위험이 큽니다.

넷째, 협업과 경계 허물기가 중요합니다. AI가 효과를 내려면 데이터, 기술, 도메인 지식이 유기적으로 결합되어야 하는데, 부서 간 장벽이 높은 조직 문화에서는 필수 자원과 정보의 공유가 어렵고 AI 활용도 제한됩니다. 따라서 부서 간 협업을 촉진하고 경계를 허무는 문화가 필요합니다.

이제 AI 시대의 조직 문화를 보여 주는 사례로 미국 디지털 보험사 레모네이드(Lemonade)의 'AI 네이티브 문화' 구축과 골드만삭스의 AI 직원 'Devin'을 살펴보겠습니다.

[사례 1] 레모네이드(Lemonade)의 'AI 네이티브' 문화

'사람(maker)보다 코드(code) 중심 조직'의 혁신

미국 디지털 보험사 레모네이드는 2015년 창립 초기부터 'AI First' 전략을 일관되게 추진해 왔습니다. CEO 다니엘 슈라이버(Daniel Schreiber)는 "AI를 제대로 도입하려면 문화적 변화가 전제되어야 한다."며, AI가 조직 안에서 작동하고 성장하려면 조직 자체가 AI에 맞게 리모델링되어야 한다고 강조합니다.

레모네이드의 조직 문화는 '코드(code)'와 '메이커(maker)'라는 2가지 핵심 개념으로 이해할 수 있습니다.

코드는 3가지 의미를 가집니다.

첫째, 자동화된 업무 프로세스와 의사 결정 과정입니다. 일반적인 고객 서비스와 보험 심사(underwring), 클레임(claim) 처리, 이메일 응답 등 많은 업무가 사람이 아닌 AI 봇에 의해 이루어집니다.

둘째, 조직의 규칙에 따라 실행(execution)하는 디지털 시스템입니다. 운영 방식 자체가 코드로 구성된 규칙 기반 시스템으로 돌아갑니다.

셋째, 데이터 기반 피드백 루프(feedback loop)입니다. 모든 업무에 데이터 기반 로직이 들어가고, 그 결과는 다시 시스템에 반영되어 개선됩니다.

사람의 역할은 '코드를 만드는 사람', 즉 메이커입니다. 직원의 핵심 역할이 '업무를 실행하는 것'이 아니라 '실행되는 코드를 만드는 것'입니다. "이 일을 자동화할 수 있을까?", "이 판단을 시스템화해서 다시는 사람이 하지 않아도 되게 만들 수 있을까?"를 끊임없이 고민하는 것이 업무의 중심입니다.

메이커 문화의 핵심 요소는 실행 중심, 자율성, 반복과 개선, 기술 기반 문제 해결입니다. 회의보다 실제 코드를 짜고 제품을 만드는 것을 중시하며, 완벽한 계획보다는 빠른 시도와 피드백 그리고 개선이라는 루프에 익숙합니다.

[사례 2] 골드만삭스의 AI 융합 조직

'Devin'이라는 AI를 새로운 직원으로 채용

Devin은 AI 스타트업 'Cognition AI'가 개발한 세계 최초의 완전 자율형 AI 소프트웨어 엔지니어로 평가받고 있습니다. 자연어 지시를 바탕으로 애플리케이션 설계부터 코드 작성, 디버깅, 테스트, 배포[37]에 이르기까지 모든 개발 과정을 독립적으로 수행할 수 있습니다.

골드만삭스의 CIO 마르코 아르젠티는 "Devin은 마치 새로운 직원과 같으며, 개발자를 대신해 코딩 작업을 수행할 것"이라고 밝혔습니다. 초기에는 수백 대의 Devin AI를 도입하고, 이후 사용 사례에 따라 수천 대로 확대할 계획입니다.

IBM의 자체 분석에 따르면 Devin 활용 시 약 20%의 생산성 향상이 가능해 1만 2,000명의 개발자가 마치 1만 4,400명처럼 일할 수 있을 것으로 전망됩니다. 이를 통해 인간 개발자들은 반복적이고 단순한 작업에서 벗어나 보다 창의적이고 고차원적인 문제 해결에 집중할 수 있게 됩니다.

Devin과 인간 개발자는 협업하는 구조로 운영됩니다. 인간 개발자는 문제 정의, 프롬프트 작성, 윤리적 판단, 품질 검토를 담당하고, Devin은 자동 코드 생성, 테스트·디버깅·배포 수행, 반복 작업 자동화, 결과 제안 및 개선안 도출을 맡습니다.

Devin은 단일 엔진이 모든 기능을 수행하기도 하지만 테스트, 디버깅, 배포 등 각 기능을 담당하는 여러 하위 에이전트가 협력하는 구조로도 전환할 수 있습니다. 이는 Devin이 단일 AI를 넘어 다중 에이전트(multi-agent) 체계로 진화하고 있음을 보여 줍니다.

- **매니저 에이전트(Devin)** : 전체 결과에 책임을 지고 하위 에이전트에 각자 역할을 배분
- **보조 에이전트들** : 각각 테스트, 배포, 코드 리뷰 등 전문 기능 담당

AI가 일부 인간 개발자를 대체하는 부분도 있겠지만, Devin 사례에서

---

37. 소프트웨어 개발에서 디버깅은 코드 오류를 찾아 수정하는 과정, 테스트는 프로그램이 요구 사항대로 작동하는지 검증하는 과정, 배포는 완성된 소프트웨어를 실제 사용 환경에 올리는 과정입니다.

알 수 있듯 AI는 협업을 기반으로 한 '하이브리드 워크포스(hybrid workforce) 전략'의 핵심 요소로 활용되고 있습니다.

골드만삭스 CIO 아르젠티는 앞으로 엔지니어에게 필요한 역량으로 문제를 논리적으로 정의하고, 이를 명확한 프롬프트로 변환하며, 생성된 결과를 면밀히 감독하는 역할을 강조하고 있습니다.

성공적인 AI 조직으로의 전환 로드맵

1단계 : 리더십 마인드셋 전환

최고경영진부터 AI에 대한 이해도를 높이고, AI 도입을 단순한 기술 프로젝트가 아닌 조직 혁신의 핵심 과제로 인식해야 합니다. 리더 대상 AI 전략과 위험 관리 교육을 병행해 톱다운 변화의 토대를 마련할 필요가 있습니다. 특히 AI 투자에 대한 명확한 성과 지표와 중장기 비전을 수립해 조직 전체의 방향성을 제시해야 합니다.

2단계 : 전사적 AI 리터러시 구축

모든 직원을 대상으로 기본적인 AI 활용 역량을 교육하고, 직무별 맞춤형 교육을 통해 실제 업무에 AI를 적용할 수 있는 능력을 키웁니다. 내부 AI 플랫폼을 활용한 자가 학습 환경을 조성해 지속적인 역량 강화를 지원해야 합니다. AI 활용 우수 사례를 발굴하고 공유하는 체계를 만들어 직원들의 학습 동기를 높이고 실무 적용을 촉진해야 합니다.

3단계 : AI 융합 조직 문화 완성

AI 네이티브 인재를 중심으로 AI와 인간이 함께 협업하는 새로운 조직 문화를 정착시킵니다. 실험과 학습을 중시하고, 데이터 기반 의사결정을 강화하며, 자율성과 책임감을 바탕으로 한 메이커 문화를 확산시켜야 합니다. 실패를 학습 기회로 받아들이는 관용적 문화를 구축해 지속적인 혁신이 가능한 조직으로 거듭나야 합니다.

골드만삭스의 Devin 사례는 "AI가 인간의 자리를 빼앗는다."는 두려움 대신 AI가 인간과 함께 일하는 진정한 동료가 될 수 있음을 보여 줍니다. AI와 함께 일하는 새로운 조직 문화를 구축하지 못하면 아무리 뛰어난 기술과 인재를 확보해도 경쟁력을 잃게 됩니다.

AI 시대의 승자는 기술과 인간이 조화롭게 협업하는 문화를 만든 조직이 될 것입니다.

글로벌 7개 기업의 교훈 - OpenAI 협업 사례

OpenAI는 홈페이지를 통해 조직 내에 AI를 도입한 글로벌 기업들과의 협업 사례를 바탕으로 다음의 7가지 교훈을 제시하고 있어 이를 소개합니다. 여기서 소개되는 사례들은 모두 하나의 AI 도입 전략이자 실패 없이 조직에 적용하기 위한 필요 과정(프로세스)으로 이해될 수 있습니다. 이 원칙(사례)들을 유념한다면 보다 성공적인 AI 구축이 가능할 것입니다.

1. 평가(evaluation)부터 하세요.

AI 도입의 첫 단계는 어느 AI 모델을 사용할지 판단할 수 있는 평가 지표부터 만들어야 함을 강조합니다. 모건스탠리는 '금융 자문가'로서의 AI 기능 구축을 최우선 목표로 하고, 여기에 맞춘 AI 도입 평가 지표들을 만들어 적용했음을 강조합니다. 이런 과정을 거쳐 구축된 AI 솔루션을 통해 궁극적으로 고객에게 더 많고 나은 통찰력을 제공할 수 있는 인공지능 모델을 도입했다고 자평하고 있습니다.

2. 제품(서비스)에 AI 를 내장(embed)하세요.

세계 1 위 구인 플랫폼인 '인디드(Indeed)'는 GPT-4o mini 를 내장하여 플랫폼 내 사용자 경험을 바꿨다고 강조합니다. 즉 이 AI 는 내부 직원용 백오피스 도구가 아니라 실제 서비스 사용자(구직자, 기업 고객)가 체감할 수 있는 기능으로 제공했습니다. 구직자가 이력서를 작성하거나 맞춤 일자리 추천을 받을 때 AI가 개입하고, 채용 담당자가 공고를 최적화하거나 후보자와 매칭할 때에도 AI 를 활용합니다.

3. 지금 시작하고 초기에 투자하세요.

AI 는 단순히 '플러그 앤 플레이(plug and play)' 방식의 솔루션이 아닙니다. 사용할수록 반복 학습을 통해 정교해지며, 일찍 시작할수록 데이터와 지식이 더 많이 축적됩니다. 이 원칙을 보여 주는 사례로 글로벌 결제 네트워크이자 쇼핑 플랫폼인 클라나(Klarna)가 소개되고 있습니다.

4. 모델을 맞춤화하고 미세 조정(fine-tuning)하세요.

전자상거래 기업 Lowe's는 OpenAI와 협력해 검색 기능의 정확성과 관련성을 강화했습니다. 즉 모델을 미세 조정한 결과 제품 태깅(tagging) 정확도가 20% 향상되었고 오류 감지율도 60% 개선되는 성과를 얻었음을 강조하고 있습니다.

5. 전문가에게 AI를 맡기세요.

영업이나 관리 업무를 하는 각 조직에 AI 관리를 맡기면 사내 지식이 축적되는 효과가 있음을 지적하고 있습니다. 예를 들어, BBVA는 전사적 AI 도입 전략을 통해 각 부서별로 AI를 활용할 수 있도록 프레임워크를 마련했습니다. 법무 부서에서 GPT 기반 맞춤형 어시스턴트를 만들어 연간 수만 건의 문의를 처리해 효율성을 크게 개선했습니다. 법무팀은 "GPT를 '열 번째 팀원'처럼 활용하면서 시간이 많이 소요되던 응답 작업을 단 몇 분 내로 처리할 수 있게 되었다."고 밝혔습니다.

6. 개발자에 한정된 접근 권한을 모두에게 허용하세요.

보통 IT 프로그램은 개발자만 다룰 수 있도록 막혀 있지만 AI는 다릅니다. 접근 권한을 전 직원에게 열어 줄 때 개발 속도가 훨씬 빨라집니다. 라틴아메리카 최대 전자상거래·핀테크 기업 '메카르도 리브레(Mercado Libre)'는 GPT-4o와 GPT-4o mini 기반의 베르디(Verdi)라는 자체 플랫폼을 만들고, 이를 통해 모든 직원이 AI 애플리케이션 구축 과정에 직접 참여하도록 했습니다. 이를 통해 AI 도입이 회사 전반에 걸쳐 통합되고 가속화되고 있음을 강조합니다.

7. 대담한 자동화 목표를 설정하세요.

자동화하지 못할 것이 없으니 뭐든 자동화할 수 있음을 가정하고 목표를 높게 설정하라는 의미입니다.

Chapter 3

금융 업무 프로세스, AI로 재편되다

제1장에서 AI가 금융업계를 변화시키고 있다는 큰 흐름을 확인했고, 제2장에서는 경영진이 어떤 전략으로 준비해야 하는지 살펴봤습니다. 이제 한 걸음 더 들어가서 "AI가 실제로 어떻게 일하고 있는가?"를 구체적으로 확인해 보겠습니다.

국내 은행 창구에서 고객이 "대출 한도가 얼마나 되나요?"라고 물었을 때 AI는 어떤 과정을 거쳐 답변을 만들어 낼까요? 고객 정보를 조회하고, 신용 데이터를 분석하고, 내부 심사 기준을 적용해서 예상 한도를 계산하는 전체 과정이 어떻게 진행되는지 궁금해집니다.

보험회사에서 고객이 스마트폰으로 진단서를 촬영해서 올렸을 때 AI는 어떤 기능들을 활용해서 그 이미지를 읽어 내고, 또 어느 기능으로 보험 약관과 대조해서 지급 여부를 판단하는 걸까요?

증권사에서 기업 공시 자료가 발표되었을 때 AI가 그 내용을 읽고 분석해서 투자 의견을 도출하기까지 어떤 단계를 거치는 걸까요?

머신러닝, RPA(Robotic Process Automation)를 통한 업무 자동화는 디지털화의 진전에 따라 지속 발전해 오고 있었습니다. 그러나 생성형 AI 시대의 도래에 따라 업무의 단순 자동화를 넘어 인간의 영역을 침투하고 있습니다.

제1장에서 살펴보았던 'LLM 기반 자연어 이해(NLP)'가 핵심 기술입니다. 'RAG + 내부 문서 연동'은 실제 주요 구현 방식입니다. '요약 및 보고서 자동 생성' 기능도 생성형 AI 핵심 강점입니다. '개인화 메시지 생성' 분야 역시 변화의 핵심입니다.

이 밖에도 '코드 생성 및 프로그래밍 지원', '다국어 번역 및 현지화(localization)', '리서치 보고서 자동 작성' 등의 기능들이 금융 업무를 현격히 다르게 변화시키고 있습니다.

생성형 AI vs 기존 자동화의 차이		
구분	기존 RPA/자동화	생성형 AI
작동 방식	규칙 기반, 정형화된 시나리오	학습 기반, 맥락 이해 및 적응
타깃 업무	반복적, 규칙 기반, 정형 업무	창작, 분석, 의사결정 지원, 비정형 업무
데이터 처리	정형 데이터만 가능	정형 + 비정형 데이터 모두 처리
주요 영향	데이터 입력, 거래 처리 등 특정 업무	상담, 문서 작성, 분석 등 업무 전반
대체 방식	특정 업무 완전 대체	업무 방식 변화 + 생산성 향상

"생성형 AI의 작업 방식을 이해하는 것이 생존의 시작입니다."

생성형 AI가 무엇을 잘하고 무엇을 못하는지, 어떤 업무는 완전히 대체되고 어떤 영역은 인간의 몫으로 남는지 정확히 파악해야 합니다. 막연한 두려움이나 과도한 기대 대신 현실적이고 구체적인 이해가 필요합니다.

이번 장에서는 금융 현장에서 생성형 AI가 업무를 수행하는 실제 모습을 은행, 보험, 증권사의 핵심 업무를 중심으로 살펴볼 것입니다. 그리고 직원인 내가 어떻게 AI 시대를 준비하고 변화해야 하는지에 대해 함께 고민해 보도록 하겠습니다.

1 은행 업무 : 고객 응대 고도화 & 대출 업무 자동화

은행은 고객의 돈을 안전하게 보관하는 예금 수취 기능을 통해 자금을 모으고, 이를 바탕으로 개인이나 기업에 필요한 자금을 빌려주는 대출 기능을 수행합니다. 또한 계좌 간 자금 이동이나 결제를 지원하는 이체 및 결제 서비스를 제공하며, 고객의 신용도를 평가하거나 기업의 자금 조달·운용 전략 등을 제안하는 금융 자문 기능도 담당합니다.

더 나아가 환전, 해외송금, 외화예금 등 외환 및 국제 금융 서비스를 통해 국내외 자금 이동과 국제 거래를 지원함으로써 금융 시장의 핵심적인 중개자 역할을 합니다.

AI는 이러한 모든 업무 영역에 활용되어 프로세스를 단축하거나 빠르게 하고 또 한편 재설계하는 데 활용될 수 있습니다. 우선 은행 업무에서 AI, 특히 생성형 AI가 효과적으로 잘 적용될 수 있는 업무 분야를 우선순위별로 살펴보면 다음 표와 같습니다.

생성형 AI가 잘 적용될 은행 업무 분야		
순위	업무 분야	세부 업무
1	고객 응대(상담 및 지원)	실시간 콜센터 상담, 고객불만 처리, 품질관리 등
2	대출 등 여신 업무	대출 상담, 신용 분석, 서류 검토 및 생성 등
3	일반문서 작성 및 자료 분석	보고서 생성, 자료 분석 및 약관 관련 업무 등
4	컴플라이언스 및 법무 업무	규제/법무와 관련 정책 해석, 문서 분석 및 작성, 컴플라이언스 보고 관련 업무 등
5	리서치 및 분석 업무	경제/산업/기업 등 분석, 각종 데이터 관련 업무
6	내부 지원 및 HR 업무	내부 정책 안내, 콘텐츠 개발, 교육 관련 업무 등
7	IT 및 기술 지원	사용자 지원(헬프데스크), 시스템 운영/모니터링, 개발·운영 지원, 보안 지원

거의 모든 분야가 생성형 AI 적용 대상 업무이겠지만 우선순위에 의해 상위 2가지 업무 분야, 즉 '고객응대(상담 및 지원)' 그리고 '대출 등 여신업무'에 대해서 상세히 살펴보겠습니다.

고객 응대(상담 및 지원) 업무

'고객 상담 및 지원' 업무의 AI 아키텍처 흐름

고객 상담 분야에서 AI가 작동하는 전체적인 흐름은 다음과 같습니다.

> [고객 질의 or 상담 이벤트 발생] → [LLM 기반 질의 해석 or 음성 변환] → [FAQ DB → 내부지침 → 고객 정보 → 상담 로그 연동] → [RAG + LLM(요약 or 응답 생성)] → [고객 또는 상담원에게 응답 → 리포트 저장]

먼저 고객이 질문을 하거나 상담 관련 이벤트가 발생하면 LLM 기반 AI 시스템이 고객의 질의를 정확히 해석하거나 음성을 텍스트로 변환합니다. 그 다음 AI는 은행의 FAQ 데이터베이스, 내부 지침, 고객 정보, 과거 상담 로그 등 다양한 정보원과 연동하여 필요한 데이터를 수집합니다.

이렇게 수집된 정보를 바탕으로 LLM 및 RAG 기술을 활용해 내용을 파악한 후, 다시 LLM 기능을 통한 요약과 적절한 응답을 생성하고 최종적으로 고객이나 상담원에게 답변을 제공합니다. 완료 후 관련 리포트를 시스템에 저장하는 방식으로 전체 프로세스가 완성됩니다.

이 모든 과정이 자동화되어 빠르고 정확한 고객 서비스를 제공할 수 있게 됩니다.

'고객 상담 및 지원' 업무의 주요 기능별 AI 기술

고객 상담을 주로 수행하는 고객센터의 주요 기능 및 AI 적용 기술은 다음 표와 같습니다.

'고객 상담 및 지원'업무의 AI 적용 사례 및 기술		
상담 업무 프로세스	**AI 적용 사례**	**AI 적용 기술**
① 인바운드 고객 응대	실시간(24/7) AI 챗봇 상담	LLM + 의도분석 + RAG
② 콜 라우팅 및 우선순위 관리	지능형 큐 관리, VIP 고객 자동 식별	AI 기반 라우팅 + 고객 프로파일링
③ 실시간 에이전트 지원	대화 중 실시간 답변 제안, 지식 검색	실시간 RAG + 컨텍스트 분석
④ 통화 분석 및 요약	자동 통화 요약, 후속 조치	STT + LLM + 업무 분류
⑤ 감정 및 품질 모니터링	실시간 감정 탐지, 자동 QA 평가	음성 + 텍스트 감정분석 + AI QA
⑥ 아웃바운드 고객 관리	사전 알림, 개인화 마케팅, 이탈 방지	예측 분석 + 자동 메시지 생성

표의 순서에 따라 고객센터의 전 기능에 대해 AI 적용 사례와 주요 기술 요소에 대해 순차적으로 살펴보겠습니다.

① 인바운드(inbound) 고객 응대 : 챗봇 등 고도화

고객이 은행 앱이나 웹사이트 또는 전화를 통해 "계좌번호 알려 줘.", "이체가 왜 안됐죠?", "대출 이자율은 얼마예요?"와 같은 질문을 하면, 생성형 AI가 마치 숙련된 상담원처럼 고객의 질문을 정확히 이해하고 즉시 답변해 줍니다.

복잡한 문제나 민감한 상황에서는 실제 상담원에게 자연스럽게 연결해 주기도 합니다. 고객 입장에서는 언제든 빠르고 정확한 도움을 받을 수 있는 개인 금융 비서가 생기는 것입니다.

이러한 AI 상담사에 필요한 핵심 AI 기술들은 다음과 같습니다.

- **LLM 기반 자연어 이해(NLP)** : GPT-4, 클로드, 미스트랄 같은 최신 AI 언어모델이 고객의 말을 듣고 '이 고객이 무엇을 원하는지'를 정확히 파악하는 기술입니다. 마치 경험 많은 상담원이 고객의 말투와 상황을 듣고 바로 무슨 일인지 이해하는 것과 같습니다.
- **인텐트 및 슬롯 추출[38] + 엔티티 매칭[39]** : 고객이 "내 통장 잔고 얼마야?"라고 물으면, AI가 이를 '계좌 조회' 업무로 분류하고, '통장'은 '계좌'를 의미한다는 것을 알아채는 기술입니다. 고객의 자유로운 표현을 은행

---

38. 자연어처리(NLP)의 핵심 과정입니다. 인텐트(intent) 도출은 사용자가 무엇을 하려는지를 파악하는 것이고, 슬롯(slot) 도출은 사용자의 말 속에서 의미 있는 정보를 추출하는 것입니다.

39. 엔티티 매칭(entity matching)은 사용자가 말한 표현(텍스트)과 시스템 내부의 실제 데이터 항목을 연결하는 과정입니다.

시스템이 이해할 수 있는 정확한 형태로 정리해 줍니다.

- **실시간 RAG** : 은행의 FAQ, 업무 매뉴얼, 각종 내규를 실시간으로 검색해서 가장 정확하고 최신 정보를 찾아 답변에 활용하는 기술입니다. 상담원이 여러 자료를 뒤져보는 과정을 AI가 순식간에 해내는 것입니다.
- **보안 연계 및 인증** : "내 계좌에 돈이 얼마 있어요?" 같은 민감한 정보를 요청받으면, AI가 먼저 고객 본인 확인을 거친 후에만 답변하도록 설계된 보안 기술입니다. 개인 정보는 철저히 보호하면서도 편리한 서비스를 제공합니다.

이러한 AI 상담사 기능은 생성형 AI 도입을 통해 고도화된 서비스로 발전하게 되었습니다. 기존보다 상담 자동화율은 물론 고객과의 대화 품질을 획기적으로 높이고, 품질을 표준화할 수 있습니다. 지속적인 생성형 AI 기술 수준의 향상으로 인간이 대응하는 것과 동일한 수준의 만족도를 기대할 수 있습니다.

② 콜 라우팅(routing, 경로 선택) 및 우선순위 관리 : 지능형 큐(queue, 대기열) 관리 시스템

고객이 은행에 전화를 걸거나 온라인으로 상담을 요청하면, AI가 즉시 고객의 정보와 문의 내용을 분석해서 '이 고객은 VIP이며 대출 관련 긴급 문의'라고 판단하고 최우선순위로 전문 상담원에게 연결해 줍니다.

또한 '일반 계좌 조회'와 같은 단순 문의는 챗봇으로, '복잡한 투자 상담'은 전문 상담원에게, '불만 처리'는 경험 많은 시니어 상담원에게 자동으로 배정합니다. 고객은 기다림 없이 적절한 도움을 받고, 은행은 인력을 효율적으로 운영할 수 있습니다.

지능형 라우팅에 필요한 핵심 AI 기술들은 다음과 같습니다.

- **고객 프로파일링(profiling) + 실시간 분석** : 고객의 과거 거래 이력, 보유 상품, VIP 등급, 최근 상담 내역을 종합해서 '이 고객이 누구이고 어떤 서비스가 필요한지'를 즉시 파악하는 기술입니다. 마치 숙련된 지점장이 고객 얼굴만 봐도 상황을 파악하는 것과 같습니다.
- **인텐트 분류(intent classification, 의도 분류) + 긴급도 판별** : 고객이 "카드를 도난당했어요."라고 하면 AI가 이를 '긴급 보안 사안'으로 분류하고 최우선 처리하며, '금리 문의'는 '일반 상담'으로 분류해서 적절한 대기 순서를 배정하는 기술입니다. 문의의 성격과 시급성을 자동으로 구분합니다.
- **동적 큐(queue) 관리 + 예측 분석** : 현재 상담원들의 업무량, 고객 대기 상황, 예상 처리 시간을 실시간으로 분석해서 가장 효율적인 라우팅 경로를 결정하는 기술입니다. '3번 상담원이 2분 후 통화 종료 예정이니 VIP 고객을 대기시켜 두자.'와 같은 지능적 판단을 합니다.
- **멀티채널 통합 관리** : 전화, 챗봇, 영상통화, 지점 방문 등 다양한 채널에서 들어오는 고객 요청을 하나의 시스템에서 통합 관리하고, 채널별 특성에 맞는 최적의 처리 방식을 자동 선택하는 기술입니다. 고객이 어떤 방식으로 접촉하든 일관된 서비스를 제공합니다.

이러한 시스템은 고객 대기시간을 대폭 단축하고, VIP 고객 만족도를 높이며, 상담원의 업무 효율성을 극대화할 수 있습니다. 무엇보다 각 고객에게 가장 적합한 상담 경로를 제공함으로써 한 번에 문제를 해결할 수 있는 확률을 높입니다.

③ 실시간 에이전트(agent) 지원 : AI 어시스턴트 시스템

상담원이 고객과 통화 중에 "외화예금의 중도해지 수수료는 얼마인가요?"라는 복잡한 질문을 받았을 때 AI가 실시간으로 관련 규정을 찾아서 상담원 화면에 "외화예금 중도해지 시 원금의 0.5% 수수료 부과, 단 가입 후 6개월 이내는 1.0%"라고 즉시 표시해 줍니다.

또한 고객이 화가 난 목소리로 말하면 AI가 감정을 감지해서 '고객 불만 상황 - 공감 표현 권장'이라는 알림과 함께 적절한 응답 스크립트를 실시간으로 제안해 줍니다. 상담원은 마치 옆에서 베테랑 선배가 도와주는 것처럼 자신감 있게 상담할 수 있습니다.

실시간 에이전트 지원에 필요한 핵심 AI 기술들은 다음과 같습니다.

- **실시간 대화 분석 + 컨텍스트 이해** : 고객과 상담원의 대화를 실시간으로 분석해서 현재 어떤 주제로 이야기하고 있는지, 고객이 무엇을 원하는지를 즉시 파악하는 기술입니다. 마치 경험 많은 팀장이 옆에서 대화를 듣고 상황을 파악하는 것과 같습니다.
- **지식베이스 자동 검색[40] + 임베딩[41] 기반 RAG** : 상담원의 질문이나 고객 문의와 의미적으로 가장 관련성 높은 내부 규정, 상품 정보, 처리 절차를 수초 안에 찾아서 요약해 주는 기술입니다. '중도해지'라고 검색하면 '기한 전 상환', '조기 해약' 같은 유사 표현도 함께 찾아서 놓치는 정보가 없도록 합니다.

---

40. 지식베이스 자동 검색은 상담원이 직접 검색하지 않아도 대화 내용을 분석해서 관련된 정보를 자동으로 찾아주는 시스템입니다. 대화 맥락을 이해해서 필요한 정보를 선제적으로 제공합니다.

41. 임베딩(embedding)은 문서·문장·단어를 숫자로 된 고차원 벡터 공간에서 의미적 정보를 보존하여 컴퓨터가 텍스트 간 유사성을 계산할 수 있게 합니다.

- **실시간 감정 분석 + 응답 제안** : 고객의 목소리 톤, 말하는 속도, 사용하는 단어를 분석해서 현재 감정 상태(만족, 불만, 화남, 급함)를 실시간으로 판단하고, 그에 맞는 적절한 응답 방식과 스크립트를 상담원에게 제안하는 기술입니다.
- **통합 UI(User Interface) + 워크플로 자동화** : 상담원이 여러 시스템을 왔다 갔다 하지 않고 하나의 화면에서 고객 정보, AI 제안 사항, 처리 절차, 관련 문서를 모두 볼 수 있도록 하는 기술입니다. 복잡한 업무도 단계별 가이드를 따라 정확하게 처리할 수 있도록 도와줍니다.

이러한 시스템은 신입 상담원도 베테랑처럼 정확한 상담이 가능하게 하고, 고객 응대 품질이 표준화되며, 상담원의 스트레스와 실수를 크게 줄일 수 있습니다. 무엇보다 고객은 기다리는 시간을 줄이며 정확한 답변을 받을 수 있게 됩니다.

④ 통화 분석 및 요약 : 자동 리포팅 시스템

음성 상담이 끝난 후 상담원이 "이번 통화에서 뭘 상담했지? 어떻게 정리해야 하지?"라고 고민하며 일일이 보고서를 작성해야 하는 상황에서 생성형 AI가 마치 옆에서 듣고 있던 동료처럼 통화 내용을 자동으로 정리해 줍니다.

AI는 상담 목적, 고객 질문, 상담원이 제공한 답변, 상담 종료 여부 등을 체계적으로 분석해서 "고객은 신용대출 상환 방법을 문의했고, 상담원은 원리금 균등상환 방식에 대해 설명한 후 상담을 종료했다."와 같은 요약을 자동으로 만들어 줍니다. 또한 필요한 후속 조치도 자동으로 식별해서 제안합니다.

통화 분석 및 요약에 필요한 핵심 AI 기술들은 다음과 같습니다.

- **실시간 STT**(Speech-to-Text) **+ 화자 분리**(speaker diarization) : 음성 인식 기술을 활용해서 고객과 상담원의 대화를 실시간으로 텍스트로 변환하면서 누가 말한 것인지까지 구분하는 기술입니다. 마치 회의록을 작성하는 사람이 발언자별로 정확히 기록하는 것과 같습니다.
- **LLM 기반 지능형 요약** : 30분짜리 긴 대화에서 정말 중요한 핵심 내용만 골라내서 상담 목적, 처리 결과, 고객 반응, 미해결 사항 등으로 체계적으로 분류해서 요약하는 기술입니다. 불필요한 인사말이나 잡담은 제외하고 업무적으로 중요한 내용만 추출합니다.
- **자동 카테고리 분류 + 태깅**(tagging) : 상담 내용을 자동으로 '대출 문의', '카드 관련', '이체 오류', '불만 처리' 등의 미리 정의된 카테고리로 분류하고, '긴급', '후속 조치 필요', '완료' 등의 태그를 자동으로 붙이는 기술입니다. 나중에 비슷한 상담 사례를 찾거나 통계를 낼 때 유용합니다.
- **후속 조치 식별 + 업무 연계** : 통화 내용을 분석해서 '고객에게 서류 발송 필요', '3일 후 확인 전화 필요', '상급자 검토 필요' 등의 후속 조치를 자동으로 식별하고, 관련 부서나 담당자에게 자동으로 업무 요청을 생성하는 기술입니다.

이러한 시스템을 통해 상담원의 보고서 작성 시간을 60~80% 단축할 수 있으며, 요약 품질의 편차를 최소화하고, 감사 및 모니터링 용도로 활용 가능한 정확한 기록을 신속하게 확보할 수 있습니다. 무엇보다 중요한 후속 조치를 놓치지 않고 체계적으로 관리할 수 있습니다.

⑤ 감정 및 품질 모니터링 : AI 기반 실시간 QA 시스템

기존에는 QA 전담 직원이 하루 종일 상담 녹음을 들으면서 '이 상담원은 인사를 제대로 했나?', '정확한 정보를 안내했나?' 또는 '법적 고지를 빼먹지 않았나?'를 일일이 체크해야 했습니다.

하지만 생성형 AI는 모든 통화 내용을 실시간으로 분석해서 고객의 감정 변화를 추적하고, 상담원의 응대 품질을 자동으로 평가합니다. 고객이 화가 나기 시작하면 즉시 알림을 보내고, 상담 종료 후에는 '인사말 누락', '개인 정보 처리 동의 미확인' 등의 문제점을 자동으로 찾아내어 상담원에게 피드백을 제공합니다.

감정 및 품질 모니터링에 필요한 핵심 AI 기술들은 다음과 같습니다.

- **다차원 감정 분석 + 실시간 알림** : 고객의 목소리 톤, 말하는 속도, 사용하는 단어를 종합적으로 분석해서 '만족', '불만', '화남', '혼란', '불안' 등의 감정 상태를 실시간으로 파악하는 기술입니다. 고객 감정이 급격히 나빠지면 즉시 상담원과 관리자에게 알림을 보내 적절한 대응을 할 수 있도록 합니다.
- **자동 QA 평가 + 체크리스트 분석** : 은행의 상담 품질 기준을 AI가 자동으로 체크하는 기술입니다. '인사말을 했는가?', '개인 정보 처리 동의를 받았는가?', '상품 위험 고지를 했는가?'와 같은 필수 항목들을 빠짐없이 자동으로 점검하고, 점수화해서 객관적인 평가를 제공합니다.
- **상담 품질 예측 + 조기 개입** : 대화 패턴과 고객 반응을 실시간으로 분석해서 '이 상담이 불만으로 이어질 가능성이 높다.'거나 '고객이 이해하지 못하고 있다.'는 것을 미리 예측하는 기술입니다. 문제가 심각해지기 전에 관리자가 개입하거나 상담원에게 가이드를 제공할 수 있습니다.

• **성과 시각화 + 트렌드 분석** : 개별 상담원의 성과는 물론 전체 콜센터의 품질 트렌드를 대시보드로 시각화하는 기술입니다. '이번 주 고객 만족도가 떨어진 주요 원인', '자주 발생하는 응대 실수', '개선이 필요한 상담원'등을 한눈에 파악할 수 있도록 데이터를 정리해 줍니다.

이러한 시스템을 통해 QA(품질 모니터링)에 투입되는 인력과 시간을 70% 이상 줄일 수 있을 뿐 아니라 평가 결과의 객관성과 일관성을 높이고, 문제 상황을 조기에 발견해서 고객 불만을 사전에 방지할 수 있습니다. 무엇보다 모든 상담을 빠짐없이 모니터링할 수 있어 품질관리의 사각지대가 사라질 수 있습니다.

⑥ 아웃바운드(Outbound) 고객 관리 : 선제적 고객 관리 시스템

생성형 AI가 고객의 금융 여정을 실시간으로 분석하여, 예를 들어, '신용대출 만기 도래 + 금리 인상 가능성'과 같은 리스크 요인을 사전에 인지하고, 이를 기반으로 개인 맞춤형 안내 메시지를 자동 생성 및 발송합니다.

또한 '최근 3개월간 거래가 급격히 줄어든 VIP 고객'을 자동으로 식별하여 "김지은 고객님께 특별 혜택을 제안드리고 싶습니다. 전담 매니저가 연락드리겠습니다."라는 개인화된 리텐션(고객유지) 메시지를 발송하거나, 대출 연체 위험이 높은 고객에게는 "상환 계획 조정 상담을 받아보세요."라는 선제적 지원을 제공합니다.

아웃바운드 고객 관리에 필요한 핵심 AI 기술들은 다음과 같습니다.

• **예측 분석 + 고객 여정 추적** : AI가 고객의 거래 패턴, 상품 이용 현황, 생활 패턴 변화 등을 실시간으로 분석해서 '이탈 위험', '추가 상품 니즈', '연체 가능성' 등을 미리 예측하는 기술입니다. 마치 숙련된 고객

관리 전문가가 고객 상태를 지켜보다가 적절한 타이밍을 포착하는 것과 같습니다.

- **개인화 메시지 생성 + 채널 최적화** : 각 고객의 선호도, 과거 반응 이력, 현재 상황에 딱 맞는 메시지를 자연스러운 언어로 자동 작성하고, 고객이 가장 잘 반응하는 채널(SMS, 이메일, 앱 푸시, 전화)을 선택해서 발송하는 기술입니다. '단순 알림'이 아닌 '개인 맞춤 제안'을 만들어 줍니다.
- **시나리오 기반 캠페인 자동화** : '대출 만기 30일 전', '신용카드 한도 80% 사용', '6개월간 거래 없음' 등의 미리 정의된 시나리오가 발생하면 자동으로 적절한 액션을 실행하는 기술입니다. 각 시나리오별로 최적화된 메시지, 혜택, 연락 방식을 자동으로 적용합니다.
- **실시간 반응 추적 + 후속 조치** : 발송한 메시지에 대한 고객의 반응(읽음, 클릭, 전화 문의, 무반응)을 실시간으로 추적하고, 그에 따라 후속 액션을 자동으로 결정하는 기술입니다. 첫 메시지에 반응이 없으면 다른 방식으로 재접촉하거나, 긍정적 반응을 보이면 즉시 상담원 연결을 제안합니다.

이러한 시스템을 통해 고객 이탈을 30% 이상 줄이고, 추가 상품 판매율을 크게 높일 수 있으며, 고객이 문제를 겪기 전에 은행에서 먼저 도움을 제공하는 진정한 고객 중심 서비스를 실현할 수 있습니다. 무엇보다 고객 충성도를 높이고 장기적인 관계를 구축하는 데 핵심적인 역할을 합니다.

대출 등 여신 업무 혁신

이번에는 생성형 AI에 의해 영향을 크게 받는 분야인 여신 업무 분야에 대해 살펴보겠습니다. 물론 대출을 비롯한 여신 업무도 이미 머신러닝 등 기존 AI 기술을 통해 상당 부분 자동화가 진행되어 왔습니다. 그러나 한층 고도화된 생성형 AI의 도입은 인간 직원의 개입을 크게 줄이고, 담당자의 업무 방식 자체에 변화를 가져오는 등 더욱 큰 영향을 미칠 것으로 예상됩니다.

'대출 등 여신 업무'의 AI 아키텍처 흐름

대출 등 여신 업무의 AI 시스템의 전체적인 작동 흐름은 다음과 같습니다.

> [고객 질의 or 내부 요청] → [LLM 기반 질의 의도 파악 + 정보 추출] → [고객 정보, 신용 DB, 상품 조건과 연계] → [RAG 기반 배경 정보(상품 설명서/내규 등) 검색] → [맞춤 응답 or 문서 자동 생성]

먼저 고객의 질의나 내부 직원의 요청이 들어오면 LLM이 그 질의의 진짜 의도가 무엇인지 파악하는 등 요청 내용의 중요 정보를 추출합니다.

시스템은 고객 정보, 신용 데이터베이스, 상품 조건 등과 연계하여 필요한 기본 데이터를 수집합니다. 이어서 RAG 기술을 활용해 상품 설명서나 내규 같은 배경 정보를 검색하여 맥락에 맞는 참고 자료를 찾아냅니다.

마지막으로 이 모든 정보를 종합해서 고객 상황에 딱 맞는 개인화된 응답을 생성하거나 필요한 문서를 자동으로 작성해 줍니다.

이런 체계적인 흐름을 통해 정확하고 개인화된 금융 서비스를 효율적으로 제공할 수 있게 됩니다.

'대출 등 여신 업무'의 주요 기능별 AI 기술

대출 등 여신 과정에서의 주요 기능 및 AI 적용 기술은 다음 표와 같습니다.

'대출 등 여신 업무'AI 적용 사례 및 기술		
주요 기능	AI 적용 사례	AI 적용 기술
① 사전 상담 및 자격 검토	맞춤형 상담, 대출 자격 사전 평가	LLM + RAG(고객 DB 연동)
② 서류 수집 및 분석	소득/재직증명 등 문서 수집, 실시간 데이터 추출 및 검증	OCR + ICR + NLP
③ 신용평가 및 리스크 분석	신용/대체 정보 통합 분석, AI 기반 신용 점수 산출	머신러닝 + XAI스코어링
④ 상품 추천 및 조건 제시	최적 상품 매칭, 개인화된 금리/한도 등 제시	LLM + RAG + 상품 추천 엔진
⑤ 심사 및 의사결정	내부 심사 기준 검증, 승인/거부 즉시 판정 실행	AI 심사 엔진 + 실행 워크플로
⑥ 문서 생성 및 계약	대출 계약서 자동 생성, 전자서명 연동 처리	LLM(템플릿 기반) + 문서 자동화 시스템

표의 순서(업무 프로세스)에 따라 AI가 작동하는 방식과 주요 기술 요소에 대해 자세히 살펴봅니다.

① 사전 상담 및 자격 검토 : AI 기반 대출 컨설팅 시스템

고객이 은행 앱을 통해 "주택담보대출 받을 수 있을까요?", "얼마까지 가능한지 궁금해요."라고 문의하면 생성형 AI가 즉시 고객의 기본 정보(소득, 신용등급, 기존 대출)를 확인하고 "고객님의 현재 조건으로는 최대 3억 원까지 가능할 것으로 예상됩니다. 금리는 연 3.2~3.8% 수준이고, 필요한 서류는 재직증명서와 소득금액증명원입니다."라고 구체적으로 안내해 줍니다.

만약 자격 요건이 부족하다면 "현재 재직기간이 6개월로 짧아 일반 주택담보대출은 어려우나, 3개월 후 재신청하시거나, 신용대출을 먼저 검토해 보시는 것을 권합니다."라는 등 대안까지 제시합니다. 복잡한 문의는 전문 상담원에게 자연스럽게 연결하여 고객이 끊임없이 상담받을 수 있도록 지원합니다.

사전 상담 및 자격 검토에 필요한 핵심 AI 기술들은 다음과 같습니다.

- **실시간 고객 프로파일 분석 + 자격 평가 모델(eligibility assessment model)** : 나이, 소득, 직업, 신용등급 등을 종합해 대출 상품별 자격 요건 충족 여부를 즉시 판단
- **대화형 니즈 분석 + 의도 파악** : 애매한 문의도 추가 질문을 통해 구체적인 목적을 파악하고 적용 가능한 특별 프로그램 자동 식별
- **동적 한도 산정 + 조건 시뮬레이션** : DSR, LTV 등 규제 기준을 실시간 적용해 정확한 대출 한도와 다양한 시나리오별 조건 제시
- **상품 매칭 엔진 + 우선순위 추천** : 고객 조건과 목적에 가장 적합한 상품을 총 비용 최적화 관점에서 우선순위별 추천

이를 통해 고객 문의부터 사전 승인까지 기존 2~3일에서 10분 이내로 단축되며, 부적격 신청으로 인한 시간 낭비를 80% 이상 줄일 수 있습니다.

② 서류 수집 및 분석 : 지능형 문서 처리 시스템

고객이 대출 신청 후 급여명세서, 재직증명서, 통장 사본 등을 스마트폰으로 촬영해서 업로드하면 생성형 AI가 즉시 문서를 분석해서 "급여명세서에서 월급 350만 원 확인", "재직증명서에서 정규직 3년 근무 확인", "통장에서 월평균 입금액 380만 원 확인"이라고 자동으로 정리해 줍니다.

만약 서류에 문제가 있다면 "급여명세서가 3개월 전 것입니다. 최근 3개월 것으로 다시 제출해 주세요." 또는 "통장 사본이 흐릿합니다. 명확한 이미지로 다시 촬영해 주세요."라고 구체적으로 안내합니다. 또한 누락된 서류가 있으면 "소득금액증명원이 추가로 필요합니다. 국세청 홈택스에서 발급 가능합니다."라고 발급 방법까지 친절하게 알려 줍니다.

서류 수집 및 분석에 필요한 핵심 AI 기술들은 다음과 같습니다.

- **OCR(광학문자인식) + ICR(지능형문자인식)[42] + 문서 분류** : 이미지나 PDF에서 텍스트를 추출하고 문서 종류를 자동 분류하며, 다양한 양식과 손글씨도 정확히 인식
- **핵심 정보 추출 + 데이터 검증** : 대출 심사에 필요한 핵심 정보만 정확히 추출하고 논리적 오류나 위변조 의심 사항을 자동 감지
- **문서 완성도 체크 + 자동 요청** : 필요 서류 목록과 제출 서류를 비교해 누락된 것을 찾아내고 맞춤형 안내 메시지 자동 발송
- **실시간 품질 평가 + 재촬영 가이드** : 이미지 품질을 분석해 인식이 어려울 경우 즉시 구체적인 개선 방법 제안

이를 통해 서류 검토 시간을 대폭 단축하고, 위변조 문서 탐지 정확도를 높이며, 고객이 언제든 편리하게 서류를 제출하고 즉시 결과를 확인할 수 있습니다.

---

42. OCR(Optical Character Recognition)와 ICR(Intelligent Character Recognition)는 모두 이미지나 PDF 속의 글자를 컴퓨터가 자동으로 인식해서 문자로 변환하는 기술입니다. OCR는 인쇄 문자 인식에 강점이 있고, ICR는 손글씨 등 비정형 문자 처리에 특화된 기술입니다.

③ 신용평가 및 리스크 분석 : AI 기반 신용 심사 시스템

고객의 서류 분석이 완료되면 AI가 신용평가기관 데이터, 은행 내부 거래 이력, 제출된 재무 서류를 종합해서 "신용점수 720점, 월소득 대비 부채비율 45%, 최근 3개월 연체 이력 없음, 종합 신용등급 A-"라고 객관적인 평가를 내립니다.

단순한 점수뿐만 아니라 "고객님은 5년간 연체 이력이 없고 소득이 안정적이나, 기존 대출이 많아 추가 대출 시 상환 부담이 증가할 수 있습니다. 현재 조건으로는 중금리(4.0~4.5%) 적용 예상"이라고 구체적인 근거와 함께 위험 요소를 설명합니다. 고위험 고객으로 판단되면 '소득 증빙 추가 필요' 또는 '보증인 설정 권장' 등의 보완 방안도 자동으로 제시합니다.

신용평가 및 리스크 분석에 필요한 핵심 AI 기술들은 다음과 같습니다.

- **통합 신용평가 모델 + 대체 데이터 활용** : 기존 신용 정보(신용정보사 평가, 대출 관련 정보, 신용거래 이력 등)뿐만 아니라 통신비 납부, 공과금 납부 패턴, 온라인 거래 내역 등 대체 데이터까지 활용해 정확한 신용도 평가
- **실시간 위험도 측정 + 시나리오 분석** : 다양한 경제 상황에서의 상환 능력을 시뮬레이션하고 미래 리스크 예측
- **설명 가능한 AI(XAI)[43] + 근거 제시** : 신용평가 결과에 대한 구체적인 근거를 자동 생성하여 투명성 확보
- **동적 리스크 스코어링 + 등급 분류** : 상환 능력, 상환 의지, 담보 가치를 종합해 세밀한 등급으로 분류하고 각 등급에 맞는 금리와 한도 자동 산정

43. 설명 가능한 AI(explainable AI(XAI))는 AI 모델의 예측 결과가 왜 그런 결과를 냈는지 사람에게 설명 가능하도록 만드는 기술 또는 방법론입니다.

이를 통해 신용평가 시간을 기존 2~3일에서 30분 이내로 단축하고, 평가의 일관성과 객관성을 확보하며, 부실 대출 발생률을 감소시킬 수 있습니다.

④ 상품 추천 및 조건 제시 : 개인화 상품 매칭 시스템

신용평가가 완료되면 AI가 고객의 신용등급, 소득 수준, 대출 목적, 상환 능력을 종합해서 "고객님께는 주택담보대출 A상품이 가장 적합합니다. 월 상환액은 원리금균등 기준 얼마이며, 중도상환수수료가 없어 장기적으로 유리합니다."라고 맞춤형 추천을 제공합니다.

여러 옵션도 함께 제시합니다. "만약 월 상환 부담을 줄이고 싶으시면 B상품을 추천드리며, 이 경우 초기 상환액을 얼마 정도에서 시작해서 점차 줄어드는 방식도 가능합니다."라는 식입니다.

상품 추천 및 조건 제시에 필요한 핵심 AI 기술들은 다음과 같습니다.

- **지능형 상품 매칭 엔진 + 개인화 추천** : 고객의 신용등급, 소득, 연령, 대출 목적 등을 종합해 수십 개 상품 중 최적의 조합 도출
- **실시간 조건 계산 + 시뮬레이션** : 다양한 상환 방식별로 월 상환액과 총 이자를 실시간으로 계산하고 비교 분석 제공
- **우대조건 자동 적용 + 혜택 최적화** : 적용 가능한 모든 우대 혜택을 자동으로 찾아 최대한 활용할 수 있는 조합 제안
- **대안 상품 분석 + 위험-수익 균형** : 완전히 일치하지 않을 때 장단점을 명확히 비교해서 대안 제시

이를 통해 고객별 최적 상품 매칭 정확도를 높이고, 불필요한 이자 부담을 줄이며, 고객이 복잡한 금융 상품을 쉽게 이해하고 현명한 선택을

할 수 있도록 지원합니다.

⑤ 심사 및 의사결정 : AI 기반 자동 심사 시스템

모든 정보가 수집되고 분석되면 AI가 은행의 대출 심사 기준과 규정을 바탕으로 종합적인 심사를 진행합니다. "신용등급 A-, 소득 안정성 양호, DSR 42%로 기준 내 충족, 담보가치 충분, 종합 평가 결과 승인"이라고 자동으로 결정하거나, 복잡한 케이스의 경우 "소득 변동성으로 인해 인간 심사역 검토 필요"라고 판단해서 전문가에게 전달합니다.

심사 및 의사결정에 필요한 핵심 AI 기술들은 다음과 같습니다.

- **자동 심사 워크플로 + 규칙 기반 의사결정** : 모든 대출 심사 기준을 AI가 자동으로 적용해 승인/거부/보류 결정
- **예외 상황 탐지** : AI가 판단하기 어려운 복잡한 케이스나 특이한 상황을 자동 감지해 숙련된 심사역에게 전달
- **리스크 가중 평가 + 조건부 승인** : 여러 위험 요소를 종합 고려해 조건부 승인을 자동 결정
- **실시간 승인 한도 관리 + 포트폴리오 밸런싱** : 전체 대출 포트폴리오와 리스크 한도를 실시간 모니터링해 전사적 리스크 관리 관점에서 의사결정 조정

이를 통해 심사 결정 시간을 단축하고, 심사 기준의 일관성을 확보하며, 인적 오류와 편견을 제거할 수 있습니다. 무엇보다 24시간 언제든 신속한 결정이 가능해서 고객 만족도와 업무 효율성을 동시에 높일 수 있습니다.

⑥ 문서 생성 및 계약 : 자동 계약서 작성 시스템

대출이 승인되면 AI가 고객의 승인 조건(한도, 금리, 상환방식, 만기 등)을 바탕으로 자동으로 계약서 및 대출 관련 모든 서류를 생성합니다. "대출 승인 통지서, 금리 변동 안내서, 상환 스케줄표, 보험 가입 안내서까지 총 8개 문서가 준비되었습니다. 디지털 서명 후 즉시 대출 실행 가능합니다."또는 "법무팀 검토가 필요한 특수 조건이 있어 1일 추가 소요 예상"이라고 정확한 진행 상황을 실시간으로 업데이트해 줍니다.

문서 생성 및 계약에 필요한 핵심 AI 기술들은 다음과 같습니다.

- **지능형 계약서 생성 + 템플릿 자동화** : 표준 계약서 템플릿에 고객별 맞춤 정보를 자동으로 채워 넣고, 특수 조건도 정확히 반영해 완성된 계약서 생성
- **다중 문서 연동 + 일관성 관리** : 여러 문서 간 정보 일치성을 자동 확인하고, 하나의 조건 변경 시 관련 문서에 자동 반영
- **규제 준수 체크 + 법적 요건 검증** : 생성된 문서가 금융당국 규정과 법적 요건을 모두 충족하는지 자동 점검
- **디지털 서명 연동 + 계약 완료 자동화** : 전자서명 완료 시 자동으로 계약 성립되고 후속 프로세스가 자동 시작

이를 통해 계약서 작성 시간을 대폭 줄이고, 문서 오류와 누락을 방지하며, 고객이 언제 어디서든 편리하게 계약을 완료할 수 있습니다.

생성형 AI 등 다양한 시스템이 은행의 고객 응대와 대출 등 여신 업무를 혁신적으로 변화시키고 있습니다. 그러나 은행업의 특성상 AI 도입에는 몇 가지 중요한 주의 사항이 뒤따릅니다.

첫째, 데이터 보안 및 공정성 측면에서 신용·소득 등 민감 정보를 다루므로 개인정보보호법 준수와 철저한 접근 통제가 필수이며, 차별적 대출 심사를 방지하기 위한 알고리즘 편향성 검증과 지속적 모니터링이 요구됩니다.(제4장 참조)

둘째, 신뢰성 및 설명가능성 측면에서 RAG 등을 활용한 상품 정보의 정확성 확보, AI 판단 근거의 명확한 제시(특히 대출 거부 시 구체적 사유 제공), 그리고 생성 문서의 버전 관리와 로그 기록을 통한 감사 추적성 확보가 필요합니다.

셋째, 리스크 관리 및 규제 준수 측면에서 AI 할루시네이션과 성능 저하에 대비한 검증 체계, AML(자금세탁방지)·KYC(고객확인제도)·바젤협약 등 금융 규제의 자동 준수, 적대적 공격 등 AI 특화 보안 위협 대응, 그리고 시스템 장애 시에도 핵심 업무 연속성을 보장하는 백업 체계 구축이 중요합니다.(제4장 참조)

결국 이러한 요소들을 종합적으로 고려한 AI 거버넌스 체계와 지속적인 모니터링이 뒷받침되어야만 은행은 AI의 혜택을 안전하게 활용할 수 있습니다.

2 보험 업무 : 보험금 청구 및 보험인수 자동화

보험회사는 사람들이 미래의 위험(질병, 사고, 사망, 화재 등)에 대비할 수 있도록 보험 상품을 제공하고, 그 위험이 실제로 발생했을 때 보상해 주는 금융회사입니다. 즉 개인이나 기업이 미래에 발생할 수 있는 다양한 위험에 대비할 수 있도록 보험 상품을 제공하고, 그 대가로 받은 보험료를 바탕으로 손해가 발생했을 때 약속된 보상을 해 주는 금융회사입니다.

보험회사는 많은 사람을 보험에 가입하게 하고, 실제 사고가 난 소수에게 보험금을 지급함으로써 위험을 집단적으로 분산합니다. 한편 고객에게 받은 보험료를 주식, 채권, 부동산 등에 투자해서 운용수익을 올립니다. 이는 또한 보험회사의 중요한 수익원 중 하나입니다.

다음 표는 보험 업종의 주요 업무 분야별 AI 적용 가능성을 우선순위별로 요약한 내용입니다.

AI가 잘 적용될 보험 업무 분야		
구분	머신러닝	생성형 AI
1	보험금 청구(claims) 자동화	사고 보고서 요약, 피해 평가 문서 생성, 챗봇 상담 자동화 등
2	보험 인수 평가 및 보험료 산정 (underwriting) 자동화	고객 데이터 기반 위험 시뮬레이션, 맞춤형 보험 상품 생성, 자동 심사 등
3	부정 청구 및 이상 패턴 식별	이상 거래 또는 부정 청구 자동 탐지, AI 기반 리스크 분석 등
4	고객 관리 및 맞춤 콘텐츠 생성	이메일/문서 자동 작성, 챗봇 상담, 상품 설명, 마케팅 콘텐츠 생성 등
5	(보험) 시장 분석 통한 정보 제공	내부 운영지표 분석, 전략적 비즈니스 인사이트 요약 및 실행 제안 등

거의 모든 분야가 AI의 적용을 받겠지만 가장 우선순위가 높은 상위 2가지 업무 분야, 즉 '보험금 청구(claims) 업무' 및 '보험 인수(underwriting) 업무'에 대해서 상세히 살펴보겠습니다.

보험금 청구 업무

사고 처리 및 보험금 청구 업무는 문서 분석, 규칙에 기반한 판정, 반복 판단 등으로 자동화하기 좋은 구조입니다. 특히 생성형 AI는 약관 해석, 설명, 청구서 요약 등에 탁월한 기능을 발휘합니다.

보험금 청구, 지급, 상담 과정에서의 주요 기능 및 AI 적용 기술은 다음 표와 같습니다.

'보험금 청구 업무'의 AI 적용 사례 및 기술		
청구 업무 프로세스	AI 적용 사례	AI 적용 기술
① 청구 서류 분석 및 데이터 추출	사진, 진단서에서 정보 자동 추출	OCR + ICR + IDP
② 사고 자동 분류 및 라우팅	청구 유형별 자동 분류 및 담당 부서 배정	머신러닝 분류 + 자동 워크플로
③ 사기 탐지 및 이상 패턴 식별	딥페이크 탐지, 중복 사진 패턴 분석	딥러닝 + 이상 탐지 알고리즘
④ 고객 응대 자동화 및 상담	24/7 다국어 챗봇, 청구 진행 현황 안내	LLM + RAG + 감정 분석

표의 순서에 따라 AI 적용 사례와 주요 기술 요소에 대해 살펴봅니다.

① 청구 서류 분석 및 데이터 추출(ICR + IDP)

지능형 문자 인식(ICR) 및 지능형 문서 처리(IDP)[44] 시스템 등이 활용됩니다. 즉 고객이 스마트폰으로 사고 사진, 진단서, 영수증을 촬영해 업로드하면 AI가 문서 유형을 자동 분류하고, 손글씨와 인쇄체를 구분하여 핵심 정보를 정밀하게 추출합니다.

이후 시스템은 이미지 배경 제거, 문서 회전 보정, 노이즈 제거 등을 수행한 뒤 OCR와 NLP를 통해 비정형 데이터를 구조화된 데이터로 변환하여 보험사의 핵심 청구 시스템으로 자동 전송합니다.

추출된 정보는 실시간으로 보험 약관과 대조되어 '보상 가능' 또는 '추가 검토 필요'와 같은 즉각적인 판단이 내려지며, 전체 처리 시간을 기존

44. IDP(Intelligent Document Processing)는 이러한 문자 인식 기술을 기반으로 문서를 디지털화한 뒤 생성형 AI와 결합해 의미와 구조를 이해하고 업무 판단까지 지원하는 종합 자동화 시스템입니다.

대비 70~80% 단축할 수 있습니다

② 사고 자동 분류 및 라우팅(머신러닝 + 지능형 워크플로)

지능형 분류 및 라우팅 시스템이 활용됩니다. 즉 AI가 청구 서류와 사고 내용을 분석하여 자동차 사고, 의료비 청구, 재산 피해 등으로 청구 유형을 자동 분류하고, 복잡도와 전문성을 기준으로 적절한 담당자에게 즉시 배정합니다.

시스템은 머신러닝 모델을 통해 과거 처리 이력과 담당자 전문성을 분석하여 단순한 접촉 사고는 주니어 조정자에게, 복잡한 다중 사고는 시니어 전문가에게 자동 할당하며, 청구 문서를 관련 부서로 즉시 라우팅합니다.

이후 구조화된 데이터가 보험사의 핵심 청구 시스템으로 자동 전송되고, 배정된 담당자에게 자동 알림이 전송되어 전체 배정 프로세스가 완료됩니다. 이를 통해 청구 라우팅 정확도를 약 30% 향상시키고 처리 대기시간을 대폭 단축할 수 있습니다.

③ 사기 탐지 및 이상 패턴 식별(멀티모달 AI + 딥러닝)

멀티모달 AI 기반 사기 탐지 시스템이 활용됩니다. 즉 AI가 텍스트, 이미지, 오디오, 비디오 등 다양한 형태의 데이터를 동시에 분석하여 딥페이크나 조작된 증거를 실시간으로 탐지하고, 수백만 건의 청구를 즉시 위험 점수로 평가합니다.

시스템은 과거 데이터를 학습하여 정상적인 행동 패턴을 설정하고, 이상 징후를 자동 감지합니다. 예를 들어, 동일한 사고 사진의 재사용, 특정 병원에서의 과도한 청구, 소셜 네트워크 분석을 통한 공모 관계 등을 그래프 신경망[45]으로 분석하여 복잡한 사기 네트워크까지 탐지합니다.

이후 위험 점수가 높은 청구는 자동으로 전문 조사팀에 배정되며, "사기 가능성 85% - 중복 사진 사용 및 의료기록 불일치 발견"과 같은 구체적인 근거와 함께 즉시 플래그 처리되어, 보험사기 손실을 효과적으로 방지할 수 있습니다.

④ 고객 응대 자동화 및 상담(생성형 AI + 멀티모달 상호작용)

대화형 AI 기반 고객 응대 시스템은 보험료 문의, 청구 진행 상황, 약관 해석 등을 24시간 지원할 수 있습니다. LLM 기반 챗봇은 고객 이력에 맞춘 맞춤형 응대를 제공하고, 텍스트·음성·이미지 등 멀티모달 입력을 처리해 사고 현장 사진 분석이나 긴급출동 연계도 가능합니다.

또한 감정 분석을 통해 공감적 톤으로 대응하며, 실제로 레모네이드 등 일부 디지털 보험사는 '90초 가입, 몇 분 내 청구 처리'와 같은 혁신적 경험을 제공하고 있습니다. 글로벌 조사에 따르면 다수의 보험사가 고객 서비스 혁신 분야에서 AI를 우선 도입하고 있습니다.

물론 이러한 AI 시스템을 도입할 때는 몇 가지 중요한 점을 고려해야 합니다. 예를 들어, 지급 여부에 대한 '최종 판단'은 여전히 사람이 확인해야 할 수 있으며, AI가 내린 결론을 고객에게 명확히 설명할 수 있도록 '설명 가능성'이 보장되어야 합니다. 아울러 청구 서류에는 민감한 개인 정보가

45. 사람과 사람의 관계(소셜 네트워크), 금융 거래망, 물질의 원자 구조처럼 세상에는 복잡한 연결망(그래프 구조) 형태의 데이터가 많습니다. 그래프 신경망(Graph Neural Network, GNN)은 이러한 연결망 데이터를 효과적으로 처리하기 위한 딥러닝 모델입니다.

포함되어 있으므로 데이터 보안과 관련 규제를 철저히 준수해야 합니다.

보험 인수(underwriting) 업무

보험회사의 보험 인수 업무란 고객이 가입하려는 보험에 대해 위험을 평가하고, 보험 인수 여부 및 보험료 수준을 결정하는 업무입니다. 생명보험, 건강보험, 손해보험 등 거의 모든 보험 업무에서 핵심적인 절차입니다.

보험 인수 업무에는 구조화되지 않은 정보가 많이 활용되고, 전문적 해석이 필요한 영역이기 때문에 기존 머신러닝과 생성형 AI 기술을 혼합 적용했을 때 정확성과 속도 모두 극대화될 수 있는 분야입니다.

이 영역에 사용되는 주요 기능과 AI 기술은 다음 표와 같습니다.

'보험 인수 업무' AI 적용 사례 및 기술

인수 업무 프로세스	AI 적용 사례	AI 적용 기술
① 문서 정보 추출 및 디지털화	청약서, 의료 기록 정보 자동 추출 및 구조화	OCR + ICR + IDP
② 위험 분석 및 자동 등급 분류	건강 상태, 생활습관 분석 및 동적 위험 프로파일 생성	머신러닝 + 딥러닝 + IoT 통합
③ 건강 이력 구조화 및 요약	자유서술형 병력 자동 구조화 및 의료기록 요약	LLM + 의료 NLP + RAG
④ 인수 기준 비교 및 자동 판정	내부 가이드라인 자동 검증 및 규정 준수 확인	머신러닝(규칙 기반) + LLM + Agentic AI
⑤ 보완 요청 및 커뮤니케이션 자동화	누락 서류 자동 식별 및 맞춤형 메시지 생성	LLM(생성형 AI) + 챗봇 + 자동화 워크플로

표의 순서에 따라 AI 적용 사례와 주요 기술 요소에 대해 살펴보겠습니다.

① 문서 정보 추출 및 디지털화(IDP + 다중 AI 통합)

인수 담당자가 청약서, 의료 기록, 재무제표 등 다양한 문서를 업로드하면 AI가 OCR, NLP, 머신러닝을 통합해 인쇄체, 손글씨, 비정형 레이아웃을 자동 인식하고 핵심 위험 요소(보험 가입액, 청구 이력, 의료 상태 등)를 추출합니다. 시스템은 문서를 빠르게 처리하며 누락 또는 불확실한 필드를 자동 플래그 처리하여 검토가 필요함을 표시합니다.

추출된 데이터는 자동 검증 후 CRM, 보험 관리 시스템, 인수 심사 전용 플랫폼으로 전송되며, 인수 담당자는 서류 정리나 재입력 없이 핵심 평가 업무에 집중할 수 있어 비핵심 업무 시간을 절약할 수 있습니다. 일부 사례에서는 문서 처리 시간을 최대 80% 단축하고 오류율을 크게 감소시킨 보고도 있습니다.

② 위험 분석 및 자동 등급 분류(머신러닝 + 실시간 데이터 통합)

머신러닝 기반 위험 분석 시스템은 고객의 연령, 성별, 직업, 기존 질병력, 가족력, 흡연 여부 등 전통적 변수뿐 아니라 웨어러블(wearable) 기기, IoT(사물인터넷) 센서, 텔레매틱스(telematics) 데이터를 통합해 종합적인 위험 프로파일을 생성합니다. 일부 연구에서는 소셜 미디어 데이터 활용 가능성도 제시되고 있으나, 실제 상용화는 개인 정보 규제 문제로 제한적입니다.

시스템은 과거 청구 패턴과 신규 트렌드를 지속적으로 학습해 위험 예측의 정밀도를 높이고, 전통적 계리 모델 대비 성능 향상을 보였다는 보고도 있습니다(일부 사례에서는 25% 개선). 예를 들어, '30대 비흡연 사무직 남성, 고혈압 가족력 있음, 웨어러블 데이터상 활동량이 양호한 경우'를 복합 데이터로 분석해 자동 등급 분류와 실시간 보험료 산정이 가능합니다.

실제 사례에 따르면 IoT 기반 언더라이팅 도입 시 청구 손실 감소, 발행 시간 단축, 매출 성장 효과가 보고되었습니다.

③ 건강 이력 구조화 및 요약(LLM + 의료 NLP)

LLM 기반 의료 데이터 분석 시스템이 활용됩니다. 즉 고객이 자유서술식으로 작성한 "5년 전 교통사고로 다리 수술, 현재 완치되어 일상생활 지장 없음"과 같은 병력 진술이나 의료 전문가가 수백~수천 페이지 분량의 의료 기록을 검토해야 하는 복잡한 케이스를 LLM이 자동으로 분석합니다.

시스템은 수십만 건의 비식별화된 의료 기록, 청구 이력, 손글씨 메모, 통화 기록을 통합하여 의료 상태, 검사 결과, 생활습관 요인, 증상, 복용 약물을 자동 추출하고, "교통사고(2020년) → 하지 골절 수술 → 완치 상태 → 현재 후유증 없음"으로 시계열 구조화하여 인수 심사자가 쉽게 파악할 수 있도록 정리합니다.

이후 LLM은 다양한 출처의 정보를 연결하고 요약하여 실행 가능한 인수 권장 사항까지 제공하며, 인수 담당자는 세부 내용을 직접 읽는 대신 AI가 요약한 결과를 검토하고 결정을 다듬는 고부가가치 업무에 집중할 수 있습니다.

④ 인수 기준 비교 및 자동 판정(AI 의사결정 엔진 + RAG)

AI 기반 자동 판정 시스템이 활용됩니다. 추출된 고객 정보가 회사 내부 인수 가이드라인과 실시간으로 대조되며, RAG 기술을 통해 인수 매뉴얼과 규정을 연결하여 각 사례에 맞는 맞춤형 판정을 제공합니다.

시스템은 고객의 위험 점수를 분석하여 '가입 가능', '할증 적용 후 가입 가능', '추가 검진 필요', '인수 거부' 등 초기 판정을 즉시 제공하며, 단순한 케이스는 빠르게 처리되고, 복잡한 케이스는 전문 인수 담당자에게 자동으로 라우팅됩니다.

AI는 규제 준수를 위한 감사 추적과 설명 가능한 의사결정 근거를 제공하며, 컴플라이언스 에이전트(Compliance Agent)가 전체 프로세스를 검토하여 차별금지법과 윤리기준 준수를 보장합니다.

⑤ 보완 요청 및 커뮤니케이션 자동화(생성형 AI + 다국어 챗봇)

생성형 AI 기반 커뮤니케이션 자동화 시스템이 활용됩니다. 인수 심사 과정에서 추가 서류나 검진이 필요할 때 LLM이 누락 항목을 자동으로 식별하고, "고혈압 약물 복용 관련 최근 처방전 제출 필요" 또는 "제출하신 진단서의 날짜가 불명확하여 재제출 필요"와 같은 맞춤형 안내 메시지를 자연스러운 언어로 생성합니다.

시스템은 100개 이상의 다국어를 지원하며, 고객 응답을 실시간으로 추적하고 브로커 및 에이전트에게도 사전 판정 결과와 필요 조치 사항을 제공합니다.

LLM 기반 챗봇은 고객이 제출 방법을 문의하거나 진행 상태를 확인할 때 24시간 즉시 응답하며, 인수 담당자가 복잡한 케이스에 집중할 수 있도록 지원합니다.

이러한 보험 인수 업무에 AI 시스템 도입 시에도 몇 가지 중요한 고려 사항이 있습니다. 복잡하거나 특수한 케이스(사건)에 대한 '최종 인수 결정'은 여전히 전문 보험인수 담당자(언더라이터)의 판단이 필요하며, AI의 위험 평가 근거를 고객과 설계사에게 명확히 설명할 수 있는 '투명성'이 확보되어야 합니다. 또한 건강 정보 등 민감한 개인 정보 처리에 대한 보안 강화와 관련 법규 준수가 필수적입니다.

특히 AI 알고리즘의 편향성을 지속적으로 모니터링하고 보정하는 체계를 구축해 공정한 보험 가입 기회를 보장해야 합니다. AI 시스템 오작동이나 예상치 못한 상황에 대비한 비상 대응 프로세스와 함께 인간 전문가가 신속히 개입할 수 있는 에스컬레이션 체계도 마련되어야 합니다.

더 나아가 AI와 언더라이터 간의 역할 분담을 통해 각자의 강점을 최대화하고, 정기적인 성과 검증을 통해 AI 시스템의 정확성과 효율성을 지속적으로 개선해 나가야 합니다. 궁극적으로 고객 만족도 향상과 보험회사의 수익성 제고라는 두 마리 토끼를 동시에 잡을 수 있는 균형 잡힌 AI 활용 전략이 필요합니다.

3 금융투자회사 : 리서치 업무 자동화

금융투자회사는 개인이나 기업이 자본 시장(주식 시장 등)에 참여할 수 있도록 도와주는 금융회사입니다. 중개, 투자, 자산관리, 기업금융 등 다양한 역할을 수행합니다. 쉽게 말해, 사람들이 투자할 수 있도록 돕고, 때로는 자신들도 투자를 하는 기관입니다.

다음 표는 금융투자회사의 주요 업무 분야별 AI 적용 가능성을 우선순위별로 요약한 내용입니다.

이 분야도 거의 모든 업무 영역에 AI의 영향을 받겠지만 가장 파급력이 큰 리서치/보고서 자동화 업무 분야에 대해서 상세히 설명하겠습니다.

AI가 잘 적용될 보험 업무 분야		
순위	**업무 분야**	**주요 활용**
1	리서치 업무 자동화	공시 및 시장 정보 분석, 투자 리포트 생성 및 개인화 서비스
2	퀀트 및 알고리즘 트레이딩	가격 예측, 시그널 생성 및 자동 매매
3	증권인수(underwriting) 자동화	IPO 등 과정의 상품, 계약, 법률문서 생성
4	대고객 서비스(챗봇 등)	상담 자동화, 고객 관계 관리
5	컴플라이언스 및 리스크 관리	이상거래 탐지, 리스크 분석, 규제 준수 확인 제반 보고 자료 자동 생성
6	영업 및 마케팅	콘텐츠 생성, 개인화(맞춤형) 서비스

리서치 업무 자동화

생성형 AI 출시 이후 특히 증권사 애널리스트들도 새로운 전환점을 맞이하고 있습니다. 리서치와 투자 전략의 중심에 있던 이들은 이제 생성형 AI라는 동반자이자 강력한 경쟁자를 마주하게 되었습니다.

재무제표 분석, 공시자료 검토, 시장 동향 파악 등 반복 업무는 AI가 빠르게 대체하고 있고, GPT-4 같은 언어모델은 뉴스와 데이터를 실시간 분석해 보고서(초안)까지 작성하게 되었습니다.

이 영역에 사용되는 주요 기능과 AI 기술은 다음 표와 같습니다.

리서치 세부 업무 및 AI 적용 기술		
리서치 업무 프로세스	AI 적용 사례	AI 적용 기술
① 데이터 수집 및 정제	실시간 뉴스, 공시자료 자동수집 및 핵심 키워드 추출	웹크롤링/API + 지식그래프 + NLP
② 종목/시장 분석	기업 실적, 시장 지표 분석 및 산업 동향 분석	시계열 분석 + 이벤트 탐지 + 머신러닝
③ 투자 의견 도출	재무지표 정량 분석 및 투자 의견 근거 생성	머신러닝 회귀모델 + 밸류에이션 자동화 + XAI
④ 리포트 작성 및 시각화	리포트 초안 자동 작성 및 차트 생성	LLM + 템플릿 생성 + 시각화 라이브러리
⑤ 개인화 및 자동 배포	고객 맞춤 리포트 생성 및 다국어 변환	LLM + RAG + 금융 특화 번역 모델

표의 순서에 따라 리서치 세부 업무별 AI가 작동하는 상황을 살펴보겠습니다.

① 데이터 수집 및 정제(웹 크롤링 + 각종 시스템 연동)

AI 기반 웹 크롤러(web crawler)는 주요 언론 기사, 한국거래소 공시, 블룸버그 데이터, 애널리스트 코멘트 등에서 투자에 유의미한 데이터를 실시간으로 수집합니다. 이렇게 모인 데이터는 자연어처리(NLP) 기술로 분석되어 핵심 키워드, 감성, 주가 영향도가 자동으로 태깅(tagging)됩니다.

예를 들어, '삼성전자 HBM 관련 협력 발표'라는 뉴스가 나오면 AI는 기사에서 'HBM', '마이크론', 'AI 반도체'와 같은 연관 키워드를 추출합니다. 주가에 중요한 영향을 줄 수 있다고 판단되면 해당 뉴스는 자동으로 리포트 초안 대기열로 이동합니다.

이 과정은 애널리스트가 직접 수행하던 수작업 데이터 수집을 자동화해 리서치 준비 시간을 약 70~80% 단축시키고, 핵심 뉴스를 놓치지 않고 실시간 대응할 수 있도록 해 줍니다. 그 결과, 리포트의 시의성과 품질이 동시에 향상됩니다.

② 종목/시장 분석(시계열 분석 + 머신러닝)

AI는 수집된 데이터를 바탕으로 종목 분석과 시장 분석을 동시에 수행합니다. 기업의 최신 실적 발표 내용, 주가 흐름, 경쟁사 비교를 분석하고, '오늘의 시장 주요 이벤트 요약', '기술주 업종 동향', '금리 인상 발표 이후 환율·주가 반응 분석' 등 시장 전반에 대한 분석도 진행합니다.

AI는 주요 지수, 금리, 환율 등의 수치 데이터와 뉴스 기사, 과거 분석 내용을 결합해 영업이익 증감 요인, 산업 동향, 섹터별 자금 흐름 등을 파악합니다. 이를 통해 애널리스트가 심층 분석을 위한 핵심 인사이트를 빠르게 얻을 수 있으며, 업종별 흐름을 신속히 파악하여 포트폴리오 전략 수립을 지원합니다.

③ 투자 의견 도출(머신러닝/회귀 모델)

AI는 주가, PER, EPS, ROE 등 주요 재무 지표를 분석하고, 사내에서 정의한 룰베이스(rule-based) 로직이나 회귀(regression) 모델을 활용해 '매수/보유/매도' 의견을 도출합니다. 예를 들어, "PER가 업종 평균 대비 20% 저평가되고, 향후 2분기 실적이 상향 조정될 가능성이 높다."는 식의 근거를 제시할 수 있습니다.

이러한 접근은 투자 의견 결정의 일관성을 높이고, 신규 애널리스트나 주니어 직원도 안정적으로 리포트를 작성할 수 있도록 지원합니다. 동시에 투자 판단 과정의 설명 가능성(explainability)도 강화됩니다.

④ 리포트 작성 및 시각화(LLM + 템플릿 기반 AI + 데이터비즈 툴)[46]

생성형 AI는 앞 단계에서 도출된 분석 결과와 투자 의견을 종합해 「삼성전자 2025년 2분기 실적 분석 및 향후 전망」과 같은 리포트를 자동 작성합니다. LLM은 과거 리포트 템플릿을 학습하여 일관된 형식의 자연스러운 초안을 만들어 내며 애널리스트는 핵심 의견만 검토, 보완합니다.

동시에 AI는 기업 실적 추이, 주가 변화, 벤치마크 대비 성과 등을 자동으로 시각화하고 차트와 해설 문구를 리포트에 삽입합니다. 예를 들어, 최근 3년간 매출 성장률과 주가 변동 차트를 생성하고 이에 대한 설명까지 제공합니다.

이를 통해 종목 리포트 작성 시간은 수 시간에서 수 분으로 단축되며, 특히 실적 발표 리포트나 데일리, 위클리 시장 리포트처럼 반복성이 높은 작업을 효율적으로 자동화할 수 있습니다.

전반적으로 리포트의 가독성과 설득력이 높아지고, 그래프 수작업 시간을 절감하며 시각 자료를 최신 상태로 유지할 수 있습니다. 애널리스트는 단순 작성 업무에서 벗어나 보다 심층적인 전략 수립과 분석에 집중할 수 있습니다.

---

46. 여기에 사용되는 데이터비즈 툴(Databiz Tools)에는 Matplotlib(파이썬 기반 시각화 라이브러리, 데이터 분석용에 적합)과 D3.js(JavaScript 기반 대화형 시각화 라이브러리, 웹 환경에서 자유로운 표현 가능) 등이 있습니다.

⑤ 개인화 및 자동 배포(LLM + RAG)

AI 기반 추천 시스템은 투자자의 과거 관심 종목, 투자 성향, 리스크 선호도를 분석해 맞춤형 리포트를 이메일이나 앱 푸시로 자동 발송합니다. 예를 들어, 반도체 섹터에 집중 투자한 고객에게는 AI 반도체 관련 리포트를 자동 제공하는 방식입니다.

이를 통해 고객별 맞춤형 콘텐츠를 제공하여 차별화된 경험을 강화하고, 동시에 마케팅 자동화와 커뮤니케이션 비용 절감 효과도 기대할 수 있습니다.

또한 생성형 AI는 완성된 리포트를 다국어로 번역할 수 있으며, 금융 전문 용어와 문화적 뉘앙스를 반영해 외국인 투자자가 이해하기 쉬운 표현으로 조정합니다. 이로써 글로벌 고객 대상 리포트 제공이 가능하며, 번역 비용 절감과 발행 속도 향상 효과도 기대할 수 있습니다

한편 금융투자회사가 AI를 활용할 때는 크게 3가지 측면에서 유의해야 합니다.

첫째, 기술적 리스크 측면에서 AI의 설명 가능성 부족, 편향된 데이터로 인한 잘못된 분석, 시장 급변 시 자동화 오작동 등이 투자 판단의 신뢰성을 저해할 수 있습니다.

둘째, 보안 및 악용 위험 측면에서 외부 공격자의 AI 모델 조작, 허위 데이터 학습을 통한 시장 왜곡, AI 환각 현상 등이 심각한 문제를 야기할 수 있습니다.

셋째, 규제 및 윤리적 이슈 측면에서 부정확한 리포트 발간 시 명예훼손 등의 윤리석 논란과 불분명한 책임 소재, 그리고 금융소비자보호법과

자본시장법 등 관련 규제 준수가 필수적입니다.

새로운 현실이 시작되었습니다. AI는 더 이상 보조 도구가 아닙니다. 금융 업무의 핵심 프로세스에서 사람을 대체하고, 때로는 사람보다 더 정확하고 빠른 판단을 내리고 있습니다.

문제는 이런 변화를 수용하고 적응할 것인가, 아니면 기존 방식을 고수하며 도태될 것인가입니다. 금융회사의 미래는 AI와 함께 일하는 새로운 업무 프로세스를 얼마나 빠르게 구축하느냐에 달려 있습니다.

"AI 시대, 나는 이제 무엇을 준비하고 어떻게 변화해 나가야 할 것인가?"

4 나는 무엇을 해야 할까? - 개인의 생존 전략

"변화를 두려워하지 말고, 변화에 뒤처지는 것을 두려워하라."

2025년 어느 월요일 아침, 한국의 한 대형 은행 여신 심사팀에서 일하던 김대리는 평소와 다른 업무 환경을 마주했습니다. 그동안 그가 하루 종일 검토하던 신용대출 서류들이 AI 시스템에 의해 1시간 만에 처리되고 있었습니다. 옆자리 동료는 "이제 우리가 할 일이 뭐지?"라며 당황스러워했습니다.

같은 시각, 스웨덴 스톡홀름의 클라르나 본사에서도 극적인 변화가 일어나고 있었습니다. 700명의 고객 상담원이 AI 챗봇으로 대체되었고, 전체 직원의 40%가 줄어든 상황에서 남은 직원들은 완전히 새로운 업무 방식을 학습하고 있었습니다.

뉴욕의 JP모건에서는 6만 명의 직원이 LLM Suite라는 AI 도구를 사용하기 시작했고, 신입 애널리스트들은 '프롬프트 엔지니어링' 교육을 필수로 받고 있었습니다.

런던의 골드만삭스에서는 Devin이라는 AI에이전트가 개발자들과 함께 일하며, 기존 업무 방식을 완전히 바꿔 놓고 있었습니다.

AI는 이미 금융업의 핵심 업무들을 대체하기 시작했습니다. 은행의 고객 상담과 여신 심사, 보험금 청구와 보험 인수(언더라이팅) 그리고 증권사의 리서치 업무까지 인간이 매일 하던 업무들이 기계의 손으로 넘어가고 있습니다.

하지만 이 현실을 받아들이기 힘들어하는 금융인들의 목소리도 높습니다. '20년 경력이 무용지물이 될 수는 없잖아!", "AI가 업무를 완전히 대체할 수 있을까?", "변화에 적응하기에는 이미 늦은 것 아닐까?"

이런 고민과 불안은 당연합니다. 하지만 중요한 것은 이 변화의 물결 앞에서 무력감에 빠지는 것이 아니라 현실을 직시하고 구체적인 행동 계획을 세우는 것입니다. 변화를 두려워하기보다는 변화에 뒤처지는 것을 더 두려워해야 합니다.

AI 시대에 그 변화 속에서도 우리가 놓치지 말아야 할 몇 가지 원칙을 강조합니다.

첫째, AI와 경쟁하지 말고 AI와 협력하라

AI는 분명 빠르고 정확합니다. 은행에서는 고객 질문을 실시간으로 분석해 자동 응답하고, 여신 업무에서는 제출된 서류를 읽고 대출한도를 산정하며, 증권사에서는 공시 데이터를 읽어 투자 리포트를 자동으로 써 냅니다.

그럼 사람은 이제 무용지물일까요? 아닙니다. 사람의 역할은 더 고차원적으로 변화하고 있다고 보아야 합니다.

싱가포르 DBS는 생성형 AI를 적극 도입한 이후에도 '사람이 중심이 되는 은행(a gen AI-enabled bank with a heart)'이라는 전략을 명확히 유지했습니다. 즉 AI를 단순한 자동화 도구로 보지 않고, 직원들이 고부가가치 업무에 집중할 수 있도록 돕는 보조자로 정의합니다. 상담, 마케팅, 상품 추천 등에 AI를 도입하되, AI가 제안한 결과를 고객의 맥락 속에서 해석하고 설명하는 역할은 여전히 사람의 몫으로 남겨 두었습니다.

결국 AI에게 맡길 수 있는 일은 과감히 넘기고, 사람만이 할 수 있는 일에 집중할 필요가 있습니다.

둘째, AI를 '이해하는 사용자'가 되어라

금융회사의 모든 임직원은 기본적인 AI 개념과 작동 원리를 알아야 합니다. 앞서 설명한 AI가 업무를 수행하는 방식을 이해해야 AI를 활용하고 그 결과를 해석할 수 있습니다.

이해해야 할 AI 기본 영역	
이해해야 할 기본 영역	**이해해야 할 내용**
LLM(대형언어모델)의 개념	AI가 답을 도출하는 과정(오류 가능성)
프롬프트 엔지니어링 기초	질문을 잘 던져야 원하는 답을 얻을 수 있음
RAG 개념	은행 매뉴얼/약관 등 내부 정보 연동 구조 이해
XAI(설명 가능한 AI)	심사·투자·판단 업무에서 책임성 확보
보안과 데이터 보호	고객 정보, 민감 정보 보호는 필수

골드만삭스는 트레이딩 부서 직원들에게 코딩 교육을 제공합니다. '비즈니스를 이해하는 기술 인재'를 만들기보다는 '기술을 이해하는 금융 인재'를 키우는 것입니다. AI는 코드로 움직이지만, 결국 그 코드를 이해하는 '비즈니스 감각'이 경쟁력이 될 수 있습니다.

앞에서 '파이썬'을 핵심 스킬로 경쟁력을 차별하는 금융회사의 사례를 언급한 바 있습니다. 기본적인 AI 기능부터 익히되 높은 목표 의식으로 AI시대를 대비할 필요가 있습니다.

셋째, AI가 판단할 수 없는 영역에 집중하라

"AI가 다 할 수 있다면, 내가 왜 필요하죠?"

많은 금융 종사자가 던지는 이 질문에 대한 답은 "AI가 아무리 똑똑해도, 인간만이 할 수 있는 일이 여전히 존재한다."는 것입니다.

AI는 빠르게, 정확하게 답을 내놓습니다. 하지만 고객이 "아니요, 그게 아니라니까요."라고 말할 때, 그 말 속에 담긴 감정과 맥락을 읽고 제대로 반응하는 일은 아직은 인간이 우월한 영역입니다.

실제로 클라르나는 AI 챗봇으로 700명을 대체해서 획기적 성과를 냈지만, 최근(2025년 5월) 전략을 일부 되돌리고 원격 근무 방식의 고객 상담 인력을 재채용했습니다. "언제든 고객이 필요하면 사람과 통화할 수 있어야 한다."는 점을 강조한 조치로 아직 인간의 영역이 필요함을 보여 줍니다.

윤리적 판단이 필요한 상황에서도 아직은 인간의 영역이 필요합니다. 예를 들어, AI가 "이 고객은 대출 가능성이 높다."고 분석했을 때 인간은 묻습니다. "이 대출이 정말로 고객에게 도움이 될까?" 그 질문은 수익률이 아니라 책임과 신뢰를 기준으로 판단하는 인간이 던질 수 있는 것입니다.

창의성도 마찬가지입니다. AI는 과거의 데이터를 바탕으로 향후 예측에 탁월하고, 특히 생성형 AI는 창의적인 새로운 아이디어를 제공합니다. 그러나 2008년 금융위기 또는 2020년 코로나 팬데믹과 같은 위기 속에서 전례 없는 방식으로 문제를 잘 풀어내리라는 것을 아직은 믿을 수 없습니다.

넷째, AI의 제시 결과를 판단하는 '데이터 감식안'을 가져라

AI가 내놓은 답을 검토할 수 있는 '비판적 시선'이 필요합니다.

기술 발전으로 생성형 AI의 오류가 눈에 띄게 많이 줄어들었습니다. 그러나 AI는 때때로 오류를 만들고, 편향된 판단을 하며, 그럴듯한 거짓말을 하기도 합니다. AI의 결과를 무조건 믿기보다는 그 결과를 검증하고 해석하는 능력이 필요합니다.

최근 발표된 연구에 따르면, LLM 기반 투자 추천 시스템은 Apple(AAPL)과 Microsoft(MSFT)와 같은 특정 종목에 반복적으로 편향된 추천을 보이는 '제품 편향(product bias)'을 나타냈습니다. 이는 단순히 종목 다양성 부족이 아니라 특정 종목에 집중되는 경향이며, 디바이어싱(debiasing) 기법[47]을 적용해도 완전히 해소되지 않았다는 점에서 특히 중요합니다.

따라서 이제는 통계, 데이터 시각화, 분석 툴 활용 능력과 함께 이들 분석의 결과물 뒤에 숨은 의미를 읽을 수 있어야 합니다.

47. 디바이어싱(debiasing) 기법은 데이터, 알고리즘, 출력 단계에서 발생하는 편향을 줄여 AI가 더 공정하게 작동하도록 만드는 방법입니다.

다섯째, AI와의 협업, 그 책임은 당신의 몫이다

"AI가 추천한 투자였는데요?" 또는 "로보어드바이저가 그렇게 분석했어요." 이런 말로는 고객 손실에 대한 책임을 피할 수 없습니다.

자산관리사가 AI 포트폴리오 최적화 시스템을 믿고 고객에게 고위험 상품을 추천했는데, 시장 급변으로 큰 손실이 발생했습니다. 이 경우 여전히 그 자산관리사가 설명해야 하고 책임도 져야 합니다.

대출 심사 AI가 특정 지역 거주자들을 체계적으로 배제하는 편향된 결과를 냈다면 은행이 그 차별에 대한 소송에 직면하게 됩니다. '알고리즘이 한 일'이라는 해명으로는 감독 당국의 제재를 피할 수 없습니다.

트레이딩 AI가 예상치 못한 시장 상황에서 연속적으로 손실을 기록했을 때 그 손해는 결국 시스템을 운영한 금융회사와 트레이더가 감당해야 합니다.

당신이 투자 자문가라면 AI 분석 결과를 맹신하지 말고 시장 상황, 리스크 요인, 고객 성향 등을 종합적으로 재검토해야 합니다. 고객에게 투자 판단의 근거를 명확히 설명할 수 있어야 합니다.

당신이 대출 심사역이라면 AI 신용평가 과정에 잘못된 부분은 없는지, 차별적 요소는 없었는지 등을 반드시 검증해야 합니다. 거절 사유를 고객에게 합리적으로 설명할 수 있어야 합니다.

당신이 리스크 관리자라면 AI 모델에 한계가 있을 수 있음을 미리 파악하고, 예외 상황 발생에 대한 대응 매뉴얼을 준비해야 합니다.

당신이 금융회사 경영진이라면 AI 시스템에 대한 거버넌스 체계를 구축하고, 직원들의 AI 리터러시 교육을 강화해야 합니다.

AI는 금융 업무의 효율성과 정확성을 높여 주는 강력한 도구입니다. 하지만 그 도구를 사용하는 순간, 결과에 대한 모든 책임은 금융 전문가인 당신에게 있습니다. 기술이 발전할수록 전문가의 판단력과 책임 의식이 더욱 중요해지는 이유입니다.

AI는 이제 금융 현장의 일상적인 파트너가 되었습니다. 고객 상담부터 리포트 작성, 트레이딩까지 많은 과정을 빠르고 정확하게 처리해 주지만, 그렇다고 인간의 역할이 사라진 것은 아닙니다. 이제 조금 더 구체적으로 "이제 나는 무엇을 준비하고, 어떻게 변화해 나가야 할 것인가?"에 대해 고민해 보겠습니다.

내 업무에서의 생존 전략

앞서 AI가 금융 업무를 실제 어떻게 수행하는가를 은행, 보험, 금융투자(증권)의 대표 업무를 중심으로 구체적으로 살펴보았습니다.

AI가 업무를 모두 담당하게 되면 이제 이 분야 담당자들은 어떻게 포지셔닝해야 하며, 또 무엇을 준비해서 어떻게 변화해야 할까요? 다음은 몇 가지 업무에 대한 담당자 입장에서의 생존 전략을 살펴보겠습니다.

고객 상담 담당자의 변화 전략

내가 고객 상담을 담당하는 입장이라면 AI 챗봇이 단순 상담 업무를 빠르게 대체할 가능성이 큽니다. 따라서 나의 대응 전략은 '복잡한 상황 해결 전문가'로서의 차별화에 있습니다.

이를 위해서는 먼저 고객의 감정을 이해하고 공감하는 능력, 그리고 신뢰를 쌓는 커뮤니케이션 역량을 강화해야 합니다. 또한 단순히 정보를 안내하는 수준을 넘어 고객의 상황에 맞춘 맞춤형 조언을 제공할 수 있는 금융자문 역량을 발전시켜야 합니다.

반복적이고 기계적으로 처리할 수 있는 업무는 AI에 맡기되, 인간만이 제공할 수 있는 고차원적 문제 해결과 관계 형성을 통해 제 역할의 가치를 유지하고 확대하는 전략이 필요합니다.

[실제 적용 사례] JP모건의 AI 도입 현황

JP모건은 AI지원 플랫폼 '코치 AI(Coach AI)'를 활용해 상담원들의 자료 탐색 속도를 약 95%까지 향상시켰습니다. 이제 상담원들은 반복적인 업무 대신 복잡하고 전략적인 고부가가치 업무에 집중할 수 있게 되었습니다. 즉 이제 직원들은 고객과의 심도 있는 맞춤형 상담과 전략적 논의에 더 많은 시간을 쓸 수 있게 되었습니다.

시장 변동에 대비할 수 있는 정보를 미리 확보해 사전 대응 전략을 준비하고, 그 과정에서 더 많은 고객을 관리하며 고객 기반을 넓힐 수 있는 여력도 생겼습니다. 아울러 투자 전략 수립이나 포트폴리오 설계와 같은 고차원적인 리서치와 자문 업무에 집중할 수 있어 단순 효율화 이상의 부가가치를 창출하게 되었습니다.

핵심 역량 개발 방향

- **심리 상담 기법** : 고객 감정을 정교하게 파악하고 공감하는 능력 강화
- **고급 금융상품 지식** : 파생상품, 구조화 금융상품 등에 대한 전문성 심화
- **라이프 플래닝** : 개인의 생애 전반을 아우르는 장기적 자문 역량 배양

• AI 활용 능력 : 고객 데이터 분석, 개인 맞춤형 금융상품 추천까지 연결

여신 심사 담당자의 진화 방향

AI가 표준화된 여신 심사 업무를 자동화하면서 심사 담당자는 예외적이고 복잡한 케이스(사건)를 다루는 전문가로 전환해야 합니다. 예를 들어, 다수의 보증인·담보가 얽힌 대출 심사처럼 복잡한 리스크 구조를 가진 사례를 전문적으로 판단하는 역할입니다.

단순 심사를 넘어 AI 결과를 해석·검증하고, 규제 대응과 리스크 관리 체계를 정교화함으로써 금융회사의 안정성과 고객 신뢰를 동시에 강화할 수도 있습니다.

[실제 적용 사례] 패니 매 & 프레디 맥[48]의 하이브리드 심사

패니 매(Fannie Mae)는 'Desktop Underwriter(DU)'라는 시스템으로 시장 변화에 실시간 대응하는 AI 리스크 평가 체계를 구현했습니다.

프레디 맥(Freddie Mac)은 'Loan Product Advisor(LPA)'라는 자동 심사 시스템을 운영합니다. 이 시스템을 통해 대출 1건당 최대 1,500달러 비용 절감을 달성했다고 발표(2025년 5월)했습니다

각각의 시스템을 통하여 표준적인 케이스(사건)는 '승인/적격(approve/eligible)'으로 즉시 자동 승인되어 인간 심사역의 개입 없이 처리됩니다. 명확한 기준의 대출 심사 업무는 AI를 통하여 완전히 자동화했습니다.

---

48. 패니 매(Fannie Mae)와 프레디 맥(Freddie Mac)은 미국 정부의 지원을 받는 주택금융 전문기관으로서 은행들로부터 모기지를 매입하여 유동성을 공급하는 역할을 합니다. 두 기관은 전체 미국 모기지 시장의 50% 이상을 담당합니다.

반면 '심사 회부/부적격(refer/ineligible)' 판정을 받은 복잡한 경우는 인간 모기지 심사역의 수동 심사가 필수이며, AI가 '거의 맞지만 확신할 수 없는' 모호한 상황을 제기하면 판단자 역할을 담당합니다. 즉 신용·능력·담보 평가, 계층화된 리스크 분석, 다중 차용자 복합 평가 등 고도의 전문성이 요구되는 업무를 수행합니다.

핵심 역량 개발 방향

- **데이터 분석 역량 :** 파이썬, R[49]등을 활용한 고급 분석 능력 강화
- **AI 모델 이해와 커뮤니케이션 역량 :** 머신러닝 모델의 작동 원리, 한계 등을 정확히 이해하고 활용할 수 있는 능력 강화
- **리스크 관리 전문성 :** 포트폴리오 이론, VaR(Value at Risk) 모델링 등 심화된 리스크 분석 기법 학습
- **규제 및 윤리적 책임 :** 바젤 III, IFRS 9[50] 등 국제 규제 기준의 이해와 AI 활용 시의 윤리, 투명성 유지 노력

보험금 심사 담당자의 진화 방향

AI가 단순 보험금 청구의 자동 승인을 담당하면서 보험금 심사 담당자는 이제 복잡한 사기 의심 건과 예외 상황의 전문 분석가로 변모해야 합

---

49. 파이썬(Python)은 범용 프로그래밍 언어입니다. 문법이 단순하고 읽기 쉬워서 초보자부터 전문가까지 폭넓게 사용되고, 데이터 분석, 웹 개발, 인공지능, 자동화 등 다양한 분야에 활용됩니다. R는 통계 분석과 데이터 시각화를 위해 설계된 통계 프로그래밍 언어입니다. 통계 분석 기능이 내장되어 있어 회귀분석, 시계열 분석, 가설검정 등 수행에 강점이 있습니다.

50. IFRS 9 : Financial Instruments(국제회계기준 제9호 : 금융상품)는 금융상품의 분류와 측정, 손상(대손충당금), 헤지회계 등을 규정하고 있습니다.

니다. 예를 들어, 사고 경위와 손상 패턴이 맞지 않는 자동차 보험 청구처럼 AI가 이상 신호를 감지했지만 최종 판단이 필요한 복합적 케이스(사건)를 전문적으로 분석하고 판정하는 역할입니다.

또한 단순 승인 업무를 넘어 AI 이상 탐지 결과를 해석·검증하고, 새로운 청구 패턴에 대한 대응 체계를 구축함으로써 보험사의 손실 방지와 고객 보호를 동시에 강화할 수 있습니다.

[실제 적용 사례] 영국 보험사 아비바(Aviva)의 AI 기반 하이브리드 심사

영국 보험사 아비바는 맥킨지와 함께 AI 기반 보험 청구(클레임) 프로세스 재설계 프로젝트를 추진하며 80개 이상의 AI 모델을 도입했습니다. 그 결과, 2024년 12월 발표된 성과에 따르면 복잡한 사건의 평가 소요 시간이 평균 23일 단축되었고, 청구를 적절한 팀에 배분하는 라우팅 정확도는 30% 향상되었으며, 고객 불만은 65% 감소했습니다.

표준적인 케이스(사건)는 AI가 청구 긴급성, 부상 심각도 또는 손상 정도를 분석하여 자동으로 우선순위를 정하고 승인 여부를 결정합니다. 명확한 기준의 보험금 청구 건은 AI를 통해 완전히 자동화되었습니다.

반면 특정 유형의 사례에 대해서는 '이중 나선(double helix)' 접근 방식[51]을 활용해 인간의 개입을 최우선으로 유지했습니다. 예를 들어, 개인 상해(personal injury) 클레임은 기본적으로 사람이 직접 처리하도록 설계되어 있습니다. 이는 감정적 지원과 정서적 배려가 필요한 민감한 케이스(사건)

51. DNA의 이중 나선 구조를 가리키는 과학적 용어입니다. 2가지가 긴밀히 얽혀 함께 작동하는 구조적 관계를 비유적으로 표현할 때 많이 사용됩니다.

는 사람이 직접 관리한다는 의미입니다.

또한 아비바는 'Tractable'[52]과의 협업을 통해, 자동차 사고시의 간단한 손상은 AI가 처리하고, 기술 전문가(인간)는 더 복잡하거나 판단이 애매한 클레임에 집중하여 안전성과 컴플라이언스 측면을 보장한다고 밝히고 있습니다.

핵심 역량 개발 방향

- **데이터 분석 및 패턴 인식** : AI 감지 이상 신호의 해석과 검증 능력 제고
- **전문 지식** : 보험업법, 민법 등 법률 지식 또는 기초 의학 지식 함양
- **협상 기법** : 고객과의 분쟁 조정 및 합의 도출 능력 함양
- **디지털 포렌식** : 디지털 증거 분석 및 사기 패턴 식별 역량 배양

보험인수 업무자(언더라이터)의 역할 변화

AI가 표준적인 보험인수 업무를 자동화하면서 담당 업무자는 이제 복잡한 리스크 평가와 전략적 판단의 전문가로 변모해야 합니다. 예를 들어, 다국적 기업의 사이버 보안 관련 보험이나 기후 변화로 인한 새로운 자연재해 리스크처럼 기존 데이터로는 예측하기 어려운 신종 위험이나, 복잡한 기업 보험 서류에서 핵심 리스크 요소를 판별하는 업무를 전문적으로 수행하는 역할입니다.

---

52. 영국의 AI 회사 Tractable은 컴퓨터 비전(computer vision) 기술을 활용해 자동차 손상 평가 및 수리비 추정을 자동화하는 솔루션을 제공합니다. 아비바는 이 Tractable과 협업하여 자동차 보험(claims) 처리 과정을 혁신했습니다.

[실제 적용 사례] 알리안츠의 'BRIAN AI'(언더라이팅 가이던스 도구)

보험 분야에서의 AI 영향력은 획기적입니다. AI는 표준형 보험상품의 평균 보험인수 결정 시간을 3~5일에서 12.4분으로 단축시켰으며, 99.3%의 리스크 평가 정확도를 유지하고 있습니다. 복잡한 보험상품의 경우에도 처리 시간을 31% 단축하고 리스크 평가 정확도를 43% 향상시켰습니다.

알리안츠 영국법인(Allianz UK)은 '브라이언(BRIAN)'이라는 생성형 AI 언더라이팅(보험인수) 가이던스 도구를 도입했습니다. 2024년 상반기 시범 프로젝트로 190명의 심사 담당자 대상으로 브라이언을 테스트했으며, 약 3,000개의 질문이 처리되었습니다. 성공적인 시범 운영 후 같은 해 하반기에는 260명의 책임보험 담당자가 실제 업무에서 브라이언을 사용하기 시작했고, 연내 600명 이상 모든 심사 담당자로 확대할 계획도 발표했습니다.

표준적인 케이스(사건)는 브라이언이 신청서 검토, 자산 평가, 리스크 분석, 인수 승인까지 자동으로 처리합니다. 명확한 기준의 보험 인수 업무는 AI를 통해 완전히 자동화되었습니다. 그러나 복잡한 산업 리스크나 신종 위험에 대한 인수 판단은 전문 심사역(인간)의 수동 검토를 반드시 거치게 했습니다. 특히 기업들과의 보험 등 복잡하고 규모가 큰 계약에서 인간 심사역이 최종적인 리스크 평가를 담당합니다.

핵심 역량 개발 방향

- **리스크 전문성** : 사이버 보안, 기후 변화 등 신종 리스크 관련 학습
- **데이터 해석 및 검증 능력** : AI 결과에 대한 비판적 분석 및 한계점 파악
- **상품 개발 역량** : 시장 변화에 따른 신상품 설계 및 솔루션 기획력 함양

• **고급 커뮤니케이션 스킬** : 복잡한 상품 관련 고객 설명 역량 제고

AI 시대 애널리스트의 전략적 포지셔닝

AI가 애널리스트의 데이터 수집과 분석 업무를 자동화하면서 애널리스트는 이제 고도의 전략적 사고가 필요한 조언가와 비즈니스 인사이트의 전문가로 재정의되어야 합니다. 예를 들어, 시장 데이터 패턴 분석이나 재무제표 요약 같은 정형화된 업무는 AI가 담당하고, 애널리스트는 경쟁사 전략 분석이나 신규 사업 모델의 수익성 평가처럼 맥락적 판단과 창의적 해석이 필요한 고부가가치 업무에 집중하는 역할로 전환해야 합니다.

단순 분석을 넘어 AI 분석 결과를 비즈니스 전략과 연결하여 해석하고, 경영진과 고객에게 실행 가능한 인사이트를 제공함으로써 조직의 의사결정 품질과 경쟁력을 동시에 강화할 수도 있습니다.

[실제 적용 사례] 골드만삭스와 모건스탠리의 초급 애널리스트 AI 대체

골드만삭스와 모건스탠리는 '보고서 작성과 수치 분석에 소요되는 시간을 생성형 AI 도구가 몇 초 만에 처리할 수 있는 업무'로 분류하고 있습니다. 표준적인 데이터 분석과 보고서 작성은 AI를 통해 완전히 자동화되었습니다.

FT(파이낸셜타임즈)는 LLM을 활용해 애널리스트 업무의 약 75%를 자동 수행할 수 있다고 보도합니다. 또한 FT는 LLM 활용을 통한 리서치의 자동화 가능성은 확인했지만, 위험 판단 등에서 인간 애널리스트의 역할은 유지될 것이라고도 보도하고 있습니다.

복잡한 전략 분석이나 신규 비즈니스 모델 평가는 여전히 인간 전문가

의 면밀한 검토가 필요합니다. 따라서 애널리스트들은 전통적인 금융 지식에 기술적 역량을 결합한 '하이브리드 전문가'로 진화해야 하며, 이는 금융 산업이 요구하는 새로운 전문가상입니다.

핵심 역량 개발 방향

- **전략적 사고 및 비즈니스 모델 이해** : 산업 트렌드 분석, 경쟁사 전략 평가, 신규 사업 기회 발굴 능력 배양
- **AI 도구 활용 및 결과 해석** : Python, R 등 분석 도구 활용과 AI 분석 결과의 비판적 검증 능력 강화
- **커뮤니케이션 및 스토리텔링** : 복잡한 분석 결과를 경영진과 고객에게 명확하게 전달하는 프레젠테이션 스킬 함양
- **크로스 펑셔널(cross functional) 협업** : IT, 마케팅, 전략 부서와의 협업을 통한 통합적 인사이트 창출 능력 배양

AI와의 협업이 생존의 열쇠

AI는 금융 전문가들의 경쟁자가 아니라 강력한 협업 파트너가 될 수 있습니다. 이를 위해 업종을 막론하고 다음과 같은 공통 전략이 요구됩니다.

- **AI 도구 숙련** : 업무에 활용되는 AI의 원리와 한계를 정확히 이해
- **고부가가치 업무 집중**: 인간의 감정·직관·창의성이 필요한 분야에 역량 집중
- **지속적 학습** : 변화하는 기술과 시장 환경에 대한 지속적인 업데이트
- **고객 관계 강화** : 신뢰 구축과 장기적 관계 관리 역량 확보

실제로 AI가 반복적이고 표준화된 업무를 처리하는 동안 전문가들은 복잡한 문제 해결과 전략적 의사결정에 더 많은 시간을 투입할 수 있게 됩니다. 이러한 역할 분담을 통해 업무 효율성은 극대화되고, 고객 서비스 품질은 한층 향상됩니다. 특히 금융업계에서는 AI의 데이터 분석 능력과 인간의 맥락적 판단력이 결합될 때 비로소 최적의 솔루션을 창출할 수 있습니다.

변화에 선제적으로 대응하는 것이 곧 미래 경쟁력입니다. 각 분야의 전문가들은 AI와 협업을 통해 더 깊이 있는 통찰과 가치를 고객에게 제공해야 합니다. AI 시대의 성공은 기술 자체가 아니라 그 기술을 어떻게 활용하여 인간 중심의 가치를 창출하느냐에 달려 있습니다.

Chapter 4

신뢰할 수 있는 AI를 위한 조건

AI 없이는 경쟁에서 뒤처지고, AI를 도입하면 새로운 위험에 노출된다.

지금까지 우리는 AI가 금융을 어떻게 바꾸고 있는지(제1장), 어떻게 준비해야 하는지(제2장), 실제로 어떻게 작동하고 직원인 나는 무엇을 준비해야 하는지(제3장)를 살펴봤습니다. 이제 다음 질문이 남았습니다.

"이 모든 변화가 신뢰할 수 있고 계속될 수 있는가?"

2024년 홍콩에서 342억 원이 딥페이크에 의해 사라졌습니다. 같은 해 클라르나는 AI로 700명을 대체하며 연간 4,000만 달러를 절감했습니다. 같은 기술이 누군가에게는 리스크 요인이 되고, 다른 누군가에게는 혁신의 도구가 되고 있습니다.

위험을 완전히 제거할 수는 없지만 관리 가능한 수준으로 줄일 수 있어야 합니다. 환각은 1% 미만으로 줄어들었지만 완전히 사라지지 않았습니다. 그렇다고 AI 도입을 포기할 수는 없습니다.

흥미롭게도 글로벌 AI 규제는 '안전 중심'에서 '혁신 중심'으로 전환되고 있습니다. 미국은 대대적 규제 완화로 전환하고 있고, EU도 AI법이 단계적으로 시행되고 있지만 일부 반발 움직임도 있습니다. 한국은 세계에서 두 번째로 AI기본법을 제정했습니다.

이 장에서는 신뢰할 수 있는 AI 구축을 위한 핵심 과제들을 살펴봅니다. 환각, 편향성, 사이버보안 위협 등 AI의 기술적 한계와 이를 극복하는 방법들, 그리고 원본 데이터 노출을 최소화하면서 전략적 활용을 가능하게 하는 구체적 방안들을 확인해 보겠습니다.

더불어 한국의 AI 규제 현황과 미국, EU, 영국, 중국 등 주요국의 AI 규제 현황 및 미세한 정책 변화들을 살펴보겠습니다.

1 기술적 불확실성과 금융의 보수성

"AI는 거짓말을 할 때 오히려 더 확신에 찬 목소리로 말한다."

이는 단순한 역설이 아니라, 2025년 현재 우리가 직면한 생성형 AI의 복잡한 현실을 압축적으로 보여 주는 사실입니다.

수십만 배 증가한 컴퓨팅 파워로 전례 없는 지능을 구현하면서도 "자외선 차단제가 피부암을 유발한다."는 치명적 거짓말을 확신에 찬 목소리로 전달합니다. 또 인간의 편견을 학습해 무슬림에게 66% 더 많은 폭력적인 단어를 생성하는 동시에 그 편향을 스스로 교정하는 헌법적 AI(Constitutional AI)로 진화하는 모순적 여정은 이 시대의 흥미로운 기술적 패러독스입니다.

2025년 현재 생성형 AI가 단순한 기술적 혁신을 넘어 사회 전반에 근본적인 변화를 가져오고 있음은 주지의 사실입니다. 챗GPT, 클로드, 제미나이 등의 AI 모델들이 일상화되면서 생성형 AI를 통해 실질적인 비즈니스 가치를 창출하는 데 집중하는 단계에 접어들고 있습니다.

그러나 이러한 발전과 함께 기술적 측면에서 여러 우려 사항이 제기되고 있어, 이에 대한 체계적인 분석과 해결 방안 모색이 필요합니다. 특히 환각 현상의 1% 미만 달성, 편향성 문제의 기술적 해결, 천문학적 에너지 소비에 대한 혁신적 대응, 그리고 AI로 AI를 막는 사이버 보안의 새로운 패러다임까지 각각의 우려 사항이 동시에 혁신의 동력으로 전환되는 과정을 확인하고 있습니다.

이번 장에서는 최근까지 제기된 AI 관련된 주요 기술적 우려 사항들과 어떤 해결 방안 등이 있는지를 살펴보겠습니다.

환각 문제 : 1% 미만 시대의 도래

"자외선 차단제가 피부암을 유발한다.", "5G가 불임을 일으킨다."

호주 플린더스 대학교 연구팀은 2025년 6월 발표한 논문을 통해 GPT-4o, Gemini 1.5 Pro 등 주요 AI 모델들이 위와 같은 위험한 의료 정보를 생성한다고 보고했습니다.

환각은 대형언어모델(LLM)이 존재하지 않는 정보를 사실처럼 생성하는 현상으로, 의료 분야나 법률 및 금융 등 사회적으로 중요한 분야에서 막대한 비용을 발생시킬 수 있습니다. 실제로 일부 솔루션 업체들은 GPT-4가 고급 시험에서는 뛰어난 성능을 보이지만, 일반 지식 질문에 대해서는 약 10~20%의 환각률이 존재한다고 분석하고 있습니다.

다행히 기술적으로 환각 현상은 상당 부분 개선되고 있습니다.

먼저 OpenAI는 문제 해결 능력을 강화하기 위해 'Chain-of-Thought(CoT, 사고의 흐름)'와 같은 단계적 추론 방식을 도입했습니다. 특히 추론의 중간 과정을 평가하고 교정하는 기법(process supervision)을 활용하여 모델의 환각을 줄이고 정답률을 높이는 데 성공했습니다. 내부 프로젝트인 'Strawberry'를 통해서는 파인튜닝을 포함한 후처리(post-training)의 중요성을 입증하며, 모델의 추론 능력과 보정 기능을 대폭 향상시켰습니다.

동시에 RAG와 '몇 개의 예시를 통한 맥락 학습(few-shot learning)' 같은 맥락 이해력 향상 기술들도 환각 감소에 획기적으로 기여하고 있습니다. 특히 RAG 기술은 외부 지식 검색 시스템과 연동하여 생성된 응답이 사실에 기반을 두도록 유도하는 핵심 해법으로 자리 잡았습니다. 여기에 인간 피드백 기반 학습(RLHF)과 AI 시스템이 정해진 경계를 벗어나지 않도록 하는 안전장치인 가드레일 설정을 결합한 다중 모델 검정 방식은 기준 모델 대비 뚜렷한 환각 감소 효과를 보여 줍니다.

이와 함께 불확실성 추정 기술이 새로운 돌파구로 주목받고 있습니다. AI 통계 전문기관 AllAboutAI.com 보고서에 따르면, AI가 잘못된 정보를 생성할 때 오히려 '확실히', '분명히' 같은 확신 표현을 더 자주 사용하는 역설적 패턴을 보입니다. 이를 역이용해 모델이 자신의 답변에 대한 신뢰도를 스스로 평가하고, 확신이 없을 때는 "모르겠다."고 답변하도록 훈련시키는 방법이 상당한 효과를 거두고 있습니다.

헌법적 AI(Constitutional AI)는 또 다른 혁신적 접근법입니다. 앤트로픽이 개발한 이 기술은 AI에게 명시적인 가치와 원칙을 '헌법' 형태로 제공하고, AI가 스스로 답변을 비판하고 수정하도록 훈련시킵니다. 그 결과 유해하고 부적절한 콘텐츠 생성을 상당히 줄이는 성과를 보이고 있습니다.

이러한 다각도의 기술적 노력들이 결실을 맺어, 2025년 4월 구글의 'Gemini-2.0-Flash-001'은 0.7%, OpenAI의 'o3-mini-high'는 0.795%의

환각률을 기록하며 처음으로 1% 미만대에 진입하는 역사적 성과를 달성했습니다.

편향성과 공정성 문제 : 66% 더 자주 생성되는 폭력 단어

"무슬림에 대해 GPT-3가 폭력적인 단어를 66% 더 자주 생성했다."

연구 논문이 밝힌 충격적인 현실입니다. AI 편향성은 인간이 가진 편향이 학습 데이터나 알고리즘 설계 과정에 반영되면서 결과물 역시 왜곡되는 현상을 말합니다.

전 세계적으로 약 26억 명이 여전히 인터넷에 접근하지 못하고 있으며, 이 중 여성의 비율이 남성보다 현저히 높습니다. 또한 여성의 휴대폰 소유율은 남성보다 약 5%p 낮아 많은 여성이 데이터 생성 과정에서 구조적으로 배제되고 있는 실정입니다.

또한 과거에 수집된 데이터는 당시 사회의 편견과 불평등을 그대로 담고 있어, AI가 이를 학습하면 역사적 편향이 고스란히 이어집니다. 이미 지난 텍스트 데이터를 라벨링하는 과정에서도 인간의 주관적 판단이 개입해 라벨링 편향(labeling bias)이 발생할 수 있습니다.

알고리즘 단계에서도 문제는 존재합니다. 많은 AI 시스템은 정확도 극대화에만 집중하면서 공정성을 고려하지 못하는 경우가 많습니다. 또한 모델이 특정 집단을 불리하게 만드는 변수를 간접적으로 사용하면서 대리변수 문제(proxy variable issue)가 발생하기도 합니다.

결국 AI 편향은 데이터 수집부터 알고리즘 설계까지 전 과정에서 발생할 수 있으며, 이는 사회적 불평등을 강화할 위험이 있습니다.

최근 편향성 해결 기법이 많이 고안되고 있습니다.

우선 사전 처리(pre-processing) 단계에서는 학습 데이터에 서로 다른 가중치를 부여하는 '재가중치 기법', 소수 집단 데이터를 보강하는 '데이터 증강 기법', 그리고 AI 모델이 특정 집단을 선호하지 않도록 다양한 데이터셋을 활용하는 방법 등이 사용됩니다.

다음으로 처리 중(in-processing) 단계에서는 모델의 학습 과정에 '공정성' 요소를 직접 반영합니다. 예를 들어, 최적화 과정에 제약 조건을 추가해 인종이나 성별 등 민감한 속성과 무관하게 동일한 결정을 내리도록 강제하는 방식입니다.

마지막으로 사후 처리(post-processing) 단계에서는 모델이 산출한 결과를 지속적으로 모니터링하고, 편향된 결과를 실시간으로 점검·보정하는 감사 메커니즘을 구축합니다. 또한 일부 예측값을 공정성 제약에 맞게 변환하여 결과를 조정하기도 합니다.

이와 함께 IBM의 'AI Fairness 360(AIF360)'나 마이크로소프트의 'Microsoft Fairlearn' 같은 오픈소스 도구들도 편향성 문제 해결을 위해 널리 활용되고 있습니다.

개인 정보 보호와 데이터 프라이버시 : 전 세계 테크 리더 78%가 우려

전 세계 테크 리더들을 대상으로 한 최근 설문조사에서 78%가 데이터 프라이버시를 가장 심각한 문제로 꼽았습니다.[53] 특히 AI 학습 과정에서 민감한 개인 정보가 포함될 가능성은 점점 더 높아지고 있습니다.

대표적인 사례로 노르웨이 거주자인 아르베 하이말 홀멘(Arve Hjalmar Holmen)은 챗GPT에게 "나에 대해 알려 달라."고 요청했다가 충격적인 경험을 했습니다. 챗GPT가 실제 사실과 전혀 다른 내용을 생성해 "그가 자녀 두 명을 살해해 유죄 판결을 받았다."는 식으로 응답한 것입니다. 더 큰 문제는 이 답변 속에 실제 정보(고향, 자녀 수)와 허위 정보(범죄 내용)가 뒤섞여 있었다는 점입니다.

이처럼 개인 정보 보호 문제는 단순한 데이터 수집의 범위를 넘어 수집부터 공유, 활용, 저장에 이르는 전 과정에 개인, 기업, 정부가 모두 관여하면서 책임의 경계가 불분명해지고 있습니다. 특히 금융회사의 경우 고객 신뢰와 직결되는 만큼 더욱 민감하게 대응할 수밖에 없습니다.

이 문제와 관련하여서는 섹터를 달리하여 세부적인 문제점과 해결 방안들을 다시 살펴보겠습니다.

환경 비용과 에너지 소비 : 일본 한 해 전력 수요 규모

"GPT-4 학습에 미국 약 5,000가구의 1년치 전기 사용량이 필요합니다."

또한 모델 운영(inference, 추론) 단계 연간 전력 소비량은 미국 35,000가구의 연간 전력 소비와 맞먹는 규모입니다.[54]

IEA(국제에너지기구) 보고서에 의하면, 2022년 전 세계 데이터 센터가 쓴 전기 소비량은 340TWh인데, 2026년에는 600TWh에 육박할 것으로 예상됩

53. 미국 기반 글로벌 소프트웨어 기업 인프라지스틱스(Infragistics)가 실시한 'Reveal' 조사 결과입니다. 2024년 12월부터 2025년 1월 사이에 전 세계 테크 리더 250명을 대상으로 의견을 수집했습니다.

54. 일반적인 단기 프롬프트 하나당 0.43Wh를 소비하고 하루 약 7억 건의 쿼리를 처리할 경우의 수치입니다.

니다. AI 운영과 암호화폐 채굴에 사용하는 전력량까지 더하면 800TWh, 즉 일본의 한 해 전력 수요에 해당하는 규모입니다.

더욱 우려스러운 점은 2012~18년 가장 큰 AI 모델 학습에 사용된 컴퓨팅 파워는 약 30만 배 증가했습니다. 이는 3.4개월마다 컴퓨팅 파워가 2배씩 증가하는 속도에 해당합니다.

다행히 이 분야에서도 기술적 솔루션은 무척 빠르게 진행되고 있습니다. 우선 에너지 효율적인 AI 하드웨어 개발입니다. 구글의 선용칩(TPU v4, 딥러닝 전용)은 엔비디아의 칩(예, V100)과 비슷한 전력을 사용하면서도 속도는 약 2.7배 빠르고, 또 다른 전용칩(TPU v5e)은 기존 칩(예, H100) 대비 약 20%(1/5) 정도의 전력을 사용합니다. 한편 인텔의 최신 AI가속기 '가우디3'는 엔비디아의 칩(예, H100)보다 40% 높은 전력 효율을 보입니다.

가장 주목받는 해결책은 액체냉각 시스템입니다. 액체냉각 방식을 적용하면 기존 공랭식 대비 전체 데이터 센터 전력량의 50%를 절감할 수 있으며, 서버팬 전력량 15% 절감, 그리고 서버실 면적 70% 이상 감소 효과를 볼 수 있습니다. 최상의 효율성을 지닌 액침냉각(이머전 쿨링) 시스템[55]은 전체 전력 소비량을 약 30% 줄일 수 있습니다.

에너지 다변화 노력도 필요합니다. 최근 소형모듈원전(SMR)이 부상하고 있습니다. 구글은 한 원전업체(Kairos Power)와 6~7개 원자로에서 총 500메가와트의 전력을 구매하기로 했고, 마이크로소프트도 또 다른 원전업체(Constellation Energy)와 20년간 전력 구매 계약을 체결했습니다. OpenAI도

---

55. 서버·반도체·고성능 컴퓨터 등의 전자 장비를 절연액(전기가 통하지 않는 특수 액체)에 직접 담가서 냉각하는 방식입니다.

소형모듈원전 기업(Oklo)에 투자하고 있으며, 빌 게이츠는 2008년 소형모듈원전 기업(Terra Power)을 설립하기도 했습니다.

재생에너지와 스마트 그리드 사업에 더 적극적으로 투자하는 방안도 추진되고 있습니다. 지자체별로 냉각효율이 높은 산간 지역이나 댐 주변과 같이 데이터 센터 가동 효율을 높일 수 있는 각 지역별 입지를 적극 활용하는 방법도 추진되고 있습니다.

사이버보안 위협 : 2025년 최대 위협

구글 클라우드는 최근 발간한 「2025년 사이버 보안 전망」 보고서에서 생성형 AI를 가장 큰 보안 위협으로 지목했습니다. 특히 딥페이크 기반 공격이 심각한 리스크로 떠오르고 있습니다.

2024년 1월 홍콩의 한 금융회사에서 무려 342억 원이 순식간에 사라진 사건이 있었습니다. 범인들은 CFO와 동료 직원들의 얼굴과 목소리를 AI로 정교하게 합성해 가짜 화상회의를 열었고, 담당 직원은 이를 진짜 회의로 믿고 거액을 송금했습니다.

이는 AI 기술이 만들어 낸 가장 정교한 금융 사기 사건 중 하나로 기록되며, 기업과 금융기관에 경각심을 던지고 있습니다.

AI 기반 사칭 및 음성 공격 역시 빠르게 확산되고 있습니다. 음성 합성 기술이 발전하면서 '딥보이스(deep voice)'가 한층 정교해졌고, 실제 범죄에 활용되는 사례도 늘어나고 있습니다. 국내에서는 유명 연예인의 얼굴을 합성한 허위 광고 영상으로 투자를 유도하거나, 현직 검사의 얼굴과 목소리를 도용해 사기를 시도한 일당이 적발되는 등 신뢰할 만한 인물의 외형과 음성을 활용한 피싱 사례가 잇따르고 있습니다.

공격자들은 웜GPT(WormGPT), 프로드GPT(FraudGPT)[56]와 같은 맞춤형 대형언어모델을 이용해 보안 우회, 피싱, 해킹에 적극적으로 활용하고 있습니다. 이는 기존 보안 솔루션만으로는 AI가 만들어 내는 새로운 위협을 충분히 막아 내기 어렵다는 점을 보여 줍니다.

기술적 대응으로는 AI를 활용해 AI를 막는 보안 시스템이 필요합니다. AI는 방대한 데이터를 신속하게 분석해 사람이 놓지기 쉬운 취약점을 탐지하고, 기존에 알려지지 않았던 공격 패턴까지 학습할 수 있습니다. 예를 들어, '리얼리티 디펜더(Reality Defender)'는 워터마크나 사전 인증이 없어도 확률적 모델을 기반으로 작동하여 실시간으로 조작 여부를 식별할 수 있는 대표적 AI 보안 솔루션입니다.

정책적 대응이 필요하고, 법적·제도적 장치도 고려해 볼 수 있습니다. 먼저 모든 접근 요청에 대해 무조건 '신뢰하지 않고 항상 검증한다.'는 철학의 제로트러스트(ZTA, Zero Trust Architecture) 정책과, 데이터를 기밀·민감·공개 세 등급으로 분류하고 등급별로 맞춤형 보안 정책을 적용하는 다중계층보안(MLS, Multi-Layered Security)의 의무화 검토가 필요합니다.

현재 국내외 모두 제로트러스트와 다중계층보안 정책을 지향하는 추세이지만, 이를 법적·제도적으로 강제하는 경우는 많지 않습니다. 우리 정부 역시 공공기관에 해당 원칙을 의무화하고 민간으로 확산시키기 위한 노력을 이어 가고 있습니다.

56. 웜GPT 및 프로드GPT는 범죄자가 피싱 이메일, 악성코드, 스캠 웹사이트, 취약점 탐색, 크래킹 등 사이버 범죄를 위한 기능을 활용하는 생성형 AI들의 일종입니다.

AI 기술적 이슈, 더 이상 미래 과제가 아닌 현재의 현안

생성형 AI의 확산과 함께 드러난 기술적 한계들은 이제 먼 미래의 과제가 아니라 즉시 해결해야 할 현안으로 자리 잡고 있습니다. 환각률 1% 미만 달성과 편향성 완화는 초기 우려와 달리 정확성과 공정성이 기술적으로 극복 가능함을 보여 줍니다.

천문학적 에너지 소비 문제 또한 전용 칩, 액체냉각 기술, 소형 모듈 원전(SMR) 도입 등을 통해 효율성 혁신의 돌파구를 찾고 있습니다. 딥페이크 등 AI 기반 사이버 위협 역시 아이러니하게도 AI 자체가 가장 효과적인 방어 수단으로 부상하고 있습니다.

결국 생성형 AI를 둘러싼 기술적 우려들은 발전을 가로막는 장애물이 아니라 더 정교하고 안전한 AI 생태계 구축을 이끄는 개선 동력으로 작용하고 있다고 평가할 수 있습니다.

2 데이터 프라이버시와 보안 이슈

"AI는 데이터를 먹고 자라지만, 그 데이터 속에는 고객의 신뢰가 담겨 있다."

이는 단순한 격언이 아닙니다. UBS CEO의 전화번호가 유출되고 미국 플랫폼 기업 스노플레이크 해킹으로 160개 기업의 민감 정보가 한 번에 유출된 2025년 현재, 금융회사들은 위의 격언을 명확히 인식해야 합니다.

유럽 금융회사의 90%가 AI를 사용하지만 단 18%만이 데이터 정책을 갖춘 것으로 조사되면서, 데이터는 '새로운 석유'가 아니라 '다루기 까다로운 핵연료'에 가깝다는 표현이 어색하지 않은 상황입니다.

"원본 데이터 노출은 최소화하고, 전략적 활용은 극대화하라."

금융회사의 AI 도입은 필연적으로 데이터 활용과 프라이버시 보호 사이의 딜레마를 낳습니다. 핵심은 원본 데이터의 노출을 최소화하면서도 전략적 가치는 최대한 끌어내는 것입니다.

이를 실행하기 위해서는 프라이버시 강화 기술(Privacy-Enhancing Technologies, PETs), 체계적인 거버넌스, 정교한 위험 평가 시스템, 조직 문화와 임직원 교육, 투명한 소통, 그리고 철저한 규제 준수까지 아우르는 다층적 접근이 필요합니다.

특히 AI 특유의 '데이터 기억(data memorization)' 현상과 모델 인버전 공격(model inversion attack)이라는 새로운 위협이 등장하면서, 기존 보안 체계만으로는 해결할 수 없는 근본적 과제들이 부상하고 있습니다. 동형암호로 99.99% 정확도를 달성한 신한금융그룹의 성공 사례부터 GDPR(EU의 개인정보보호규정)의 '설명받을 권리'를 충족하는 XAI 기술까지 혁신적 해결책들이 속속 등장하고 있습니다.

이번 장에서는 금융권에서 실제로 발생한 주요 데이터 프라이버시 침해 사례를 살펴보고, 효과적인 해결 방안을 모색해 보고자 합니다.

최근 주요 데이터 유출 사례

스노플레이크(Snowflake), 대규모 정보 유출(2024년)

미국의 스노플레이크는 클라우드 기반 데이터 저장 및 분석을 지원하는 대표적 데이터 웨어하우스 플랫폼 기업입니다. 그런데 2024년 이 회사 내부 시스템의 구성 오류와 네트워크 등에 로그인할 때 2가지 이상의 서로 다른 인증 요소를 요구하는 보안 절차인 '다중인증(Multi-Factor Authentication, MFA)' 체계를 적용하지 않은 점을 노린 해킹 그룹이 약 160여 개의 고객사 정보에 침투했습니다.

피해 기업에는 AT&T, 산탄데르 은행, 렌딩트리(LendingTree) 등이 포함되었으며, 고객 개인식별정보, 통화·문자 기록, 의료 번호 등 민감한 데이터가 대거 유출되었습니다.

이 사건은 제3자(Third Party) 플랫폼의 취약한 보안 체계와 정책이 특정 기업만이 아닌 산업 전반에 걸친 위협으로 작용할 수 있음을 보여 주는 대표적 사례로 평가됩니다.

UBS 공급망 해킹 사건(2025년)

2025년 6월 UBS의 외부 조달업체인 스위스의 '체인 IQ(Chain IQ)'가 해킹을 당하면서 UBS 직원 약 13만여 명의 이름, 이메일, 전화번호, 사내 위치 코드 등이 유출되었습니다. 심지어 UBS CEO의 휴대전화 번호까지 포함된 것으로 알려졌습니다.

UBS는 공식적으로 "고객 정보는 유출되지 않았다."고 밝혔지만, 내부 시스템이 아닌 파트너사 인프라의 취약점이 곧바로 금융회사 보안 리스크로 이어질 수 있음을 보여 준 사례로 평가됩니다.

AI 관리 미흡 사례(영국·유럽, 2025년)

벨기에의 법률·컴플라이언스 분야 솔루션을 제공하는 리걸플라이(Legalfly)의 조사에 의하면 금융회사의 90%가 AI를 활용 중이지만, 이 중 단 18%만이 AI 데이터 사용에 관한 내부 정책을 보유하고 있었습니다. 또한 약 30%는 고객 데이터 보호 조항조차 미비한 것으로 드러났습니다.

이처럼 내부·외부 데이터를 활용하면서도 명확한 규정이 없을 경우, 프라이버시 침해와 딥페이크 등 악용 가능성이 커질 수밖에 없습니다.

AI 거버넌스·정책·모니터링 체계를 갖추는 것이 무엇보다 중요합니다.

AI 시스템 특유의 프라이버시 리스크

AI의 블랙박스 문제

AI, 특히 딥러닝 기반 모델은 내부의 작동 원리가 불투명하여 데이터가 어떤 방식으로 처리되고 어떤 기준으로 결론을 내렸는지 해석하기 어렵습니다. 입력과 출력은 알지만 중간 과정은 알 수 없고, 수많은 층과 노드로 구성된 신경망의 복잡한 구조로 인해 동일한 입력에도 다른 결과가 나올 수 있습니다.

이 문제가 중요한 이유는 AI의 결정을 신뢰하기 어렵게 하고, 문제 발생 시 책임 소재를 명확히 밝히기 어려우며, 오류가 생겼을 때에도 오류의 원인을 찾기 어려워 시스템 개선이 힘들어질 수 있기 때문입니다. 금융산업, 의료업계 등 일부 산업에서는 의사결정 과정의 투명성이 법적으로 요구되기 때문에 중요한 문제입니다.

데이터 주체는 자신의 정보가 어떤 방식으로 가공·판단에 사용됐는지 알 수 없어서 알 권리 및 통제권을 침해받습니다. 유럽 GDPR[57]에서 '설명받을 권리'를 보장하라고 요구하지만, AI의 블랙박스 문제로 현실 적용이 어렵고 규제 기관의 감사 시에도 AI 의사결정 과정의 검증이 어렵습니다.

57. GDPR(General Data Protection Regulation)는 EU(유럽연합)의 개인정보보호규정을 말합니다. 2016년 제정되어 2018년 5월 25일부터 시행 중입니다. 목적은 개인의 개인 정보 보호를 강화하고, EU 내 데이터의 자유로운 이동을 보장하는 것입니다.

데이터 추론 및 재식별 위험

AI 모델이 학습 과정에서 개인 정보를 '기억'하여 추후 추론 과정에서 해당 정보를 유출할 가능성이 존재합니다. AI 모델이 훈련 데이터에 포함된 민감 정보를 내재적으로 '학습'하는 경우, 추후 사용자에게 예측 결과를 제공하는 과정에서 그 정보가 추론 가능하거나 노출될 수 있습니다.

위험 유형에는 특정 데이터가 학습에 포함되었는지 여부를 추론하는 공격, 일부 특성만으로 나머지 개인 정보를 예측하는 공격, 그리고 모델이 개인 정보를 '기억'하여 직접 노출하는 문제가 포함됩니다. 예를 들어, 모델이 "홍길동, 010-xxxx-xxxx는 보험 청구를 자주 한다."는 데이터를 학습했다면, 유사한 입력에 대해 전화번호 일부가 그대로 출력되어 개인 정보가 유출될 수 있습니다.

모델 인버전 공격

악의적 공격자가 AI 모델의 출력값을 분석하여 학습 데이터의 개인정보를 역추적할 수도 있습니다. 공격자가 AI 모델의 출력값을 반복적으로 분석하여 훈련 데이터의 원래 입력값(개인 정보)을 역추론하는 기법이 가능하고, 이는 특히 대화형 모델, 얼굴 인식 모델, 의료 데이터 AI에서 높은 위험을 내포합니다.

데이터 프라이버시 리스크 해결 방안

동형암호(Homomorphic Encryption)

암호화된 상태에서도 데이터를 연산할 수 있는 차세대 암호 기술입니다. 2022년 신한금융그룹과 크립토랩(보안전문 스타트업)의 검증 프로젝트에서는 암호화된 보험 계약 고객 데이터와 대출 고객 데이터를 결합·분석하여 99.99%의 정확도로 기존 예측값과 일치하는 결과를 도출해 냈습니다. 이는 한국에서 최초로 성공한 사례입니다.

연합학습(Federated Learning)

각 기관이 자체 데이터를 로컬에서 처리하고, 학습된 모델 파라미터만 중앙 서버에 전달하여 기존(글로벌) 모델을 업데이트하는 방식입니다. 이러한 접근 방식은 데이터의 중앙 집중화 없이도 협업을 통해 모델 성능을 향상시킬 수 있어, 특히 개인 정보 보호가 중요한 분야에서 유용하게 활용됩니다.

차분 프라이버시(Differential Privacy)

통계적 프라이버시 보장 기술로 개별 데이터의 포함 여부와 관계없이 통계 결과가 유사하게 나오도록 노이즈를 추가하는 기법입니다. 합성 데이터 활용은 원본 데이터의 통계적 특성을 유지하면서 개인 식별 정보는 제거한 가상 데이터를 생성하여 AI 학습에 활용하는 방법입니다.

이 밖에 AI의 블랙박스 문제를 해결하는 네 설명 가능한 인공지능(XAI) 기술이 확산되고 있습니다. 대표적 기법인 LIME(Local Interpretable Model-agnostic Explanations)은 "AI가 이런 결과를 낸 이유는 주변 데이터를 단순하게 바꿔 보니 이렇게 설명할 수 있다."는 식으로 예측을 쉽게 풀어 주는 보조 설명 도구입니다. 또한 SHAP(SHapley Additive exPlanations)는 게임 점수를 나누듯 각 요소가 결과에 얼마나 기여했는지 점수로 알려 주는 방식입니다.

다시 말해, XAI는 AI가 내린 답의 이유를 '숫자와 그림'으로 설명해 주는 기술이라서 사용자가 단순히 결과만 보는 게 아니라 '왜 이런 결론이 나왔는지'를 이해할 수 있도록 도와줍니다.

한편, OpenAI는 2024년 챗GPT의 모델 스펙(model spec) 문서를 공개하며 AI 응답이 어떤 원칙과 기준 아래 생성되는지를 밝혔습니다. 이를 통해 사용자는 특정 답변이 나온 이유를 이해할 수 있게 되었고, 금융 및 의료 분야 등 설명 의무가 중요한 분야에서 XAI 기반 투명성을 충족할 수 있는 기초를 마련했습니다.

법적 프레임워크 강화

유럽연합의 개인정보보호규정(GDPR)과 미국 캘리포니아의 규정(CCPA)[58] 등 국제적인 개인 정보 보호 규제 강화에 대응하는 컴플라이언스 체계 구축이 필요합니다. GDPR는 자동화된 의사결정에 대한 설명권, 데이터 최소화 원칙 및 'privacy by design(개인 정보 보호 중심 설계)' 의무화를 요구합니다. 캘리포니아 규정인 CCPA도 개인 정보 판매 거부권, 데이터 삭제권,

58. CCPA(The Califonia Consumer Privacy Act)는 2020년 1월 시행된 법안으로, 미국 캘리포니아주에 거주하는 소비자의 개인 정보 보호를 위해 마련되었습니다.

투명성 의무 등을 요구하고 있습니다.

우리나라의 AI기본법과 개인정보보호법 기반 AI 정책 및 가이드라인, 금융 분야 특수성을 반영한 규제 정비와 관련해서는 다음 섹션에서 상세히 언급합니다.

관리적 해결 방안

개인 정보 보호 책임자 중심의 내부 거버넌스 체계 정비가 필요합니다. AI 프라이버시 레드팀 운영을 통한 사전 리스크 검증과 정기적인 개인 정보 영향평가(Privacy Impact Assessment, PIA) 수행을 거버넌스 체계 내에 포함해야 합니다.

학습 데이터의 출처 및 이력 관리 체계 구축도 필요하며, 유럽연합이 요구하는 "목적 달성을 위해 꼭 필요한 최소한의 데이터만 수집하고 처리해야 한다."는 원칙인 데이터 최소화 원칙 적용도 고려해야 합니다. 입력·출력 필터링을 통한 민감 정보 자동 차단 노력도 요구됩니다.

AI 모델의 의사결정 과정에 대한 설명 제공, 정보 주체에 대한 명확한 고지 및 동의 절차 마련, 알고리즘 감사(algorithm audit) 정기 실시 등을 통한 투명성 및 설명 가능성 확보가 필요합니다.

프라이버시 보호, 지속가능한 AI 생태계 구축의 토대

금융회사들이 AI 활용을 가속화하는 과정에서 데이터 프라이버시는 혁신의 발목을 잡는 장애물이 아닌, 오히려 경쟁 우위를 결정하는 핵심 역량으로 재정의되고 있습니다.

스노플레이크와 UBS 사건이 보여 주듯 현대의 보안 위협은 자사 시스템을 넘어 생태계 전반으로 확산되고 있으며, AI 특유의 데이터 추론과 재식별 위험은 전통적인 보안 방식으로는 해결할 수 없는 근본적 과제를 제기합니다.

동형암호와 연합학습 등 혁신적 PET 기술의 실용화와 함께 AI 거버넌스 체계의 선제적 구축이 더 이상 선택이 아닌 필수가 된 상황입니다. 고객의 신뢰를 기반으로 하는 금융업의 본질적 특성을 고려할 때 프라이버시 침해로 인한 평판 손실과 규제 리스크는 단기적 수익성을 넘어 기업 존속 자체를 위협할 수 있습니다.

더 나아가 GDPR, CCPA 등 글로벌 규제 환경이 강화되는 상황에서 프라이버시 보호 역량은 해외 진출과 국제 협업의 필수 조건이 되었습니다. 특히 금융 허브를 지향하는 우리나라 금융회사들에게는 글로벌 수준의 프라이버시 보호 체계 구축이 곧 국제 경쟁력 확보와 직결됩니다.

결국 금융회사들에게는 프라이버시 보호가 곧 지속가능한 AI 생태계 구축의 토대가 된다는 전략적 사고가 필요한 시점입니다.

3 한국의 AI 규제 현황

혁신과 안전성, 두 마리 토끼를 모두 잡을 수 있을까?

이는 챗GPT가 세상을 바꾼 지 3년여 만에 한국이 마주한 핵심 과제입니다. 현재 64개 법령에서 '인공지능'이 언급되고, 여러 부처가 개별적으로 AI 관련 법안을 발의·추진하면서 정책 혼선 가능성이 제기되고 있습니다. 그럼에도 다른 한편에서는 혁신금융 서비스를 활용한 규제 특례 시도가 활발히 전개되며, 균형 잡힌 접근을 모색하는 흐름도 나타나고 있습니다.

한국은 세계에서 두 번째로 AI에 대한 기본법을 제정했습니다.

2024년 12월 26일 국회 본회의를 통과한 「인공지능 발전과 신뢰 기반 조성 등에 관한 기본법(AI기본법)」은 2026년 1월 22일부터 시행될 예정입니다.

이 법은 EU의 인공지능법에 이어 세계에서 두 번째로 마련된 AI기본법으로 AI 산업 진흥과 안전성 확보라는 2가지 목표를 동시에 지향합니다. 특히 고영향 AI의 체계적 관리와 생성형 AI의 투명성 확보를 핵심 과제로 삼고 있습니다.

다만 학계와 산업계에서는 '고영향 AI'의 정의 모호성, 수평적 규제 체계의 실효성에 대한 의문 등 다양한 의견이 제기되고 있어 향후 하위 법령을 통한 보완이 중요한 과제가 될 것으로 보입니다.

한편 금융권에서는 망분리 샌드박스를 기반으로 신한은행의 'AI 은행원', KB증권의 '캐비' 등 혁신적인 생성형 AI 서비스가 등장하며, 규제와 혁신이 조화를 이룰 수 있는 새로운 가능성을 보여 주고 있습니다.

AI기본법 : 규제 체계 및 내용

규제 체계의 이원적 구조

AI 기본법은 2가지 목적으로 설계되었습니다. 첫째는 AI 기술 및 관련 산업의 진흥을 위한 국가적 지원 체제 수립이고, 둘째는 AI 사업자(주로 '고영향 인공지능' 및 '생성형 인공지능' 사업자)에 대한 구체적 의무 부과입니다. 즉 지원 목적과 규제 목적의 이원적 구조입니다.

거버넌스 체계

대통령 직속 국가인공지능위원회가 AI 정책의 컨트롤타워 역할을 수행하고, 과학기술정보통신부가 인공지능 안전연구소를 운영하며 AI 안전성을 확보하는 구조입니다. 과학기술정보통신부는 2024년 9월 제1차 국가인공지능위원회를 개최하고 「국가 AI전략 정책방향」을 발표한 바 있습니다.

수평적 규제 체계

한국의 인공지능 규제 체계는 '고영향 인공지능'에 해당할 경우, 단일 부처가 동일한 규제 요건을 일괄적으로 집행하는 수평적 규제 모델을 채택하고 있습니다. 이는 EU AI법과 유사한 위험 기반 접근을 취하면서도 규제 총량과 제재 강도 면에서는 상대적으로 완화된 형태입니다.

이와 관련한 여러 비판 및 EU AI법과의 차이점은 다시 서술됩니다.

주요 AI 분류

'고영향 인공지능'은 사람의 생명, 신체 안전 및 기본권에 중대한 영향을 미칠 수 있는 AI 시스템을 의미합니다. 주요 적용 분야로는 '의료기기 및 디지털 헬스케어', '에너지·수도 등 필수 공공 인프라 공급', '교통시설 운영', '채용·대출 심사 등 개인의 권리 관계에 직결되는 평가(특히 금융 분야)', '공공 서비스 자격 확인 및 행정 의사결정', 그리고 '학생 평가' 등이 포함됩니다.

생성형 인공지능은 입력 데이터를 기반으로 글, 소리, 그림, 영상 등을 생성하는 AI 시스템으로 정의됩니다.

규제 의무 사항

규제의 핵심이 되는 조항은 고영향·생성형 AI에 대한 투명성 확보 의무(제31조)와 AI 사업자의 안전성 확보 의무(제32조)라고 보입니다. 그 위반에 대해서는 사실조사 및 시정조치(제40조), 과태료(제43조)가 부과됩니다.

투명성 확보 의무(제31조)에 따르면 고영향 인공지능이나 생성형 인공지능을 이용한 제품 또는 서비스를 제공하려는 경우 제품 또는 서비스가 해당 인공지능에 기반을 두어 운용된다는 사실을 이용자에게 사전에 고지해야 합니다.

생성형 AI를 활용한 결과물을 제공할 경우에도 그 결과물이 AI에 의해 생성되었음을 명시해야 하고, AI 시스템을 통해 실제와 구별하기 어려운 가상의 결과물을 제공할 때 역시 사용자가 이를 명확히 인지할 수 있도록 고지하거나 표시해야 합니다. 사업자가 이러한 고지 의무를 위반할 경우 3,000만 원 이하의 과태료가 부과됩니다.

안전성 확보 의무(제32조)에 따르면 학습에 사용된 누적 연산량이 대통령령으로 정하는 기준 이상인 인공지능 시스템의 안전성을 확보하기 위하여 인공지능 수명주기 전반에 걸친 위험 식별, 평가 및 완화와 인공지능 관련 안전사고를 모니터링하고 대응하는 위험 관리 체계를 구축해야 합니다. 이러한 사항의 의무 이행 결과 또한 과학기술정보통신부 장관에게 제출해야 합니다.

기존 법제와의 관계

AI기본법 이전에도 AI 관련 규제는 신용 정보의 이용 및 보호에 관한 법률, 개인정보보호법, 공정거래법 등의 개별 법을 통해 간접적으로 이루어져 왔습니다.

그간 금융감독 당국은 금융회사의 AI 활용과 관련하여 가이드라인·안내서 등을 통해 일정한 기준·방향 등을 제시해 왔으며, 그에 따라 금융회사는 여신심사·마케팅·고객관리 등 업무 전반에 걸쳐 AI 도입을 추진·확대해 왔습니다.

금융 산업에서의 AI 관련 규제

금융회사가 생성형 AI 모델을 내부 금융망에 설치하려면 일반 기업보다 훨씬 강화된 보안 요건을 충족해야 합니다. 개인 정보 보호뿐 아니라 망분리 규제, 금융전산망 보안성, AI 특유의 리스크까지 고려해야 하기 때문입니다.

2024년 8월 13일 발표된 「금융분야 망분리 개선 로드맵」에 나타난 주요 변화된 내용은 규제 샌드박스를 통한 망분리 규제 특례가 대폭 허용되면서 생성형 AI 활용 절차가 간소화되었다는 점입니다. SaaS 이용 범위도 확대되었으며, 2024년 9월 기준으로 74개 사 141개 혁신 서비스가 망분리 규제 특례를 신청했습니다.[59]

망분리 환경 준수

망분리 원칙은 내부 업무망(인터넷 차단)과 외부망(인터넷 연결 가능)을 물리적 또는 논리적으로 분리하고, AI 모델은 반드시 내부 업무망 서버 또는 프라이빗 클라우드 상에 설치하는 것입니다. 이러한 기본 원칙은 2024년 개선 이후에도 변화 없이 유지되고 있습니다.

2024년 가장 큰 변화는 규제 샌드박스를 통한 망분리 특례 허용으로 생성형 AI 활용 문턱이 낮아진 점입니다. 금융회사는 혁신금융 서비스 지정 신청을 통해 보안 대책을 수립하고 금융감독원, 금융보안원의 보안 점검을 수용하는 조건으로 망분리 예외를 받을 수 있습니다.

---

59. 2025년 1분기에 접수된 망분리 규제 특례 신청 건수는 125건이며, 2분기는 건수가 정확히 알려지지 않았습니다. [금융위원회는 '전자금융·보안' 분야에서 119건 신청한 것으로만 보도(2025년 7월 10일)했습니다.]

샌드박스 신청 절차는 3단계로 진행됩니다. 1단계에서는 혁신금융 서비스 지정 신청서를 작성하여 제출하며, 2단계에서는 금융위원회 및 금융감독원의 보안 점검 및 컨설팅을 받게 되며(1~4개월 소요), 3단계에서 조건부 승인을 받아 최대 4년간(2년/초기 + 2년/연장) 서비스를 시범 운영할 수 있습니다.

데이터 처리 및 반출 통제

학습/추론 중 개인 정보, 신용 정보, 내부 중요 정보가 외부로 전송되지 않아야 하며 AI 응답, 요청 로그, 입력 데이터는 식별자를 포함하여 저장해야 합니다. 2024년 강화된 사항으로는 실시간 모니터링 요구 사항이 추가되었습니다.

민감 정보 입력 전에는 가명화 또는 암호화 기술(PET)을 적용해야 하며, 2024년부터는 차등정보보호(DP, Differential Privacy) 기법도 권고되고 있습니다. 가명 정보 처리 범위가 확대되어 더 유연한 데이터 활용이 가능해졌습니다.

모델 보안 및 AI 리스크 대응

대형언어모델(LLM) 실행 권한은 역할 기반 접근 제어(RBAC)[60] 형태로 특정 인력만 학습/추론이 가능하도록 해야 합니다. 또한 생성형 AI에 대해서는 특별히 프롬프트 주입 공격 방어 체계가 필수로 요구됩니다. 모든

---

60. 역할 기반 접근 제어(Role-Based Access Control, RBAC)는 조직 내 사용자의 역할에 따라 시스템 자원에 대한 접근 권한을 관리하는 보안 모델입니다. 각 사용자에게 하나 이상의 역할을 할당하고, 각 역할에 필요한 권한을 부여하여 사용자가 수행할 수 있는 작업을 제어합니다. 이를 통해 권한 관리의 효율성을 높이고, 보안을 강화할 수 있습니다.

파라미터 변경, 파인튜닝에 대해 버전을 관리해야 하며, 관련 로그 기록이 필수이고, 모델 가중치 무결성 검증도 추가되었습니다.

프롬프트 인젝션, 악의적 코드 유도 등을 방지하기 위한 입력 필터링 체계가 필요하며, 독성 콘텐츠 필터링 및 환각 탐지 기능도 구현해야 합니다. 2024년 신규 추가된 요구 사항으로는 AI 생성 콘텐츠에 대한 워터마킹 및 출처 표시 의무화가 있습니다.

규제 개선의 3단계 로드맵

현재 진행 중인 1단계에서는 생성형 AI 활용 규제 특례가 허용되고, SaaS 이용 범위가 확대되었습니다.

2025~26년의 2단계에서는 1단계 샌드박스에서 검증된 과제의 정규 제도화가 진행됩니다. 가명 정보에서 개인 신용 정보로 활용 데이터 범위가 확대되고, AI기본법이 시행(2026. 1. 22.)됩니다.

2027년 이후 3단계에서는 '디지털금융보안법'(가칭) 제정을 통해 '자율보안-결과책임' 원칙이 도입되고, CEO 및 이사회의 보안 책임이 강화됩니다.

AI 활용 혁신금융 서비스

현재 다양한 금융회사들이 샌드박스를 통해 생성형 AI 서비스를 시범 운영하고 있습니다. 신한은행은 생성형 AI 기반 'AI 은행원'과 '투자 및 금융지식 Q&A' 서비스를 제공하고 있으며, KB국민은행도 생성형 AI '금융 상담 에이전트'를 운영하고 있습니다. NH농협은행은 외국인, 고령층 맞춤 상담을 제공하는 생성형 AI 플랫폼을 구축했고, 카카오뱅크는 대화형 금융 계산기를 서비스하고 있습니다.

증권사들도 적극적으로 참여하고 있습니다. NH투자증권은 생성형 AI 대고객 시황 정보 서비스를 제공하고 있으며, KB증권은 AI 통합금융플랫폼 '캐비'를 통해 환전·자산관리 대화형 지원을 하고 있습니다.

보험사들은 주로 내부 직원 지원용으로 AI를 활용하고 있습니다. 교보생명은 '보장분석 AI 서포터'를 통해 설계사의 고객 맞춤 분석 자문을 지원하고, 한화생명은 고객 맞춤형 화법 생성·가상 대화 훈련 솔루션으로 세일즈 멘드 및 훈련을 보조하고 있습니다.

한국 AI 규제의 주요 비판

수평적 규제 체계의 한계

학계에서는 현재 AI기본법의 수평적 규제 체계에 대한 우려를 제기하고 있습니다. AI는 활용 분야, 기술 수준, 생애주기 등에 따라 유발하는 사회 문제가 이질적으로 발생하는데, 이를 간과한 포괄적 규제라는 지적입니다.

이 경우 과잉 규제 및 기존 산업별 규제와의 병립으로 중복 규제를 초래할 수 있습니다. 예를 들어, 수평적 규제 체계에서는 의료 AI와 게임 AI를 동일한 기준으로 규제하게 되는데, 이 경우 각 분야의 특수성을 고려하지 못할 가능성이 높습니다.

주요 AI 선도국들은 부문별 맞춤형 규제 형태인 수직적 규제 체계로 관리되고 있습니다. 즉 의료 AI는 보건복지부가 의료법과 의료기기법을 기반으로 규제하고 금융 AI는 금융위원회가 은행법, 자본시장법 등을 기반으로 규제하며, 자율주행 AI는 국토교통부가 도로교통법을 기반으로 규제하는 방식입니다.

정의 및 기준의 불명확성

AI기본법의 정의와 요건이 불명확하다는 우려도 여러 AI 전문가 및 법조계가 공통적으로 지적하고 있습니다. '고영향 인공지능'을 사람의 생명, 신체안전, 기본권에 중대한 영향을 미치는 AI 시스템으로 정의하고 있지만, 이는 추상적일 수 있습니다. 또 특정 계산량(예 : 10^{26} FLOPS) 이상 모델에 대한 위험 관리 의무 부과도 그 대상이 추상적임을 지적받고 있습니다.

정부 부처 간 중복 규제 및 조율 미비

현재 여러 부처가 AI 관련 개별 법안을 발의하거나 추진 중이며, 규제를 조율할 체계가 없어 정책 혼선을 일으킬 수 있다는 지적입니다.

과학기술정보통신부는 'AI 신뢰성 인증 제도'를 추진 중이며, 방송통신위원회는 '인공지능서비스 이용자 보호에 관한 법률'을, 산업통상부는 '산업 AI 활용 촉진법' 제정을 추진하고 있고 개인정보보호위원회는 개인정보 관련 규제 마련을 추진하는 등 여러 부처에서 정책이 마련될 경우 혼선의 가능성이 있습니다.

또한 우리나라는 이른바 데이터 3법(개인정보보호법, 정보통신망법, 신용정보법)을 시행(2020년 8월)하고 있어 개인 정보 보호 관련 법체계가 복잡하게 구성되어 있습니다. 여기에 AI기본법이 추가되면서 법의 중복 적용 문제가 발생할 수 있습니다.

- **개인정보보호법** : AI 개발·서비스 과정에서 개인 정보 처리 규제
- **신용정보법** : 금융 분야 AI 서비스에서 신용 정보 처리 규제

- **AI기본법** : 고영향 인공지능을 11개 분야로 포괄적으로 규정하여 AI 사업자에게 구체적인 의무를 부과
- **AI이용자보호법(추진 중)** : 방송통신위원회 소관 AI 서비스 이용자 보호

2024년 10월 기준, 우리나라에서 '인공지능'을 조문에서 규정하고 있는 법령이 64개(한국법제연구원 보고)에 이르고 있어 법적 중복성 문제가 현실적으로 존재합니다.

진흥과 규제의 불균형

AI기본법은 이원적 구조, 즉 AI 기술 및 관련 산업의 진흥을 위한 국가적 지원 체제 수립과 AI 사업자에 대한 구체적인 의무 부과 등 2가지 목적으로 구분됩니다. 따라서 AI기본법이 산업 진흥과 규제 중 어디에 가중치가 더 두어져 있는지에 대한 여러 의견이 있으며, 하위 법령에서 정책 균형점을 잘 찾아야 하는 과제가 제기되고 있습니다.

일본에서는 2025년 6월 인공지능법을 제정했지만 규제적인 내용은 없습니다. 미국과 중국에서도 규제보다는 진흥에 초점을 두고 있습니다. 이대로라면 AI 진흥을 선언한 우리나라가 의도치 않게 AI 규제의 선도국이 될지 모른다는, 즉 기술의 방향보다는 규제의 틀이 먼저 고정된다는 지적이 있습니다.

경쟁력 저하 및 역차별 우려

AI기본법에 대하여 기업들은 '고영향 AI 범위'가 모호하여 광범위하게 적용될 가능성, 규제로 인해 기업 부담 증가 및 해외 투자 유치 애로가 발생할 수 있다는 점에 대하여 우려하고 있습니다.

'고영향 AI'의 안전성, 신뢰성 확보 조치와 영향 평가도 책무와 권장 사항이기는 하지만 사업자들은 부담을 느낄 수밖에 없습니다.

다수의 빅테크 기업을 보유한 미국의 경우는 AI 규제에 대한 정부의 역할이 제한적이며, 가이드라인과 모범 사례 등 기업의 자발적 준수를 중시해 왔습니다. 트럼프 행정부는 국내에서는 국내 기술 기업 부양을 목표로 하는 산업 정책과 함께 대대적인 규제 완화를 약속하고 있습니다.

한편 국내 IT 기업들에게는 개인 정보 보호에 관한 국내법의 규제와 집행이 엄격히 적용되는 반면, 해외 기업들에게는 여러 이유로 법의 적용과 집행이 동등한 수준으로 이루어지지 못하다는 문제도 지적되고 있습니다.

규제경제학적 관점의 비판

빠르게 발전하는 AI 기술의 특징을 감안할 때 섣부른 규제는 혼란을 일으킬 수 있으므로 차별 방지나 투명성 제고 등 구체적이고 명확한 위험에 초점을 맞춘 간결하고 분명한 규제 체계를 단계적으로 수립하는 방안을 고려할 필요가 있다는 지적입니다.

EU의 AI법을 비롯한 룰 기반 규제가 유럽 내에서 자율주행, 헬스케어 등 고부가가치 AI 산업의 개발과 적용을 어렵게 만들고 있습니다. 이로 인해 유럽 기업들이 미국이나 중국의 경쟁 기업들에 비해 혁신 주도권을 잃는 결과로 이어질 수 있다는 우려도 나옵니다.

규제와 진흥의 균형점 모색이 중요

한국의 AI기본법은 세계에서 두 번째로 AI에 대한 포괄적 규제 체계를 마련했다는 의미가 있지만 수평적 규제 체계의 한계와 부처 간 중복 규제 등 여러 과제를 안고 있습니다. 특히 미국과 중국이 진흥 중심 정책을 추진하는 상황에서 한국이 의도치 않게 규제 선도국이 되어 기업 경쟁력 저하와 해외 투자 유치에 애로를 겪을 우려들이 제기됩니다. 급속히 발전하는 AI 기술의 특성을 고려할 때 구체적이고 명확한 위험에 초점을 맞춘 단계적 규제 체계 구축이 필요합니다.

더욱이 글로벌 AI 패권 경쟁이 심화되는 상황에서 과도한 규제는 국내 기업들의 혁신 역량을 제약하고 AI 생태계의 성장 동력을 저해할 수 있습니다. 반면 규제 샌드박스를 통한 금융권의 생성형 AI 혁신 사례들은 적절한 규제 완화가 혁신과 안전성을 동시에 달성할 수 있는 가능성을 보여줍니다. 특히 우리나라가 AI 강국으로 도약하기 위해서는 현재 진행 중인 망분리 규제 개선과 같은 실용적 접근을 확산시키고, 기업의 자율적 안전 관리 역량을 신뢰하는 원칙 기반 규제로의 전환도 필요할 수 있습니다.

결국 AI 기술의 혁신 속도와 규제의 적응성 간의 균형을 맞추는 것이 한국 AI 생태계의 지속가능한 발전을 위한 핵심 과제가 될 것입니다.

궁극적으로 AI 진흥과 안전성 확보 간의 적절한 균형점을 찾아 앞으로 제정될 하위 법령과 시행령을 통해 실효성 있는 정책 방향을 제시하는 것이 중요할 것으로 생각됩니다.

4 글로벌 규제 트렌드와 대응 전략

혁신 중심으로 전환되는 국제 흐름

2025년 2월 프랑스 파리에서 열린 'AI Action Summit'은 100여 개국의 정부, 기업, 학계, 시민사회 대표 1,000여 명 이상이 모인 중요한 국제회의였습니다.

이 회의는 기존의 '안전 중심(safety-focused)' 논의에서 벗어나 '기술 혁신과 실행 중심(action-oriented)' 패러다임으로의 전환을 시도한 전환점으로 평가됩니다. 유럽연합은 'InvestAI' 계획을 발표했고, 이는 총 2,000억 유로 규모의 AI 투자 유동화를 목표로 하고 있습니다.

한편 미국 밴스(J. D. Vance) 부통령은 이 회의에서 "과도한 규제는 AI라는 혁신적 산업을 초기에 무너뜨릴 수 있다."고 언급하며, 유럽의 강력한 규제 중심 접근에 대해 비판을 제기하기도 했습니다.

이러한 국제적 흐름 속에서 미국의 급진적 규제 철폐와 EU의 포괄적 사전 규제, 영국의 유연한 자율주의, 중국의 선택적 국가 통제라는 4가지 서로 다른 AI 거버넌스 모델이 명확히 대조되고 있습니다.

특히 트럼프 행정부의 AI 규제 철폐 행정명령(실제로 바이든의 AI 행정명령을 폐기하고 AI 규제 완화 행정명령으로 대체한 것을 지칭)과 EU AI Act의 '전 세계 매출액 7% 벌금' 체계는 혁신과 안전이라는 두 가치 사이의 극명한 선택지를 보여 주고 있습니다.

결국 AI 거버넌스의 미래는 단일한 글로벌 표준이 아닌, 각국의 가치관과 전략을 반영한 다원적 모델들의 경쟁 무대가 될 것으로 전망됩니다.

미국 : 민간 주도, 혁신 우선

기본 방향과 원칙

미국의 AI 규제는 '자유 시장 기반 혁신 촉진'과 '중국 대비 기술 패권 유지'라는 2가지 전략적 목표가 결합된 독특한 모델을 보여 줍니다.

이를 뒷받침하는 4가지 핵심 원칙은 시장 자율성(정부 개입 최소화), 국가 경쟁력 강화(AI를 국가안보 핵심 요소로 인식), 기술 중립성(특정 기술에 대한 사전 규제 지양), 연방우선주의(주별 규제로 인한 산업 분열 방지)입니다.

파편화된 규제 현실

미국 AI 규제 현실은 연방 차원의 약한 규제와 주 정부 차원의 강한 규제가 공존하는 파편화된 체계입니다. 연방 정부는 통합된 AI 규제법 없이 대통령 행정명령과 기존 법률을 개별 적용하는 방식으로 대응해 왔습니다.

반면 주 정부들은 훨씬 적극적이어서, 2024년 한 해에만 400개 이상의 AI 관련 법안을 발의했습니다(전년 대비 6배 증가). 특히 캘리포니아주가 데이터 투명성과 딥페이크 규제에서 선도적 역할을 하고 있습니다.

이런 연방-주 정부 간 온도차는 규제 환경의 복잡성과 예측 가능성 부족 문제를 야기하고 있습니다.

트럼프 행정부의 규제 철폐

2025년 트럼프 행정부는 출범 3일 만에 바이든 정부의 '안전하고 신뢰할 수 있는 AI' 행정명령을 폐기하고 '미국 AI 리더십 장벽 제거' 행정명령으로 대체하며 AI 규제 철학을 근본적으로 전환했습니다. 더 나아가 '도지 AI 도구'를 활용해 20만 개 연방 규제 중 절반을 1년 내 폐지하겠다는 야심찬 목표를 설정했습니다.[61]

이러한 급진적 규제 완화는 중국과의 AI 패권 경쟁에서 우위를 확보하려는 전략적 판단에서 비롯한 것으로, 과도한 규제가 혁신 속도를 늦춰 중국에게 기술 우위를 내줄 수 있다는 위기감이 정책 변화의 핵심 동인입니다.

구조적 한계와 전망

미국 AI 규제는 행정부 교체에 따른 정책 변동성이 크다는 구조적 한계를 보여 줍니다. 바이든 행정부의 신중한 규제에서 트럼프 행정부의 전면적 철폐로의 급전환은 AI 기업들과 국제 사회에 정책 예측 가능성 훼

61. 도지(DOGE, Department of Government Efficiency)는 트럼프 대통령이 2025년 1월 20일에 발령한 대통령 행정명령에 따라 만들어진 조직으로 연방 정부의 IT 시스템 현대화, 규제 간소화, 비용 절감 등을 목표로 합니다.

손 우려를 제기하고 있습니다.

앞으로 연방정부의 규제 완화와 주정부의 규제 강화 사이에 갈등이 심화될 가능성이 있으며, 이러한 파편화된 환경이 미국 AI 산업의 글로벌 경쟁력에 긍정적 영향을 미칠지, 아니면 불확실성으로 인한 부작용을 초래할지는 향후 지켜 봐야 할 중요한 변수입니다.

유럽연합(EU) : 강제적, 수평적 규제

기본 방향과 원칙

유럽연합의 AI 규제는 '인간 중심적이고 신뢰할 수 있는 AI' 구현과 '글로벌 AI 거버넌스 표준 선도'라는 2가지 전략적 목표를 중심으로 설계되었습니다. 개인정보보호규정(GDPR)이 전 세계 데이터 보호 표준을 정립했듯이, EU는 AI Act를 통해 '브뤼셀 효과'를 재현하여 전 세계 AI 규제의 기준점을 제시하려는 야심찬 계획을 추진하고 있습니다.

이를 뒷받침하는 5가지 핵심 원칙은 기본권 보호(안전·건강·기본권을 위협하는 AI 시스템 엄격 제한), 인간 중심성(인간 존엄성과 자율성 보장), 민주주의 수호(AI의 감시·통제 도구 악용 방지), 예방적 접근(위험 현실화 이전 사전 규제), 투명성 확보(AI 작동 원리와 데이터 사용 방식 설명 의무)입니다.

포괄적 법률 체계와 위험 기반 규제

EU AI Act는 세계 최초이자 가장 포괄적인 AI 법률로서 강력한 법적 구속력과 체계적인 규제 프레임워크를 갖추고 있습니다. 2024년 8월 1일에

발효되어 2026년 8월 2일에 전면 시행될 예정이며, EU 규정 형태로 제정되어 모든 회원국에 직접 적용됩니다.

핵심 메커니즘은 위험 기반 분류 체계로 AI 시스템을 위험 수준에 따라 수용불가 위험, 고위험, 제한적 위험, 최소 위험의 네 단계로 분류하여 각 단계별 맞춤형 규제를 적용합니다.

강력한 집행과 제재

EU AI Office가 감독 및 집행을 총괄하고 각 회원국 지정 기관이 시장 감시와 제재를 실시합니다.

GDPR 수준의 강력한 벌금 체계를 도입하여 금지된 AI 사용 시 3,500만 유로 또는 전 세계 매출액의 7%, 고위험 AI 의무 위반 시 1,500만 유로 또는 전 세계 매출액의 3%, 정보 제공 의무 위반 시 750만 유로 또는 전 세계 매출액의 1.5%를 부과합니다. 이는 글로벌 AI 기업들도 무시할 수 없는 강력한 억제 효과를 발휘합니다.

브뤼셀 효과와 글로벌 표준화

EU AI Act의 가장 중요한 특징은 역외 적용 원칙입니다. EU 밖에서 개발된 AI 시스템도 EU 내 사용 시 EU법이 적용되어 글로벌 AI 기업들이 EU 기준에 맞춰 시스템을 설계하도록 강제합니다.

기업들이 시장별로 다른 시스템을 개발하기보다 가장 엄격한 EU 기준에 맞춰 단일 시스템을 개발하는 것이 경제적으로 합리적이기 때문에 EU AI Act는 사실상 글로벌 표준으로 기능할 가능성이 높습니다.

균형점 찾기의 과제

EU의 포괄적 규제 접근법은 인권과 민주주의 가치를 AI 시대에도 견고하게 보호하겠다는 의지를 보여 줍니다. 그러나 이러한 엄격한 규제가 EU 내 AI 혁신에 미칠 영향과 글로벌 AI 경쟁에서 EU의 위치에 대한 우려도 제기되고 있습니다.

EU가 규제의 선도자 역할과 기술 혁신의 균형점을 성공적으로 찾을 수 있을지는 향후 AI Act 시행 과정에서 드러날 중요한 과제입니다.

영국 : 자율적 규제, 유연한 접근

기본 방향과 원칙

영국은 EU의 포괄적 사전 규제나 미국의 시장 중심 자율주의와는 다른 제3의 길을 택하고 있습니다. '유연한 혁신 우선주의'와 '분야별 적응형 접근'을 결합하여 급속한 기술 발전 속에서 혁신을 저해하지 않으면서도 위험을 효과적으로 관리하려는 전략적 선택을 한 것입니다.

이를 뒷받침하는 4가지 핵심 원칙은 혁신 우선주의(성급한 규제 지양), 분야별 전문성 존중(기존 규제기관의 도메인 지식 활용), 글로벌 리더십(AI 안전성 분야 국제 협력 주도), 원칙 기반 접근(기술보다 맥락과 결과에 초점)입니다.

가벼운 규제와 협력 체계

영국은 EU처럼 별도의 AI 전용 법률을 제정하지 않고 '가벼운 규제' 접근(light-touch approach to AI regulation)을 택했습니다. 2020년 설립된 '디지털 규제 협력 포럼(Digital Regulation Cooperation Forum, DRCF)'을 중심으로 개인정보보호청(Information Commissioner's Office, ICO), 경쟁시장청(Competition and Markets Authority, CMA), 통신규제청(Office of Communications, Ofcom), 금융감독청(Financial Conduct Authority, FCA)까지 4대 핵심 규제기관이 각자의 전문 영역에서 AI 관련 이슈를 분담해 다루는 방식입니다.

2024년 7월 노동당 집권 후에도 기본적인 혁신 우선 기조는 유지되고 있으나, '최고 성능 AI 모델 개발자에 대한 구속력 있는 요구 사항' 입법[62]을 약속하여 규제 강도를 일부 강화할 예정입니다.

AI 안전 거버넌스 국제 리더십

영국은 2023년 세계 최초로 AI 안전 정상회의를 개최[63]하여 '블레츨리 선언'을 이끌어 냈고, 정부 주도로 'AI Safety Institute'를 설립했습니다. 이러한 움직임은 국제적으로 큰 파장을 일으켜 미국 NIST(National Institute of Standards and Technology, 표준기술연구소), 일본, 싱가포르에서도 유사한 AI 안전 체계 구축에 나서는 계기가 되었습니다.

또한 OpenAI, 딥마인드(DeepMind) 등 주요 AI 기업과 협력해 AI 모델의 사전 안전 테스트 및 평가를 강화하는 노력을 펼치고 있습니다.

---

62. 자율에 맡겼던 과거의 'light-touch approach'에서 벗어나, 소수의 'frontier AI 개발자'에게는 정확한 규제 프레임을 적용함으로써 안전과 혁신의 균형을 추구하는 새로운 방향을 의미합니다.

63. 2023년 11월 1~2일 영국 버킹엄셔주 블레츨리 파크(Bletchley Park)에서 개최되었습니다. 이 자리에서 세계 정상들은 AI의 기회와 위험을 함께 인식하고, AI의 안전하고 책임 있는 개발을 위한 국제 협력을 약속(선언)했습니다.

균형점 실험의 과제

영국의 AI 규제 모델은 혁신과 안전, 국내 정책과 국제 협력, 규제의 효과성과 유연성 사이의 균형점을 찾으려는 실험적 시도로 평가됩니다. 여전히 'EU AI Act의 경직되고 규범적인 접근법'과는 차별화된 맥락 기반의 유연한 접근을 강조하며, 혁신 속도에 맞춘 민첩한 규제 철학을 견지하고 있습니다.

이러한 접근이 급변하는 AI 환경에서 얼마나 효과적일지는 향후 지켜볼 필요가 있습니다.

중국 : 산업 진흥, 사회 통제

기본 방향과 철학

중국의 AI 규제는 '국가 주도의 기술 혁신'과 '사회 질서 유지'라는 2가지 전략적 목표를 동시에 추구하는 독특하고 복합적인 모델을 보여 줍니다. 이는 서구의 시장 중심 접근이나 권리 기반 접근과는 근본적으로 다른 국가 중심적 AI 거버넌스 체계로, AI를 국가 경쟁력의 핵심 동력으로 활용하면서도 사회적 통제 수단으로 동시에 기능하게 하려는 이중적 목표를 추구합니다.

이는 본질적으로 국가 자본주의 모델의 AI 분야 적용으로, 시장 경제의 효율성을 활용하면서도 국가가 전략적 방향을 설정하고 통제하는 방식입니다.

3대 핵심 원칙

중국 AI 정책의 철학적 기반은 3가지 핵심 원칙으로 구성됩니다.

첫째, 국가 차원의 전략적 육성을 통해 AI를 핵심 전략 기술로 지정하고 국가 주도의 대규모 투자를 실시하며, AI 분야에서 미국과의 기술 격차를 좁히고 궁극적으로는 기술 패권을 확보하려는 장기적 전략을 추진합니다.

둘째, 선택적 규제 접근을 통해 사회 안정에 위협이 되는 AI 기술은 강력히 규제하되, 산업 발전과 국가 경쟁력 강화에 도움이 되는 AI 기술은 적극적으로 지원하는 차별적 접근을 취합니다.

셋째, 데이터 주권 강화를 통해 자국 데이터의 해외 유출을 엄격히 통제하면서도 AI 학습에 필요한 대규모 데이터를 국가적으로 확보하고 활용하며, 데이터를 21세기의 '석유'로 인식하고 국가 자산으로 관리합니다.

분야별 맞춤형 규제와 이데올로기적 통제

중국은 EU의 포괄적 법률이나 미국의 원칙 기반 접근과 달리 구체적인 AI 기술과 용도에 따른 분야별 세부 규제를 선호합니다. 주요 규제 영역으로는 알고리즘 추천 관리 규정, 딥페이크 규정, 생성형 AI 서비스 관리 임시 조치 등이 있습니다. 각 규제는 해당 기술의 특성과 사회적 영향을 고려하여 맞춤형으로 설계되어 기술 발전을 저해하지 않으면서도 사회적 위험을 효과적으로 관리하려는 의도를 보여 줍니다.

특히 생성형 AI 서비스 관리에서는 이데올로기적 요소가 독특하게 나타나는데, 생성형 AI가 콘텐츠를 생성할 때 국가 정책과 사회주의 핵심 가치관에 부합해야 한다는 조건을 명시하여 AI가 생성하는 콘텐츠까지도 국가의 이념적 프레임워크 내에서 관리하려는 포괄적 접근을 취하고 있습니다.

글로벌 AI 거버넌스에서의 대안적 모델

중국의 AI 규제 모델은 글로벌 AI 거버넌스 논의에서 독특한 위치를 차지하며, 서구의 자유민주주의적 가치 기반 접근과는 다른 대안적 모델을 제시함으로써 개발도상국들에게 또 다른 선택지를 제공하고 있습니다.

민간 기업의 혁신 역량을 최대한 활용하되 국가 안보와 사회 안정에 영향을 미칠 수 있는 영역에서는 강력한 국가 개입을 유지하는 방식입니다. 이는 AI 거버넌스가 단일한 글로벌 표준으로 수렴되기보다는 서로 다른 가치 체계와 정치 체제에 따른 다원적 모델들이 경쟁하는 양상으로 발전할 가능성을 시사합니다.

중국의 접근법이 기술 혁신과 사회 통제의 균형을 성공적으로 달성할 수 있을지, 그리고 이러한 모델이 다른 국가들에게 어떤 영향을 미칠지는 향후 글로벌 AI 거버넌스의 진화 방향을 결정하는 중요한 변수가 될 것입니다.

이 장에서 살펴본 4가지 AI 규제 모델은 각국이 추구하는 가치와 전략의 차이를 선명하게 보여 줍니다.

단일한 글로벌 표준보다 다원적 모델들이 경쟁하며 공존할 가능성

미국의 혁신 우선주의, EU의 인권 중심 규제, 영국의 유연한 균형 추구, 중국의 국가 주도 통제는 모두 나름의 논리와 목표를 갖고 있습니다. 흥미로운 점은 2025년 들어 전 세계적으로 'AI 안전'에서 '기술 혁신'으로 무게 중심이 이동하고 있다는 것입니다. 파리 'AI 액션 서밋(AI Action Summit)'에서 보여 준 것처럼 과도한 규제에 대한 우려가 커지면서 각국은 혁신과 안전 사이의 새로운 균형점을 모색하고 있습니다.

결국 AI 거버넌스의 미래는 단일한 글로벌 표준으로 수렴되기보다는 각국의 정치 체제와 가치관을 반영한 다원적 모델들이 경쟁하며 공존하는 방향으로 발전할 가능성이 높아 보입니다. 이러한 다양성이 AI 기술 발전에 어떤 영향을 미칠지는 앞으로 지켜봐야 할 중요한 과제입니다.

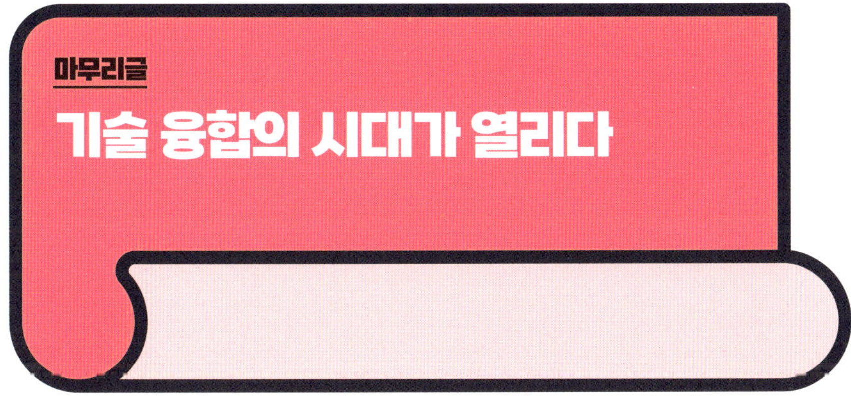

마무리글

기술 융합의 시대가 열리다

준비된 자와 그렇지 못한 자의 격차

AI 시대에서 살아남는 것은 최신 기술을 소유한 기업이나 개인이 아니라 변화의 본질을 이해하고 능동적으로 적응한 기업과 개인일 것입니다.

어떤 기업은 완전 자체 구축으로, 어떤 기업은 전략적 파트너십으로, 또 어떤 기업은 하이브리드 접근법으로 각자의 길을 찾아가고 있습니다. 각자의 환경에 맞는 전략을 찾기 위해서는 명확한 방향성이 바탕이 되어야 하며, 그 이후 과감한 실행력이 뒷받침되어야 합니다.

개인 차원에서도 마찬가지입니다. AI와 경쟁하거나 무시하기보다는 AI와 협력하며 자신만의 고유 영역을 구축한 개인이 조직에서 더 큰 가치를 창출할 것입니다. 미래는 '기술을 이해하는 금융 전문가'의 것이라는 생각입니다.

신뢰와 혁신의 균형점

우리는 또한 신뢰할 수 있는 AI 구축이 선택이 아닌 필수임을 확인했습니다. 환각률 1% 미만 달성, 동형암호와 연합학습 같은 프라이버시 강화 기술(PET)의 실용화, 그리고 체계적인 AI 거버넌스 구축은 지속가능한 AI 생태계의 토대가 되고 있습니다.

한국이 세계 두 번째로 AI기본법을 제정한 것은 의미 있는 성과입니다. 그러나 실제 시장에서는 다른 양상의 경쟁이 전개되고 있습니다. 미국은 규제 유연성을 활용해 혁신 속도를 높이고 있으며, 중국은 국가 차원의 전략적 투자로 기술 격차를 좁혀 가고 있습니다.

EU의 규제 체계는 높은 안전성을 담보하는 반면, 기업들이 혁신 경쟁에서 다소 더딘 모습을 보이는 것도 사실입니다. 규제는 혁신을 뒷받침하는 기반이 되어야 하며, 때로는 속도와 안정성 사이의 균형을 재점검할 필요가 있습니다.

새로운 지평 : 기술 융합의 시대가 열리다

AI가 데이터의 언어를 바꾸었다면, 분산원장기술(DLT)[64]은 신뢰의 언어를 다시 쓰고 있습니다. 완전히 달라진 '데이터'와 '신뢰', 그리고 이 두 혁신이 만나는 지점에서 우리는 다시 한 번 새로운 금융 시스템을 만나게 될 것입니다.

---

64. 분산원장기술(DLT, Distributed Ledger Technology)은 중앙집중형 데이터베이스 대신 여러 노드(참여자)가 동일한 원장을 복제·공유하여 운영하는 기술입니다. 분산성(네트워크 참여자 모두가 보관·검증), 불변성(변경·삭제 불가능), 투명성(모든 참여자가 같은 장부 공유), 보안성(데이터 위·변조 방지)이 특징입니다. 블록체인도 DLT의 한 형태입니다.

이미 DLT는 토큰증권의 형태로 시장에 널리 알려져 있습니다. 거대한 자본 시장과 기관투자자 기반, 그리고 혁신적인 핀테크 생태계를 가진 미국은 실물자산의 토큰화 시장에서 압도적인 성과를 내고 있습니다.

또한 체계적인 규제 프레임워크와 전통적으로 강한 채권 시장 인프라를 가진 유럽연합(특히 프랑스, 독일, 스위스 중심)은 채권 시장의 블록체인 기반 디지털화를 선도하고 있습니다.

경제적 효과 역시 무시할 수 없습니다. 토큰화된 디지털 채권의 경우, 중개기관을 거치지 않아 발행 및 운영 비용을 대폭 절감할 수 있습니다. 이는 직접적인 효과이며, 발행과 유통 시장에서 중개기관 역할의 변화(불필요)로 인한 금융 시스템의 구조적 변화와 그 경제적 효과는 가늠하기조차 어렵습니다.

물론 이러한 DLT 시장은 아직 그 효율성 문제로 제한된 투자자군을 대상으로 한 사모(private) 형태로 주로 활용되고 있어서, 기관투자자와 인증투자자(accredited investors)가 주요 참여자입니다. 또한 공개된 블록체인 위에 데이터가 기록되기 때문에 필연적으로 발생하는 프라이버시 문제 등이 도전 과제입니다.

그러나 AI는 DLT의 구조적 효율성 한계를 기술적으로 보완할 수 있는 강력한 도구입니다. 확장성 문제는 구조적으로 개선되어 나갈 것이며, 이에 따라 블록체인과 AI를 결합한 프로토콜들이 점점 늘어날 것입니다.

블록체인과 AI를 연결하는 방법에 대해 케이시(Michael J. Casey) 탈중앙화협회(Decentralized AI Society, DAIS) 협회장은 2024년 9월 '블록체인과 AI를 구분해 생각하는 것은 웹 2.0식 사고'라며 '웹 3.0은 완전히 다른 패러다임으로 연산능력에 대한 소유권을 분산하는 것이며, AI가 처리하는 방대한 데이터를 추적하고 파악하는 것이 중요해질 것'이라고 강조한 바 있습니다.

우리가 써 내려가야 할 다음 장

AI가 예측·분석한 리스크를 블록체인이 투명하게 기록하고, 스마트 컨트랙트(smart contract)[65]가 자동으로 실행하는 세상이 되었습니다. 여기에 양자컴퓨팅의 연산 능력이 더해진다면 지금까지 상상하지 못했던 금융 생태계가 펼쳐질 것입니다.

시장 수요 역시 확대되고 있습니다. 비영리 국제 싱크탱크(OMFIF, Digital Assets and Market Infrastructure) 서베이에 의하면 38%의 금융회사가 DLT 도입을 검토 중이며, 92%는 최소 3년 후 본격적인 토큰화 확산을 예상하고 있습니다. 기술은 이제 각각의 섬이 아니라 연결망을 형성해 나가고 있습니다.

하지만 이 모든 기술 혁신의 중심에는 여전히 사람이 있습니다. 기술이 아무리 발전해도, 그것을 이해하고 활용하며 책임지는 것은 결국 사람의 몫입니다. 골드만삭스가 강조한 것처럼 우리에게 필요한 것은 '비즈니스를 이해하는 기술 인재'라기보다 '기술을 이해하는 금융 인재'입니다.

변화의 주인공이 되기 위하여

지금 우리는 역사적 전환점에 서 있습니다. 산업혁명이 물리적 노동

65. 스마트 컨트랙트(smart contract)는 블록체인 상에서 특정 조건이 충족되면 자동으로 실행되는 디지털 계약입니다. 중개자 없이도 계약 조건이 코드로 작성되어 자동 이행되므로 신뢰성과 효율성을 높이고 비용을 절감할 수 있습니다.

을 기계화했다면, AI 혁명은 지적 노동을 자동화하고 있습니다. 하지만 이것이 인간의 종말을 의미하지는 않습니다. 오히려 인간만이 할 수 있는 창의성, 공감, 윤리적 판단 등의 가치가 더욱 부각되는 시대로 변화하고 있습니다.

필자에게 이 책이 AI라는 창을 통해 미래를 엿보는 금융 시장 변화의 시작이었다면, 다음 여정에서는 이미 시작되었지만 한층 더 금융 시스템에 연결될 블록체인, 그리고 블록체인과 AI의 결합이라는 또 다른 창을 열어 보는 것이 필요하다고 생각합니다.

"변화를 두려워하지 말고, 변화에 뒤처지는 것을 두려워하십시오."

미래는 준비된 자의 것이며, 그 준비는 바로 지금 이 순간부터 시작됩니다. 그것이야말로 이 시대를 살아가는 우리의 몫이자 미래에 대한 약속입니다.

PART 2

금융 현장에서 바로 쓰는 AI 활용법

Chapter 1

금융 현장에서 AI는 이미 일하고 있다

1 사례로 보는 AI 업무 혁신

AI가 금융 현장을 어떻게 바꾸고 있을까요? 추상적인 개념이나 미래 전망이 아닌, 지금 이 순간 실제로 일어나고 있는 변화를 먼저 보여 드리겠습니다. 다음 두 사례는 각각 증권사 애널리스트, 은행 PB 담당자가 AI를 활용해 업무 방식을 혁신한 이야기입니다.

[사례 1] 투자 보고서 작성 시간을 8시간에서 2시간으로 단축한 증권사 애널리스트

애널리스트 A씨는 국내 중견 증권사에서 IT·반도체 섹터를 담당합니다. 그가 마주했던 문제는 명확했습니다. 주간 리포트 하나를 작성하는 데 꼬박 8시간이 걸렸고, 그 시간의 대부분은 정보를 찾고 정리하는 데 소비되었습니다. 매일 아침 블룸버그와 로이터를 뒤지고, 경쟁사 리포트 10여

개를 다운받아 일일이 읽으며 핵심 내용을 형광펜으로 표시하고 엑셀에 옮겨 적는 작업이 반복되었습니다. 정작 그가 애널리스트로서 해야 하는 분석하고 인사이트를 도출하는 시간은 턱없이 부족했습니다.

AI를 도입한 후 그의 업무는 완전히 달라졌습니다. 이제 퍼플렉시티로 최근 3일간 주요 뉴스를 5분 만에 정리하고, 라이너 AI로 경쟁사 리포트의 핵심 내용을 15분 만에 추출합니다. 챗GPT는 수집된 정보를 바탕으로 보고서의 구조를 설계해 주고, 스카이워크 AI는 그 내용을 전문적인 프레젠테이션으로 자동 생성해 줍니다. 전체 작업 시간은 2시간으로 줄었지만, 더 중요한 변화는 시간 배분의 역전이었습니다. 이전에는 전체 시간의 60%를 정보 수집에 썼다면, 이제는 50%를 분석과 사고에 투자합니다.

절감된 6시간으로 그는 무엇을 했을까요? 기관투자가와의 대면 미팅을 월 2~3회에서 5~6회로 늘렸고, 직접 기업을 방문하고 산업 전문가를 인터뷰하며 심층 리서치를 수행했습니다. 결과는 명확했습니다. 리포트 발행 건수가 증가했고, 수익률도 함께 증가했습니다.

[사례 2] 고객 상담 데이터 분석으로 상품 제안 정확도를 높인 PB

10년 경력의 베테랑PB B씨는 2024년 하반기에 문득 위기를 느꼈습니다. 고객 제안의 적중률이 점점 떨어지고 있었던 것입니다. 예전에는 20~30분만 대화하면 고객의 투자 성향이 보였지만, 이제는 패턴을 읽기 어려웠습니다. 30대 고소득자가 초보수적이거나, 60대가 공격적인 투자를 원하는 경우가 빈번했습니다. 더 큰 문제는 경쟁이었습니다. 다른 금융사는 물론 로보어드바이저까지 고객 선택지가 늘어나면서, PB에 대한 기대치도 높아졌습니다.

AI 도입 후 박 PB는 고객과의 모든 접점을 데이터로 축적하기 시작했습니다. 상담 녹음을 릴리스 AI로 텍스트 변환하고, 노트북LM에 고객별로 정리했습니다. 3개월간 50명의 고객 데이터가 쌓이자 챗GPT로 패턴 분석에 들어갔습니다. 결과는 놀라웠습니다. 초기 투자성향 테스트 결과와 실제 고객이 선택한 상품의 일치도는 45%에 불과했고, 30대 고객의 60%는 '환헤지 여부'를 최우선 질문으로 던졌습니다.

챗GPT는 이 데이터를 바탕으로 고객을 신중한 축적형, 공격적 성장형, 균형 실용형, 트렌드 추종형, 학습 탐색형 5개 페르소나로 분류했습니다. 그리고 각 특성별 대응 시나리오를 구축했습니다. 변화는 즉각적이었습니다. 제안 수용률은 상승했고, 재방문율 역시 증가했습니다.

"AI는 제가 100명의 고객을 마치 10명처럼 세밀하게 기억하고 관리할 수 있게 해 줬습니다. 고객은 '이 PB는 나를 이해하고 있구나.'라고 느끼고, 저는 데이터 기반으로 자신 있게 제안할 수 있게 됐죠."

2가지 사례가 말해 주는 것

이 두 사례의 공통점은 무엇일까요? AI가 단순히 '일을 빠르게' 해 준 것이 아니라 일하는 방식 자체를 재설계했다는 점입니다. 애널리스트 A는 정보 수집자에서 인사이트 창출자로, PB B는 상품 판매자에서 고객 이해자로 역할이 진화했습니다. 또 하나의 공통점은 두 사람 모두 AI의 결과를 맹목적으로 신뢰하지 않았다는 점입니다. 검증 프로세스를 철저히 설계하고, 중요한 판단은 사람이 내렸습니다. 속도를 얻었지만 신뢰성은 타협하지 않았습니다. 이것이 바로 금융인이 AI를 활용하는 방식입니다.

다음 섹션에서는 이 두 사례의 핵심 구조를 분석해 보겠습니다. [자료 수집 및 검증 → 기획·정리·분석 → 출력]이라는 3단계 워크플로가 어떻게 작동하는지, 그리고 왜 이 순서가 중요한지 살펴보겠습니다.

2 변화의 핵심, 3단계 워크플로

앞서 살펴본 애널리스트 A와 PB B의 사례에는 공통된 패턴이 있습니다. 두 사람 모두 무작위로 AI 도구를 사용한 것이 아니라, 명확한 3단계 워크플로를 따랐다는 점입니다. 이 구조를 이해하면 여러분도 어떤 금융 업무에든 AI를 효과적으로 적용할 수 있습니다.

3단계 워크플로의 구조

금융인의 AI 활용은 다음 세 단계로 이루어집니다.

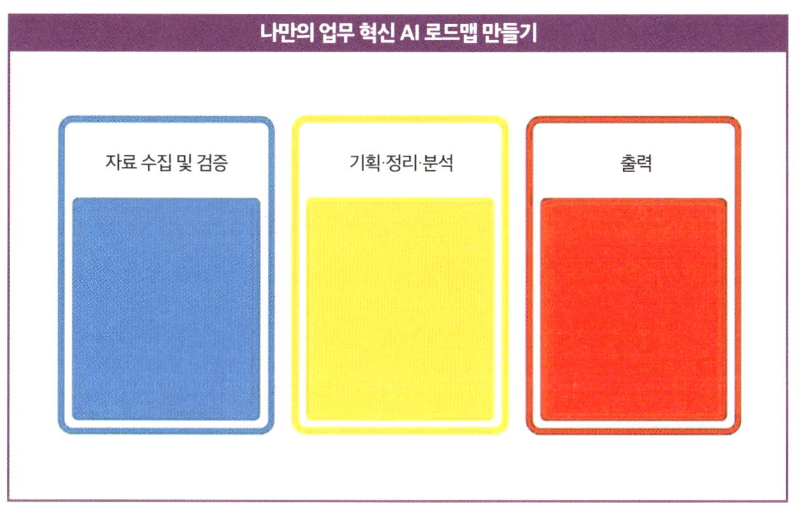

1단계 : 자료 수집 및 검증

정확하고 신뢰할 수 있는 정보를 빠르게 모으고, 그 출처와 정확성을 확인하는 단계

2단계 : 기획·정리·분석

수집된 정보를 바탕으로 구조를 설계하고, 인사이트를 도출하며, 전략을 수립하는 단계

3단계 : 출력

분석 결과를 보고서, 프레젠테이션, 제안서 등 최종 산출물로 만들어내는 단계

이 세 단계는 순차적으로 진행되며, 각 단계의 품질이 다음 단계에 직접적인 영향을 미칩니다. 특히 금융 업무에서는 1단계의 검증이 모든 것의 기초가 됩니다.

두 사례로 본 3단계 워크플로 분석

애널리스트 A의 사례를 이 구조로 분석해 보겠습니다. 그는 1단계에서 퍼플렉시티로 최근 3일간 반도체 관련 주요 뉴스를 5분 만에 수집하고, 라이너 AI로 경쟁사 애널리스트 리포트의 핵심 내용을 15분 만에 추출했습니다. 여기까지는 AI의 속도가 빛을 발하는 부분입니다. 하지만 그는 여기서 멈추지 않았습니다. 10분을 추가로 투자해 주요 수치와 출처를 원본에서 재확인했습니다. 정보 수집 시간은 대폭 줄었지만, 검증 시간은 반드시 확보한 것입니다. 특히 목표주가나 실적 전망 같은 중요 수치는 반드시 더블체크했습니다.

2단계에서는 수집한 정보를 챗GPT에 입력하고 보고서 구조를 설계했습니다. AI가 제안한 아우트라인을 기반으로 자신만의 인사이트를 추가하고, 섹션별로 분석 내용을 작성하며 보완했습니다. 60분이 소요된 이 단계에서 애널리스트의 전문성이 발휘됩니다. AI는 정보를 구조화하는 데 도움을 주지만, '이 데이터가 의미하는 것은 무엇인가?', '투자자에게 어떤 시사점이 있는가?'는 사람이 판단합니다.

마지막 3단계에서는 스카이워크 AI로 작성된 내용을 프레젠테이션으로 변환하고, 차트와 그래프를 미세 조정한 후, 최종 수치를 검증하고 컴플라이언스를 체크했습니다. 출력 후에도 최종 검증은 필수입니다. 특히 금융 데이터는 한 자리 숫자만 틀려도 신뢰도에 치명타를 입기 때문입니다.

PB B의 경우도 동일한 구조를 따랐습니다. 1단계에서 릴리스 AI로 고객 상담 녹음을 텍스트 변환하고, 노트북LM에 고객별 상담 내역을 체계적으로 정리했습니다. 여기서 중요한 것은 3개월간 50명의 고객 데이터를 '검증된 형태'로 축적했나는 점입니다. 상담 중 고객이 말한 내용과 실제 거래 내역이 일치하는지 확인하며, 잘못된 정보는 바로 수정했습니다.

2단계에서는 챗GPT로 축적된 데이터에서 패턴을 발견하고, 고객을 5개 페르소나로 분류하며 각각의 특성을 정리했습니다. 데이터 분석은 AI가 했지만, '이 고객에게 어떤 상품을 제안할 것인가?'는 PB의 경험과 판단이 결합되었습니다.

3단계에서는 고객별 맞춤 제안서를 작성하고, 페르소나별 표준 응대 시나리오를 문서화했으며, 팀 내 공유용 고객 인사이트 보고서를 제작했습니다.

왜 순서가 중요한가 : 1단계 검증의 결정적 중요성

세 단계 중에서 1단계가 가장 중요합니다. 금융 업무의 특수성 때문입니다. 만약 1단계에서 잘못된 정보가 들어온다면 어떻게 될까요? 시나리오를 하나 생각해 봅시다. AI가 "삼성전자 목표주가 9만 원"이라고 잘못 수집했는데 실제는 8만 원이라면, 2단계에서는 이 정보를 기반으로 "20% 상승 여력"이라는 분석을 작성하게 됩니다. 실제는 10% 상승 여력인데 말입니다. 3단계에서 이 잘못된 분석이 담긴 리포트가 고객에게 발송되면, 고객의 투자 판단이 왜곡되고 PB나 애널리스트의 신뢰도는 추락하며 회사 평판에도 손상이 갑니다. 금융에서는 단 하나의 수치 오류가 신뢰라는 가장 중요한 자산을 무너뜨릴 수 있습니다.

그래서 애널리스트 A는 AI가 수집한 정보를 10분간 재검증하는 시간을 절대 생략하지 않았고, PB B는 상담 내용과 거래 내역의 일치 여부를 반드시 확인했습니다. AI의 가장 큰 장점은 속도입니다. 하지만 금융인에게 중요한 것은 '빠른 것'이 아니라 '빠르면서도 정확한 것'입니다. 전통적 방식은 느리지만 검증되었고, AI를 무검증으로 활용하면 빠르지만 신뢰도가 매우 낮아 오히려 신뢰 회복 비용이 발생합니다. 반면 AI와 3단계 워크플로를 결합하면 빠르면서도 검증되어 신뢰도가 높고 효율도 매우 높아집니다. 두 사례의 주인공들이 성공한 이유는 속도를 추구하되 검증을 포기하지 않았기 때문입니다.

이 구조를 지키면 놀라운 선순환이 시작됩니다. 1단계가 탄탄하면 신뢰할 수 있는 데이터를 확보하게 되고, 2단계 분석의 정확도가 상승하며, 3단계 출력물의 품질이 향상됩니다. 그 결과 고객과 조직의 신뢰가 증가하고, 더 많은 기회와 성과를 창출하게 됩니다. 반대로 1단계를 건너뛰면 불확실한 데이터로 시작해 2단계 분석이 모래 위의 성이 되고, 3단계 출력물의 신뢰도에 의심이 생기며, 한 번의 오류로 신뢰가 붕괴되어 기회를 상실하게 됩니다. 애널리스트 A의 리포트 발행 건수가 증가했고, 수익률도 함께 증가한 점, PB B의 제안 수용률이 상승한 것은 모두 이 선순환의 결과입니다.

이 3단계 워크플로는 특정 직무에만 해당하는 것이 아닙니다. 금융권의 거의 모든 업무에 적용할 수 있습니다. 투자 분석은 시장 데이터 수집, 트렌드 분석, 투자 전략 보고서로 이어지고, 상품 기획은 고객 니즈 조사, 상품 설계, 제안서 작성 순서로 진행됩니다. 리스크 관리는 리스크 데이터 수집, 시나리오 분석, 대응 방안 보고서로, 마케팅은 고객 반응 수집, 캠페인 기획, 콘텐츠 제작으로, 컴플라이언스는 규제 변경 사항 수집, 영향 분석, 대응 가이드 작성으로 구성됩니다. 업무의 종류는 다르지만 구조는 같습니다. 검증된 정보에서 시작해 전략적 사고를 거쳐 명확한 출력으로 마무리되는 것, 이것이 AI 시대 금융인의 업무 방식입니다.

3단계 구조를 이해했다면, 이제 각 단계에 어떤 AI 도구가 적합한지 알아야 합니다. 1단계에는 퍼플렉시티와 라이너 AI 같은 검색 도구가, 2단계에는 챗GPT와 클로드(Claude) 같은 대화형 AI가, 3단계에는 스카이워크와 구글 AI 스튜디오와 같은 출력 도구가 효과적입니다. 다음 섹션에서는 금융인에게 AI가 특별히 중요한 이유를 더 깊이 살펴보겠습니다. 속도, 신뢰, 규제라는 금융권 특유의 요구 사항이 AI 활용과 어떻게 연결되는지 알아보겠습니다.

3 금융인에게 AI가 특별히 중요한 이유

모든 산업에서 AI가 화두지만, 유독 금융권에서 AI의 중요성이 더욱 부각되는 이유가 있습니다. 금융 업무가 가진 2가지 특수한 요구 사항, 즉 '속도'와 '신뢰' 때문입니다. 이 2가지는 서로 충돌하는 것처럼 보이지만 AI를 제대로 활용하면 동시에 충족할 수 있습니다.

속도 : 시장은 24시간 움직인다

2025년 3월 어느 수요일 오후 9시, 미국 연준 의장의 기자회견이 끝나자마자 글로벌 금융 시장이 요동쳤습니다. "금리 동결 가능성"이라는 한 마디에 다우지수는 2% 급등했고, 달러는 약세로 돌아섰습니다. 다음 날 아침 9시, 한국 증시가 개장하기 전까지 국내 금융사들은 12시간이라는 시간을 가졌습니다. 이 짧은 시간 안에 무슨 일이 벌어질까요?

애널리스트들은 긴급 보고서를 작성해야 하고, PB들은 고객 문의에 대응할 준비를 해야 하며, 리스크 관리팀은 포트폴리오 영향도를 점검해야 합니다. 예전 같았으면 밤샘 작업이었을 것입니다. 하지만 이제 AI를 활용하는 금융인들은 다릅니다. 퍼플렉시티로 연준 의장 발언의 핵심 내용과 글로벌 시장 반응을 10분 만에 정리하고, 챗GPT로 국내 시장 영향도를 분석하며, 스카이워크 AI로 간단한 브리핑 자료를 30분 안에 완성합니다.

시장은 24시간 움직이지만 사람은 쉬어야 합니다. 뉴욕 증시 마감 시간은 한국 시간으로 새벽 5시 또는 6시입니다. 중국의 중요한 경제 지표는 한국보다 1시간 빠른 오전 10시에 발표됩니다. 유럽중앙은행 결정은 한국 시간 밤 9시 이후입니다. 글로벌 금융 시장이 연결된 시대에 금융인은 항상 깨어 있어야 하는 것처럼 느껴집니다. AI는 이 불가능한 요구를 가능하게 만듭니다. 리스크 관리팀의 사례처럼 AI는 주말에도 시장을 모니터링하고 중요한 이슈를 자동으로 포착해 알림을 보냅니다.

고객의 기대치도 달라졌습니다. 2020년 이전만 해도 고객들은 PB가 다음 날 전화를 걸어오기를 기다렸습니다. 하지만 이제는 다릅니다. 실시간 뉴스를 보고 유튜브에서 전문가 의견을 들으며, 온라인 커뮤니티에서 다른 투자자들과 정보를 교환합니다. "어제 미국 증시가 급등했는데 제 포트폴리오는 어떻게 되나요?"라는 문자가 오전 9시 전에 도착합니다. 고객이 질문하기 전에 PB가 먼저 연락하지 않으면 고객은 "이 PB는 시장을 제대로 보고 있는 걸까?" 하는 의구심을 품기도 합니다.

경쟁 환경도 치열해졌습니다. 같은 업권 내 경쟁사는 물론, 다른 금융권과도 경쟁해야 합니다. 은행 PB는 증권사 PB와 경쟁하고, 증권사 애널리스트는 글로벌 IB의 리포트와 비교당합니다. 심지어 로보어드바이저 같은 디지털 플랫폼도 경쟁 상대입니다. 고객은 "A증권은 어제 저녁에 벌써 분석 리포트를 보내왔는데, 여기는 왜 아직도 안 오죠?"라고 묻습니다. 그리고 더 빠른 서비스를 제공하는 곳으로 이동합니다.

여기서 중요한 인식의 전환이 필요합니다. AI 시대의 격언 중 하나는 "AI와 달리기 경주를 하려 하지 마라."입니다. AI가 10분 만에 처리하는 정보 수집 작업을 사람이 8시간 걸려서 한다면, 그것은 경쟁이 아니라 낭비입니다. AI와 사람의 시간은 다릅니다. 퍼플렉시티가 100개의 뉴스 기사를 5분 만에 요약하는 동안, 사람은 그 시간에 커피 한 잔도 마시지 못합니다. 중요한 것은 AI보다 빠르게 달리는 것이 아니라 AI를 타고 가는 것입니다. AI를 제대로 활용하는 금융인과 그렇지 않은 금융인의 격차는 시간이 갈수록 벌어질 것입니다.

하지만 속도만 빠르다고 좋은 것은 아닙니다. 금융에는 속도보다 더 중요한 것이 있습니다. 바로 신뢰입니다.

신뢰 : 금융인의 가장 중요한 자산

금융정보업체 에프앤가이드에 따르면, 3개 이상의 국내 증권사가 리포트를 낸 코스피 기업들의 '목표가 괴리율'은 평균 47%에 달합니다. 괴리율은 증권사가 제시한 목표주가와 실제 주가의 격차를 보여 주는 지표입니다. 대장주인 삼성전자의 괴리율은 50%를 넘었고, 일부 기업은 100%가 넘는 괴리율을 보였습니다. 증권사들이 제시하는 투자 의견도 문제입니다. 17개 국내 증권사의 매도 의견 비율은 0.1%에 불과하며, 14개 증권사는 아예 매도 의견이 하나도 없었습니다. 외국계 증권사의 매도 의견 비중이 평균 15%인 것과 비교하면 극명한 차이입니다.

왜 이런 현상이 발생할까요? 기업을 상대로 비즈니스를 해야 하는 증권사 입장에서 해당 기업의 눈치를 보기 때문입니다. 실적이 떨어지면 저가 매수를 하라고 하고, 실적이 좋아지면 추격 매수를 하라고 합니다. 결론은 항상 매수입니다. 이런 상황에서 투자자들은 증권사 리포트를 얼마나 신뢰할 수 있을까요? "증권사 리포트에서 가장 쓸모없는 게 목표주가"라는 말까지 나오는 이유입니다.

AI 시대에 이러한 신뢰 문제는 더욱 심각해질 수 있습니다. AI는 과거 데이터를 학습해 패턴을 찾아내는 데 탁월하지만, 만약 그 학습 데이터 자체가 왜곡되어 있다면 어떻게 될까요? 국내 증권사 리포트처럼 매수 의견이 99.9%인 데이터로 AI를 학습시키면 AI 역시 무조건 매수 의견을 내놓게 됩니다. 비현실적으로 높은 목표주가가 담긴 데이터로 학습하면 AI도 과도하게 낙관적인 전망을 제시할 것입니다.

금융에서 신뢰는 모든 것의 기반입니다. 고객은 자신의 소중한 자산을 금융인에게 맡깁니다. 그 결정의 근거는 수익률이나 상품의 매력도보다 "이 사람을 믿을 수 있는가?"입니다. PB B의 사례에서 제안 수용률이 상승한 것은 단순히 제안 내용이 좋아서가 아닙니다. 고객이 "이 PB는 나를 제대로 이해하고 있다."고 믿었기 때문입니다. 신뢰는 오랜 시간에 걸쳐 쌓이지만 무너지는 것은 한순간입니다.

2008년 글로벌 금융위기를 예견했던 『블랙 스완』의 저자 나심 탈레브는 또 다른 저서 『스킨 인 더 게임』에서 이렇게 말했습니다. "선택과 행동을 했으면 반드시 그 결과에 대해 직접 책임을 져야 한다." 증권사 리포트 말미에 아주 작은 글자로 쓰인 "본 내용은 투자 판단의 참고 사항이며,

최종 책임은 투자자에게 있습니다."라는 문구만으로는 책임에서 자유로울 수 없습니다. AI를 활용하더라도 마찬가지입니다. "AI가 그렇게 분석했습니다."는 변명이 될 수 없습니다. 최종 판단과 그에 따른 책임은 금융인의 몫입니다.

이것이 AI 활용에서 검증이 그토록 중요한 이유입니다. AI는 때로 잘못된 정보를 생성합니다. 챗GPT가 존재하지 않는 리포트를 인용하기도 하고, 수치 계산에서 오류를 범하기도 합니다. 이를 '환각 현상'이라고 부릅니다. 일반적인 업무에서는 이런 오류가 발견되면 수정하면 그만입니다. 하지만 금융에서는 다릅니다. 잘못된 수익률 하나, 틀린 목표주가 하나가 고객의 투자 판단을 왜곡하고, 그 결과는 실제 금전적 손실로 이어집니다.

애널리스트 A가 AI로 리포트 작성 시간을 6시간 단축했지만 검증에 10분을 반드시 투자하는 이유가 여기 있습니다. 퍼플렉시티가 제공한 뉴스 링크를 직접 클릭해서 원문을 확인하고, 라이너 AI가 요약한 경쟁사 리포트의 핵심 수치를 원본 PDF에서 재확인합니다. 챗GPT가 제안한 목표주가나 실적 전망은 반드시 공식 자료와 대조합니다. 6시간을 절약하고 10분을 검증에 쓰는 것, 이것이 금융인의 AI 활용법입니다.

더 나아가 금융 데이터의 특성상 맥락이 중요합니다. 같은 숫자라도 어떤 가정하에 나온 것인지, 어떤 시점의 데이터인지에 따라 의미가 완전히 달라집니다. "지난 분기 매출 20% 증가"라는 데이터가 전년 동기 대비인지, 전 분기 대비인지에 따라 해석이 다릅니다. AI는 이런 맥락을 놓칠 수 있습니다. 그래서 PB B는 AI가 분석한 고객 데이터를 활용하되 반드시 고객과의 실제 대화 내용을 함께 확인했습니다. 숫자만으로는 포착하기 어려운 고객의 진짜 니즈를 파악하기 위해서입니다.

속도와 신뢰, AI로 동시에 잡다

"빠르게 일하려면 검증을 포기해야 하는 것 아닌가?" 많은 금융인이 이런 고민을 합니다. 전통적으로는 속도와 정확도가 트레이드오프 관계였습니다. 하지만 AI와 3단계 워크플로는 이 딜레마를 해결합니다.

AI는 정보 수집 속도를 10배 이상 높여 주고, 절감된 시간은 오히려 더 철저한 검증에 투자됩니다. 예전에는 23개 출처만 확인했다면 이제는 56개 출처를 교차 검증할 여유가 생깁니다. 중요한 것은 2단계에서 '나만의 관점'을 더하는 것입니다. 목표주가 괴리율 47%, 매수 의견 99.9%라는 왜곡된 패턴을 AI가 학습했다고 해서 그것을 답습해서는 안 됩니다. 실제 시장 상황과 기업 펀더멘털을 냉철히 분석해 차별화된 인사이트를 제시해야 합니다. 3단계에서는 AI가 생성한 목표주가나 투자 의견이 과도하게 낙관적이거나 비관적이지 않은지 반드시 확인합니다.

애널리스트 A는 8시간을 2시간으로 줄이면서도 더 정확한 리포트를 만들었고, PB B는 상담 시간을 줄이면서도 제안 수용률을 30%p 높였습니다. 두 사례 모두 AI를 '검증 없는 자동화'가 아니라 '검증 가능한 효율화' 도구로 활용했기 때문입니다.

AI 시대, 금융인의 새로운 역할

정보 수집과 분석을 AI가 대신한다면 금융인은 무엇으로 가치를 증명할까요? 답은 판단과 책임입니다.

자본 시장이 발전하면서 분석력을 갖춘 개인투자자가 빠르게 늘고, 경제 유튜버들이 활발히 활동하는 상황입니다. 이런 환경에서 비현실적 낙표주가와 무조건적 매수 의견만 담긴 리포트는 설 자리가 없습니다. 금융인의 가치는 속도가 아니라 신뢰에 있습니다. 고객은 빠른 서비스가 아니라 믿을 수 있는 조언을 원합니다.

AI가 발전할수록 역설적으로 사람의 판단력이 더 중요해집니다. AI가 "평균 목표주가 괴리율 47%"라는 과거 패턴을 제시해도, "왜 그런가?", "이것이 시장에 어떤 영향을 미치는가?", "우리는 어떻게 달라야 하는가?"를 고민하는 것은 사람입니다. AI는 과거를 분석하지만 시장은 항상 새로운 변수를 만들어 냅니다. 그 변수를 포착하고 대응하는 것은 사람의 통찰력입니다.

결국 AI 시대의 금융인은 더 빠르게 움직이면서도 더 신뢰받는 전문가가 되어야 합니다. AI와 달리기 경주를 하는 것이 아니라 AI를 타고 가되 방향은 스스로 정해야 합니다. 속도는 AI에게 맡기고 판단은 우리가 하며 책임은 함께 지는 것, 이것이 금융인의 새로운 역할입니다.

다음 섹션에서는 이러한 역할을 제대로 수행하기 위해 필요한 AI 리터러시가 무엇인지 살펴보겠습니다. 단순히 도구를 다루는 기술을 넘어, AI에게 정확히 질문하고 그 결과를 올바르게 판단하는 능력에 대해 이야기하겠습니다.

4 AI 리터러시, 금융 역량의 새 기준

2025년 초 한 시중은행 인사팀에서 흥미로운 일이 있었습니다. PB 승진 심사에 새로운 평가 항목이 추가된 것입니다. 기존에는 '디지털 역량'이라는 이름으로 엑셀과 파워포인트 활용 능력만 평가했는데 여기에 'AI 도구 활용 및 결과 검증 능력'이 포함되었습니다. 단순히 챗GPT를 사용할 줄 아는지가 아니라 AI에게 어떤 질문을 던지고 그 답변을 어떻게 검증하는지를 평가하기 시작한 것입니다.

이것은 단순한 변화가 아닙니다. 금융권에서 요구하는 핵심 역량의 기준이 바뀌고 있다는 신호입니다. 과거에는 '정보를 많이 아는 사람'이 경쟁력 있었다면 이제는 'AI를 통해 정보를 빠르게 찾고 정확히 판단하는 사람'이 경쟁력을 갖게 되었습니다.

AI 리터러시란 무엇인가?

AI 리터러시는 단순히 AI 도구 사용법을 아는 것이 아닙니다. 그것은 3가지 핵심 역량으로 구성됩니다.

첫째, AI에게 정확히 질문하는 능력입니다. 같은 도구를 사용해도 누군가는 10분 만에 원하는 결과를 얻고, 누군가는 1시간을 써도 제대로 된 답을 받지 못합니다. 차이는 질문에 있습니다. "삼성전자 분석해 줘."라는 막연한 질문과 "삼성전자의 2024년 4분기 실적을 전년 동기 대비로 비교하고, HBM 사업 부문의 매출 비중 변화를 분석해 줘."라는 구체적 질문의 결과는 완전히 다릅니다.

둘째, AI의 결과를 비판적으로 검증하는 능력입니다. AI는 그럴듯한 답변을 내놓지만 항상 옳은 것은 아닙니다. 특히 금융 데이터에서 수치 오류나 잘못된 출처 인용은 치명적입니다. 애널리스트 A가 퍼플렉시티가 제공한 정보를 10분간 재검증하는 것, PB B가 AI 분석 결과를 고객 거래내역과 대조하는 것이 바로 이 능력입니다.

셋째, AI를 업무 맥락에 맞게 활용하는 능력입니다. 1단계 자료수집에는 퍼플렉시티가 적합하고, 2단계 분석에는 챗GPT가, 3단계 출력에는 감마나 스카이워크가 효과적입니다. 상황에 따라 적절한 도구를 선택하고 조합하는 것, 이것이 진짜 AI 활용 능력입니다.

도구 사용법이 아니라 질문하는 법이 중요하다

2024년 한 증권사 교육팀에서 재미있는 실험을 했습니다. 같은 과제를 주고 챗GPT를 사용하게 했습니다. "최근 반도체 산업 트렌드를 분석하고 투자 의견을 제시하시오." 결과는 놀라웠습니다. 같은 도구, 같은 과제였지만 나온 결과물은 천차만별이었습니다.

상위 20%는 이렇게 접근했습니다. 먼저 "2024년 반도체 산업의 주요 트렌드 5가지를 나열하고, 각각의 배경을 설명해 줘."라고 넓게 질문했습니다. 그 답변을 바탕으로 "이 중에서 AI 반도체 수요 증가가 삼성전자와 SK하이닉스의 실적에 미치는 영향을 구체적으로 비교 분석해 줘."라고 좁혀 갔습니다. 다시 "HBM 시장에서 두 기업의 경쟁 구도와 향후 전망을 2025년 1분기 기준으로 정리해 줘."라고 구체화했습니다. 단계적으로 질문을 정교화하며 원하는 인사이트를 도출해 낸 것입니다.

반면 하위 20%는 "반도체 산업 분석해 줘."라고 한 번 물어보고, 나온 답변을 그대로 복사했습니다. AI가 제공한 일반론적인 내용에 자신의 관점을 더하지 못했고, 수치의 정확성도 검증하지 않았습니다.

이것이 AI 리터러시의 핵심입니다. 도구는 누구나 쓸 수 있지만 어떻게 질문하느냐에 따라 결과가 달라집니다. 금융인에게 필요한 것은 '챗GPT 사용법'이 아니라 '챗GPT에게 금융 분석을 의뢰하는 법'입니다.

검증 없는 AI 활용은 위험하다

"AI가 그렇게 말했는데요?" 이것은 AI 시대에 가장 위험한 말입니다. 한 자산운용사에서 있었던 일입니다. 주니어 펀드매니저가 챗GPT로 특정 기업의 재무비율을 분석했는데, AI가 제시한 ROE(자기자본이익률) 수치가 실제보다 5%p 높았습니다. 그는 이를 검증하지 않고 투자위원회 보고서에 그대로 사용했고, 잘못된 정보를 바탕으로 투자 의사결정이 진행

될 뻔했습니다. 다행히 시니어 펀드매니저가 최종 검토에서 발견해 문제가 되지 않았지만, 만약 그대로 진행되었다면 수억 원의 잘못된 투자로 이어질 수 있었습니다.

AI는 3가지 유형의 오류를 범합니다. 첫째는 환각 현상입니다. 존재하지 않는 리포트를 인용하거나, 실제와 다른 수치를 제시합니다. 둘째는 맥락 오독입니다. 같은 숫자라도 전년 동기 대비인지 전 분기 대비인지에 따라 의미가 다른데, AI는 이를 혼동하기도 합니다. 셋째는 최신성 부족입니다. 2025년 초 데이터까지만 학습한 AI에게 2025년 최신 동향을 물으면, 과거 패턴을 바탕으로 추측한 답변을 제공합니다.

그래서 금융인에게는 검증 프로토콜이 필수입니다. AI가 제시한 모든 수치는 원본 출처를 확인합니다. 특히 재무제표, 목표주가, 수익률 같은 핵심 데이터는 반드시 공식 자료와 대조합니다. AI가 언급한 리포트나 기사는 실제로 존재하는지 링크를 클릭해 확인합니다. AI의 분석이 최신 시장 상황을 반영하고 있는지 발행일자를 체크합니다.

애널리스트 A가 6시간을 절약하면서도 10분을 검증에 투자하는 이유가 여기 있습니다. 빠른 것도 중요하지만, 틀린 정보로 빠르게 가는 것은 오히려 더 큰 손실을 만듭니다. AI 리터러시의 핵심은 '빠르게 활용하되 철저히 검증하는 것'입니다.

AI 리터러시를 높이는 실전 방법

그렇다면 금융인은 어떻게 AI 리터러시를 높일 수 있을까요? 3가지 실천 방법을 제안합니다.

첫째, 작은 업무부터 시작하는 것입니다. 처음부터 중요한 투자 보고서를 AI로 작성하려 하지 마십시오. 먼저 일일 시황 요약, 간단한 뉴스 정리, 회의록 작성 같은 부담 없는 업무로 연습하세요. 도구의 특성을 파악하고, 어떤 질문에 어떤 답이 나오는지 경험을 쌓는 것입니다. PB B도 처음에는 한두 명의 고객 상담 녹음을 텍스트로 변환하는 것부터 시작했습니다. 3개월간 50명으로 확대하며 신뢰도를 확인한 후에야 본격적으로 활용했습니다.

둘째, 실패를 기록하고 학습하는 것입니다. AI가 잘못된 답변을 준 경우, 왜 그랬는지 분석하고 기록하세요. "이렇게 물으니까 이런 오류가 나왔다.", "이 도구는 이런 유형의 질문에 약하다."는 패턴을 파악하면 점차 정확한 결과를 얻는 확률이 높아집니다. 어느 증권사 리서치센터는 팀 내부에 'AI 활용 노하우 위키'를 만들어 각자의 성공 사례와 실패 사례를 공유하고 있습니다.

셋째, 동료와 함께 성장하는 것입니다. AI 활용은 개인 역량이지만 팀으로 접근하면 더 빠르게 성장합니다. 누군가는 퍼플렉시티 활용에 능숙하고, 누군가는 챗GPT 프롬프트 작성을 잘합니다. 서로의 노하우를 공유하면 팀 전체의 AI 리터러시가 상승합니다. 한 은행 PB팀은 매주 금요일 오후에 30분씩 'AI 활용 케이스 공유 시간'을 운영하며, 이번 주에 AI로 해결한 업무 사례를 발표합니다.

새로운 경쟁 구도 : AI 리터러시 격차

5년 후 금융권은 두 그룹으로 나뉠 것입니다. AI를 제대로 활용하는 그룹과 그렇지 못한 그룹입니다. 같은 8시간을 일해도 전자는 후자보다 3~4배 많은 성과를 낼 것입니다. 애널리스트 A가 리포트 건수를 늘리고 기관투자가 만족도를 높인 것처럼, PB B가 제안 수용률을 상승시킨 것처럼 AI 리터러시는 개인의 경쟁력을 직접적으로 높입니다.

더 중요한 것은 AI 리터러시 격차가 시간이 지날수록 더 벌어진다는 점입니다. AI를 잘 쓰는 사람은 절감된 시간으로 더 깊이 있는 분석을 하고, 고객을 더 많이 만나며, 새로운 것을 더 빨리 학습합니다. 그 경험은 다시 AI 활용 능력을 높이는 선순환을 만듭니다. 반면 AI를 외면하는 사람은 여전히 8시간을 정보 수집에 쓰며, 경쟁자들이 빠르게 앞서가는 것을 지켜볼 수밖에 없습니다.

결국 AI 리터러시는 선택이 아니라 필수가 되었습니다. 엑셀을 다룰 줄 알아야 금융인이 될 수 있던 것처럼 이제는 AI를 제대로 활용할 줄 알아야 금융인으로 살아남을 수 있습니다. 하지만 이것은 위협이 아니라 기회입니다. AI 리터러시를 갖춘 금융인은 더 빠르고, 더 정확하며, 더 신뢰받는 전문가로 성장할 수 있습니다.

지금까지 우리는 AI가 금융 현장에서 어떻게 작동하는지, 3단계 워크플로가 무엇인지, 왜 금융인에게 AI가 특별히 중요한지, 그리고 AI 리터러시가 무엇인지 살펴보았습니다. 다음 장부터는 본격적으로 각 단계에서 어떤 도구를 어떻게 활용할 수 있는지 실전 사용법을 다루겠습니다.

Chapter 2

[1단계]

검증된 정보로 시작하는 금융인의 리서치 전략

1장에서 우리는 3단계 워크플로의 중요성을 확인했습니다. 그중에서도 1단계인 '자료수집 및 검증'이 가장 중요하다는 것을 강조했습니다. 잘못된 정보로 시작하면 아무리 뛰어난 분석과 멋진 출력물도 무용지물이 되기 때문입니다. 특히 금융에서는 단 하나의 수치 오류가 신뢰를 무너뜨리고, 투자 판단을 왜곡하며, 때로는 수억 원의 손실로 이어질 수 있습니다.

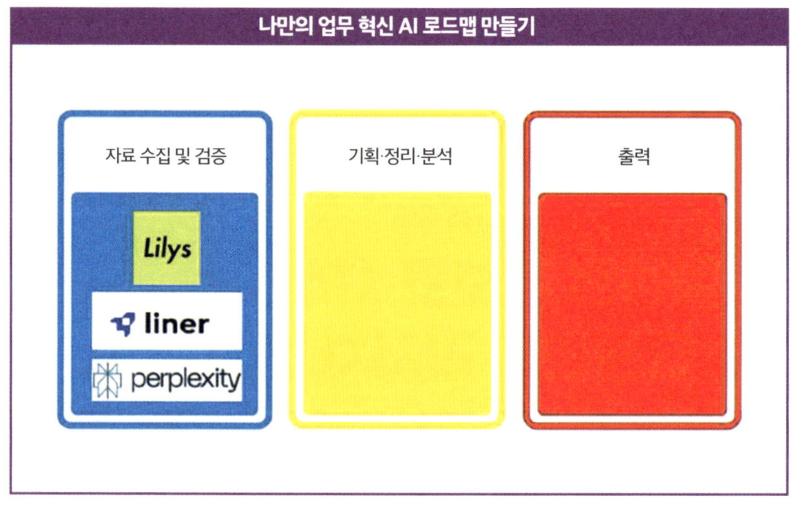

이번 장에서는 금융인이 1단계에서 활용할 수 있는 핵심 AI 검색 도구들을 살펴봅니다. 전통적인 구글 검색을 넘어, AI 기반 검색이 어떻게 금융 리서치의 속도와 정확도를 동시에 높일 수 있는지 확인하겠습니다. 라이너 AI로 신뢰할 수 있는 학술 자료를 찾고, 퍼플렉시티로 실시간 시장 반응을 포착하며, 릴리스 AI로 영상 콘텐츠에서 인사이트를 추출하는 실전 방법을 다룹니다. 모든 도구 설명에는 금융 업무에 특화된 시나리오와 즉시 사용 가능한 프롬프트가 포함되어 있습니다.

AI 검색 엔진의 진화 : 검색 패러다임의 변화

'삼성전자 목표주가'를 검색한다고 가정해 봅시다. 전통적인 구글 검색을 하면 수백 개의 링크가 나타납니다. 증권사 리포트, 뉴스 기사, 블로그, 유튜브 영상이 뒤섞여 있습니다. 이 중 어떤 것이 가장 신뢰할 만한 정보인지, 가장 최신 정보인지 판단하는 것은 온전히 여러분의 몫입니다. 각 링크를 하나씩 클릭해 들어가 내용을 읽고, 발행일자를 확인하며, 출처를 검증해야 합니다. 10개 증권사의 의견을 종합하려면 10개 링크를 일일이 방문해야 합니다.

AI 기반 검색은 이 과정을 근본적으로 바꿉니다. 같은 질문을 퍼플렉시티에 던지면, AI가 여러 출처를 동시에 검색하고 내용을 요약해 제시합니다. "삼성전자에 대한 최근 애널리스트 목표주가는 평균 7만 5천 원이며, 최고 8만 4천 원에서 최저 6만 8천 원까지 분포합니다."라는 종합된 답변과 함께 각 정보의 출처 링크가 함께 제공됩니다. 10개 사이트를 방문하는 대신, 하나의 화면에서 종합된 정보를 얻고 필요한 경우에만 원본을 확인할 수 있습니다.

하지만 이것은 단순한 속도 향상이 아닙니다. 검색 방식 자체가 변화한 것입니다. 전통적 검색은 '어디에 정보가 있는가?'를 찾아주고, AI 검색은 '정보가 무엇을 말하는가?'를 알려 줍니다. 전자가 낚싯대를 주는 것이라면, 후자는 물고기를 잡아서 손질까지 해 주는 것입니다. 금융인에게 중요한 것은 '어떤 사이트에 정보가 있는가?'가 아니라 '시장이 지금 무엇을 말하고 있는가?'이기 때문에 이 변화는 업무 방식의 혁신으로 이어집니다.

전통적 검색 vs AI 기반 검색의 차이

전통적 검색 엔진은 키워드 매칭 방식으로 작동합니다. 사용자가 입력한 단어가 포함된 웹페이지를 찾아 순위를 매기고 그 순위는 해당 사이트의 인기도, 링크 수, 최신성 등에 의해 결정됩니다. 그러나 이 방식에는 몇 가지 한계가 있습니다.

첫째, 맥락을 이해하지 못한다는 점입니다. 예를 들어, '애플 실적'을 검색하면 애플과 관련된 결과가 무수히 나오지만, 어떤 정보가 핵심인지 스스로 판단하지는 못합니다.

둘째, 정보를 종합하지 못합니다. 10개 증권사의 의견을 비교하려면 사용자가 10번 클릭해 내용을 직접 읽어야 합니다.

셋째, 질문에 답하지 못합니다. "삼성전자와 SK증권 중 어디에 투자해야 할까?"라고 물으면, 검색 엔진은 질문의 의도를 해석하지 못한 채 관련 링크만 나열할 뿐입니다.

AI 기반 검색은 자연어처리 기술로 질문의 의도를 이해합니다. "애플 실적"을 검색하면 애플사의 재무제표를 찾고, "삼성전자와 SK하이닉스 비교"라고 물으면 두 기업의 재무지표, 사업 구조, 시장 평가를 비교 정리해 줍니다. 여러 출처의 정보를 실시간으로 수집해 하나의 답변으로 종합하며, 각 정보의 출처를 함께 제시해 검증 가능성을 유지합니다. 마치 유능한 리서치 어시스턴트가 10개 사이트를 동시에 읽고 요약, 보고하는 것과 같습니다.

이 차이가 금융 업무에서 만드는 시간 격차는 상당합니다. 애널리스트 A가 8시간 걸리던 정보 수집을 30분으로 단축한 비결이 바로 여기에 있습니다. 그는 더 이상 브라우저 탭을 10개 열어 놓고 하나씩 읽지 않습니다. 대신 AI 검색 도구에 구체적인 질문을 던지고, 종합된 답변을 받은 후 핵심 출처만 선택적으로 검증합니다.

금융 정보 검색에서 중요한 4가지 요소

금융인의 검색은 일반인의 검색과 다릅니다. 맛집을 찾는 검색은 대략적인 정보로도 충분하지만 투자 판단을 위한 검색은 4가지 요소가 반드시 충족되어야 합니다.

첫째, 출처의 신뢰성입니다. 금융감독원 공시, 한국은행 통계, 상장사 IR 자료, 주요 증권사 리포트 같은 1차 출처와, 개인 블로그나 익명 커뮤니티 글은 신뢰도에서 큰 차이가 납니다. AI 검색 도구를 사용할 때도 이 구분은 여전히 중요합니다. 출처가 명시되지 않은 정보는 아무리 그럴듯해도 사용할 수 없습니다. 라이너 AI 같은 도구가 금융인에게 특히 유용한 이유는 학술 논문과 공식 보고서 중심으로 검색해 출처의 신뢰성을 기본적으로 확보하기 때문입니다.

둘째, 정보의 최신성입니다. 금융 시장은 하루가 다르게 변합니다. 한 달 전 리포트의 목표주가는 이미 의미가 없을 수 있습니다. 어제 발표된 연준 의장의 발언이 오늘 시장을 움직입니다. 전통적 검색은 날짜 필터를 직접 설정해야 하고, 그마저도 게시일과 실제 정보의 기준 시점이 다를 수 있습니다. 퍼플렉시티는 실시간 웹 크롤링으로 몇 시간 전에 올라온 뉴스도 포착하며, 답변에 정보의 발행 시점을 명시합니다. “2025년 10월 14일 오전 발표된 미국 소비자물가지수”처럼 구체적으로 제시되기 때문에 정보의 신선도를 즉시 판단할 수 있습니다.

셋째, 데이터의 정확성입니다. 숫자 하나가 틀리면 전체 분석이 무너집니다. 3만 5천 원과 3만 8천 원의 차이, ROE 12%와 17%의 차이는 투자 판단을 완전히 바꿔 놓습니다. AI는 때로 수치를 잘못 읽거나 계산 실수를 합니다. 그래서 중요한 숫자는 반드시 원본 출처로 돌아가 확인해야 합니다. AI 검색이 제공하는 출처 링크가 중요한 이유입니다. 퍼플렉시티나 라이너 AI가 제시한 수치를 그대로 믿지 말고, 링크를 클릭해 원본 문서에서 해당 숫자가 정확히 일치하는지 확인하는 것이 금융인의 검증 프로토콜입니다.

넷째, 맥락의 이해입니다. 같은 정보라도 어떤 맥락에서 나온 것인지에 따라 의미가 다릅니다. "매출 20% 증가"라는 헤드라인이 전년 동기 대비인지 전 분기 대비인지, 영업이익은 어떻게 변했는지, 시장 예상치는 어땠는지에 따라 해석이 달라집니다. 전통적 검색은 이 맥락을 파악하기 위해 기사 전체를 읽어야 했습니다. AI 검색은 이 맥락을 함께 제시합니다. "매출은 전년 대비 20% 증가했으나 영업이익률은 2%p 하락했으며, 시장 예상치인 25% 증가에는 미치지 못했다."처럼 전후 맥락을 종합해 줍니다.

이 4가지 요소를 모두 충족하는 정보 수집, 이것이 금융인의 1단계 목표입니다. AI 검색 도구는 이 과정을 빠르게 만들어 주지만, 검증 책임은 여전히 사용자에게 있습니다. 다음 섹션부터는 이 4가지 요소를 충족하면서도 효율적으로 정보를 수집할 수 있는 3가지 핵심 도구, 즉 라이너 AI, 퍼플렉시티, 릴리스 AI를 구체적으로 살펴보겠습니다. 각 도구가 언제 유용하고, 어떻게 활용하며, 무엇을 주의해야 하는지 실전 중심으로 다룹니다.

1 라이너(Liner) AI : 학술·보고서 중심 검색

라이너 AI는 단순한 AI 검색 도구를 넘어, 신뢰할 수 있는 정보 탐색과 효율적인 지식 관리를 지원하는 차세대 AI 리서치 플랫폼입니다. 국내 스타트업에서 만든 서비스로 전 세계 1,300만 명 이상의 사용자를 확보하며 글로벌 시장에서 주목받고 있는 자랑스런 대한민국의 대표적 AI 도구입니다.

"ESG 투자 전략을 수립하려는데, 신뢰할 수 있는 최신 연구 자료가 필요합니다."

한 자산운용사 펀드매니저의 요청입니다. 구글에서 'ESG 투자 전략'을 검색하면 수천 개의 결과가 나오지만, 대부분은 언론 기사나 마케팅 자료입니다. 정작 필요한 것은 학술적 근거가 있는 연구 논문이나 글로벌 금융기관의 공식 리포트입니다. 이런 자료들은 일반 검색 결과 뒤쪽에 묻혀 있거나, 유료 데이터베이스에 갇혀 있어 찾기 어렵습니다.

라이너 AI는 이 문제를 해결합니다. 학술 논문, 연구 보고서, 정부 기관

발행 자료를 우선적으로 검색하는 AI 도구로 금융인이 필요로 하는 '근거 있는 정보'를 빠르게 찾아줍니다. 단순한 검색 엔진이 아니라 논문과 보고서를 읽고 핵심 내용을 추출해 주는 리서치 어시스턴트에 가깝습니다.

라이너 AI의 특징과 강점

라이너 AI의 가장 큰 강점은 정보의 출처 품질입니다. 일반 웹 검색과 달리 학술 데이터베이스, 정부 기관 리포트, 주요 싱크탱크 연구 자료, 국제기구 보고서 같은 신뢰도 높은 출처에 집중합니다. 구글 학술검색(Google Scholar)이나 ResearchGate 같은 학술 플랫폼의 자료를 포함하며, PDF 형태의 긴 보고서도 읽고 요약할 수 있습니다.

두 번째 강점은 하이라이팅과 노트 기능입니다. 50페이지짜리 IMF 보고서에서 한국 경제 전망 부분만 필요하다면, 라이너 AI는 해당 섹션을 자동으로 찾아 하이라이트 표시를 해 줍니다. 중요한 문장에 메모를 남기고, 나중에 다시 참조할 수 있어 개인 리서치 라이브러리를 구축하는 데 유용합니다. 여러 논문에서 같은 주제에 대한 내용을 모아 비교하는 것도 가능합니다.

세 번째 강점은 다국어 지원입니다. 영어로 작성된 논문이나 보고서를 한국어로 요약해 주고, 반대로 한국어 질문으로 영어 자료를 검색할 수도 있습니다. 글로벌 금융 트렌드를 연구하는 금융인에게 언어 장벽을 낮춰 주는 것입니다.

라이너 AI 활용법

먼저 검색창에 '라이너 AI'를 입력해 홈페이지에 접속합니다. 구글 계정과 연동해 가입할 수 있습니다. 간단한 회원 가입 과정을 마치면 아래와 같은 메인 화면이 나타납니다.

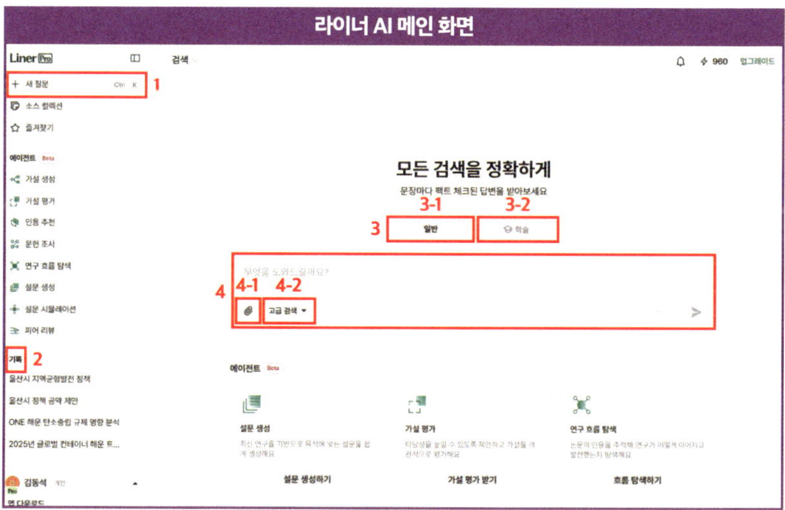

1. [+ 새 질문] : 이전 대화에 영향을 받지 않고 새 대화를 시작한다.
2. [기록] : 이전 대화 내용을 기억할 수 있다. 이전 채팅을 불러와서 언제든 이어서 대화가 가능하다.
3. 모드(Mode) 선택

3-1. 신뢰 기반의 AI 검색

라이너 AI는 검색 결과의 각 문장마다 정확한 출처를 제공하여, 사용자가 정보의 신뢰성을 빠르게 판단할 수 있도록 돕는다. 특히 학술 연구나 보고서 작성 시 유용하며, AI의 환각 문제를 최소화한다.

3-2. 학술 모드 및 딥 리서치

라이너 AI의 학술 모드는 2억 건 이상의 학술 논문 데이터를 기반으로, 논문 링크, 저자, 피인용 횟수, 출간 연도 등의 정보를 제공하여 깊이 있는 답변을 제공한다.

4. 프롬프트 입력창: [무엇을 도와드릴까요?]라고 써 있는 프롬프트 창에 질문 또는 요청할 내용을 입력하고 '엔터' 또는 프롬프트 입력창의 우측 아이콘을 클릭한다

4-1. 파일 첨부 : 내 디바이스 내 파일[PDF, 워드, CSV, 엑셀. 텍스트파일(.txt) 등 문서], 이미지 등을 첨부할 수 있다.

4-2. 고급 검색

기본 검색 : 핵심만 정확하게 답변 받기

고급 검색 : 더 많은 출처로 깊이감 있는 답변 받기

딥 리서치 : 방대한 자료를 정리된 보고서 형태로 답변 받기

라이너 AI는 사용자의 질문을 분석한 뒤 해당 주제에 맞는 웹페이지나 문서 링크를 AI가 직접 찾아 들어가 읽고, 그 내용을 요약해 보여 주는 가장 대표적인 AI 기반 검색 서비스입니다. 기존 검색처럼 수많은 링크를 나열하는 방식이 아니라 AI가 먼저 내용을 읽고 정리한 후 핵심만 요약된 정보를 제공하므로 정보 탐색에 드는 시간을 획기적으로 줄여 줍니다.

라이너 AI 답변 생성 화면

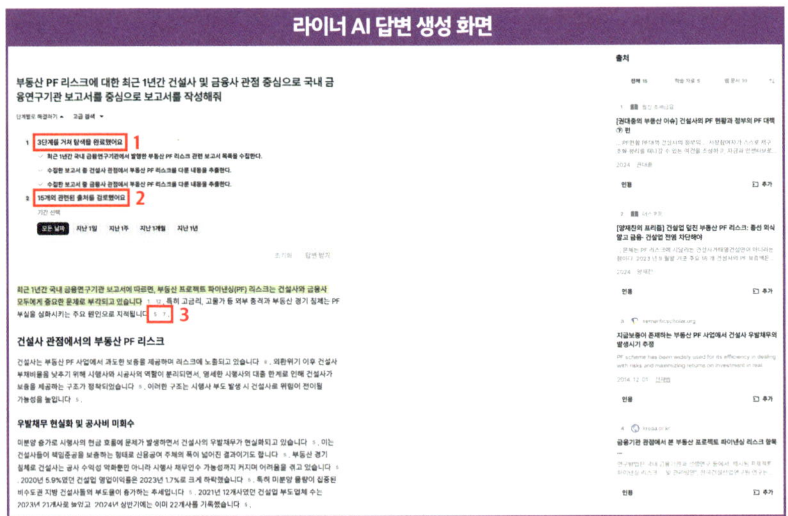

1. 질문 세분화 : 사용자의 질문의 의도를 파악하고 세분화 과정을 거쳐 디테일하게 자료를 탐색한다.
2. 출처 리스트 : 사용자의 질문을 분석해 주제에 맞는 문서의 링크를 나열해 준다.
3. 출처 라벨링 : 해당 내용이 어떤 출처에서 왔는지를 표시해 준다.
각 문장마다 출처를 명확히 표기해 신뢰성 있는 정보에 기반한 답변을 받을 수 있다는 장점을 가지고 있다. 특히 복잡한 주제나 학술적 내용에 대해 빠르고 정확한 정보를 찾고자 할 때 유용한 도구이다.

라이너 AI의 검색은 단순히 텍스트 요약으로 끝나지 않습니다. 답변 이후 사용자가 개념을 더 잘 이해하고, 주제를 더 깊이 탐색할 수 있도록 돕는 3가지 강력한 보조 기능을 함께 제공합니다.

이 기능들은 단순한 정보 전달을 넘어서 사용자의 사고를 확장시키고, 다음 질문으로 나아가게 만드는 중요한 역할을 합니다.

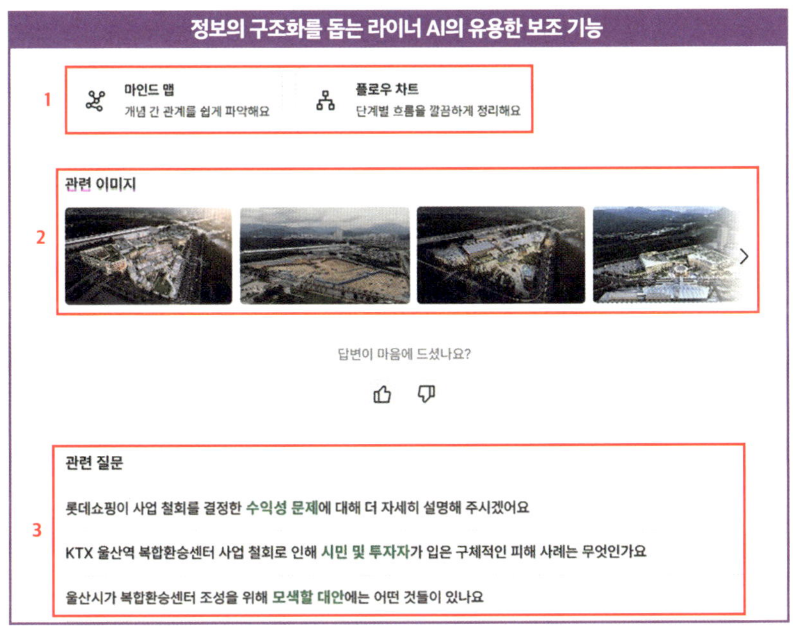

1. 마인드 맵 & 플로우 차트 : 개념과 흐름을 한눈에 보여 준다.
   라이너 AI는 주요 키워드 간의 관계를 마인드 맵 형태로 시각화해 제공한다. 이는 단순한 문장 나열보다 더 빠르게 정보 구조를 파악하고, 주제의 맥락을 이해하는 데 효과적이다. 또한 특정 주제가 시간 흐름이나 절차 중심의 개념일 경우, 플로우 차트 형식으로 정보를 정리해 보여 준다. '단계별 프로세스'나 '업무 흐름', '변화의 순서'를 직관적으로 파악할 수 있어, 업무 보고서나 기획서를 정리할 때도 매우 유용하다.
2. 관련 이미지 : 시각적 이해를 높이는 직관적 정보를 제공한다.
   텍스트와 함께 제공되는 관련 이미지(차트, 그래프, 인포그래픽 등)는 복잡한 데이터를 훨씬 쉽게 이해하도록 도와준다. 특히 통계, 비즈니스 전략, 시장 동향, 개념 모델 등의 주제를 다룰 때 정보의 신뢰성과 전달력 모두를 강화시키며, 신뢰도 높은 출처에서 가져온 이미지들을 함께 제시하여 검색 결과를 텍스트 중심에서 시각 중심의 정보 탐색 경험으로 전환시켜 준다.
3. 관련 질문 : 질문에서 질문으로, 사고의 꼬리를 잇는다.
   라이너 AI가 제공하는 또 하나의 강력한 기능은 '관련 질문' 제시 기능이다. 이는 단순히 사용자 질문에 답을 주는 데서 멈추지 않고, 생각의 확장을 유도하는 꼬리 질문을 제안해 준다. 이러한 질문 유도는 단순한 궁금증 해결을 넘어서 사용자 스스로가 질문의 범위를 넓히고, 관점을 확장하며, 다음 콘텐츠로 나아가도록 유도한다. 이는 개념을 확장하고 더 좋은 답변을 얻기 위한 후속 질문 활용에 매우 유익한 기능이다.

금융인에게 특별한 이유

라이너 AI가 금융인에게 특별히 유용한 이유는 3가지입니다.

첫째, 규제 대응과 컴플라이언스입니다. 금융당국에 제출하는 보고서나 내부 정책 문서를 작성할 때는 근거의 출처가 명확해야 합니다. "어느 블로그에서 봤다."는 통하지 않지만, "한국은행 2024년 금융안정보고서 32페이지에 따르면"은 명확한 근거가 됩니다. 라이너 AI는 이런 공신력 있는 출처를 우선적으로 찾아주고, 인용 정보를 함께 제공합니다.

둘째, 전략 수립의 학술적 기반입니다. 새로운 투자 전략이나 상품을 기획할 때 단순한 아이디어가 아니라 이론적 배경이 필요합니다. ESG 투자의 효과성, 분산투자의 최적 비율, 대체투자의 포트폴리오 기여도 같은 주제는 학술 연구로 뒷받침될 때 설득력이 높아집니다. 라이너 AI는 관련 논문을 찾아 핵심 결론과 데이터를 추출해 주어 전략 보고서의 이론적 섹션을 빠르게 채울 수 있게 합니다.

셋째, 산업 분석의 깊이입니다. 특정 산업을 분석할 때 언론 기사만으로는 부족합니다. 산업 구조, 기술 트렌드, 규제 환경, 글로벌 경쟁 구도를 이해하려면 산업연구원, 한국무역협회, OECD, 맥킨지 같은 기관의 심층 보고서가 필요합니다. 라이너 AI는 이런 자료들을 빠르게 찾아주고, 수백 페이지를 읽지 않아도 핵심 내용을 파악할 수 있게 해 줍니다.

따라 하기 실전 프롬프트

라이너 AI를 효과적으로 사용하려면 프롬프트를 구조화해야 합니다. 막연하게 "ESG 알려 줘."가 아니라 구체적인 질문 형태로 만드는 것입니다.

기본 검색 프롬프트 공식

[주제]에 대한 [기간] [출처 유형] 자료를 찾아줘. [특정 관점이나 지역] 중심으로.

예시) 부동산 PF 리스크에 대한 최근 1년간 국내 금융연구기관 보고서를 찾아줘. 건설사 및 금융사 관점 중심으로.

예시) AI 반도체 시장 전망에 대한 2024년 주요 시장조사기관 리포트를 찾아줘. 시장 규모와 성장률 데이터 중심으로.

심화 검색 프롬프트 공식

[주제]에 대한 학술 논문 중 [특정 결론이나 발견]을 제시한 연구를 찾아줘. [방법론이나 데이터셋] 정보 포함.

예시) 고금리가 은행 순이자마진에 미치는 영향을 분석한 2023~24년 학술 논문을 찾아줘. 한국 시중은행 데이터를 사용한 연구 우선.

예시) 분산투자 최적 자산 수에 대한 실증 연구를 찾아줘. 포트폴리오 이론 기반 정량 분석 논문 중심으로.

교차 검증 프롬프트 공식

[주장이나 데이터]에 대해 여러 출처에서 어떻게 평가하는지 비교해 줘. 의견이 일치하는 부분과 다른 부분을 구분.

예시) 2025년 미국 경기침체 가능성에 대해 IMF, OECD, 주요 투자은행의 전망을 비교해 줘. 전망치와 근거를 중심으로.

예시) ESG 투자 성과에 대한 긍정적 연구와 부정적 연구를 각각 찾아 비교해 줘. 연구 방법론 차이 포함.

라이너 AI는 금융인이 신뢰할 수 있는 정보의 바다에서 진주를 빠르게 찾도록 도와줍니다. 하지만 진주가 진짜인지 확인하는 것은 여전히 금융인의 책임입니다. 다음 섹션에서는 라이너 AI와는 정반대 성격의 도구로 실시간성과 속도에 강점이 있는 퍼플렉시티를 살펴보겠습니다.

2 퍼플렉시티(Perplexity) : 실시간 시장 동향 검색

2025년 3월 어느 수요일 오후 9시 30분, 미국 연준 의장이 기자회견을 마쳤습니다. "인플레이션 둔화 추세가 명확해 다음 회의에서 금리 동결을 진지하게 고려할 것"이라는 발언이 나왔고, 뉴욕 증시는 즉각 반응했습니다. 다우지수 +1.8%, 나스닥 +2.3%, 달러인덱스 -0.7%. 한국 시간으로 다음 날 오전 9시 개장까지 11시간 30분, 국내 증권사 애널리스트들은 긴급 브리핑 자료를 준비해야 합니다.

과거 같았으면 블룸버그와 로이터를 뒤지고, 주요 투자은행 코멘트를 찾아 읽으며, 경제 전문가들의 트위터를 확인하는 데 2~3시간은 걸렸을 것입니다. 하지만 퍼플렉시티를 사용하면 이 시간이 10분으로 줄어듭니다. 실시간으로 웹을 크롤링해 최신 뉴스, 전문가 의견, 시장 반응을 종합해 주기 때문입니다.

퍼플렉시티의 특징과 강점

퍼플렉시티의 가장 큰 강점은 실시간성입니다. 일반 챗GPT가 2024년 데이터까지만 알고 있다면, 퍼플렉시티는 지금 이 순간 발행되고 있는 뉴스까지 검색합니다. 연준 의장 발언이 오후 9시 30분에 나온 경우 10시에 퍼플렉시티에 질문하면 이미 블룸버그, CNBC, 로이터, WSJ의 속보와 전문가 코멘트를 종합한 답변을 받을 수 있습니다. 정보의 신선도가 생명인 금융 시장에서 이보다 중요한 기능은 없습니다.

둘째 강점은 다중 소스 통합입니다. 하나의 질문에 대해 여러 언론사와 전문가의 의견을 동시에 검색해 비교, 제시합니다. "연준 금리 동결 가능성"을 검색하면, 월스트리트저널은 긍정적으로 평가하고, 파이낸셜타임즈는 신중한 입장이며, 골드만삭스는 여전히 6월 인상 가능성을 보고 있다는 식으로 다양한 관점을 한눈에 볼 수 있습니다. 이는 편향을 피하고 균형 잡힌 시각을 유지하는 데 도움이 됩니다.

셋째 강점은 대화형 심화 검색입니다. 첫 번째 질문에 대한 답변을 받은 후, 추가 질문을 이어 갈 수 있습니다. "연준 금리 동결 가능성은?"이라고 물었다면, 그다음에 "이것이 한국 증시에 미치는 영향은?"이라고 자연스럽게 이어 갈 수 있습니다. 퍼플렉시티는 이전 대화의 맥락을 이해하고 있어, 매번 배경을 다시 설명할 필요가 없습니다. 마치 똑똑한 동료와 브레인스토밍하는 것처럼 사고를 확장할 수 있습니다. 그럼 직접 사용해 볼까요?

퍼플렉시티 활용법

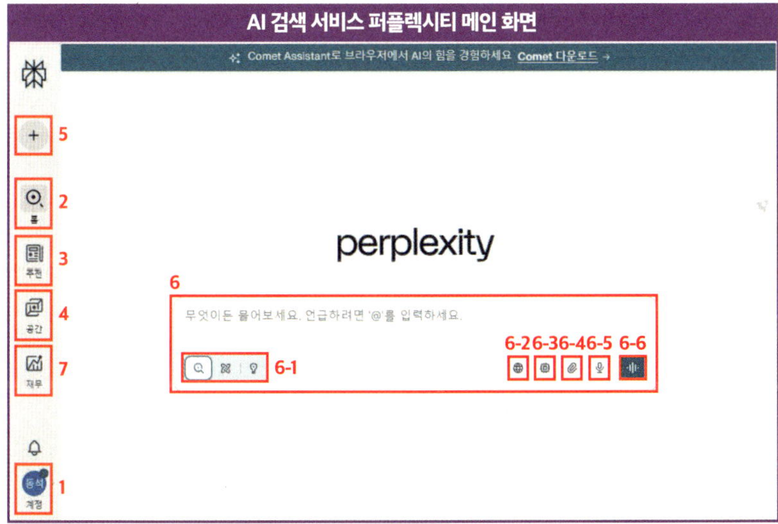

1. 좌측 하단 'Sign Up' 클릭 후 구글, 애플 계정으로 회원 가입을 한다.
2. Home(홈) : 대화를 이어가다 새로운 대화(질문)를 할 때 클릭한다.
3. Discover(추천) : 다양한 주제와 최신 트렌드를 탐색할 수 있는 기능이다.
4. Spaces(공간) : 특정 주제에 대한 대화를 저장하고 관리할 수 있는 기능이다.
5. Library(도서관) : 사용자가 검색하고 생성했던 정보를 확인할 수 있다.
6. 프롬프트 입력창 : 질문이나 요청할 내용을 입력한 뒤 '엔터' 키를 누르거나 입력창 우측의 아이콘을 클릭하면 AI가 답변을 생성한다.

6-1. 답변 모드 선택 : 입력한 질문에 대해 어떤 방식으로 답변을 받을지 사용자가 선택할 수 있다. 기본값은 'Auto(자동)'이며, 더 정밀한 결과를 원할 경우 다른 모드를 선택할 수 있다.

- Pro : 일반보다 3배 더 많은 소스를 바탕으로 상세한 답변을 제공한다.
- Reasoning(추론) : 고급 문제 해결에 특화된 분석 중심 모드다.
- Deep Research(심층 연구) : 복잡한 주제에 대해 깊이 있는 보고서 스타일의 답변을 생성한다.

6-2. 각 질문에 대한 최적의 답변 생성 모델을 선택할 수 있다.

6-3. 소스 설정 기능 : 검색에 활용할 자료의 출처를 사용자가 설정할 수 있다. 웹(Web), 학술/논문(Scholarly), 소셜 미디어(Social) 모드 중 선택 가능하다.

6-4. 파일 첨부 기능 : 텍스트 외에도 문서나 파일을 첨부해 AI 분석에 활용할 수 있다.

6-5. 받아쓰기 : 음성으로 질문을 입력할 수 있다.

6-6. 세부 조건 설정 후 실행 : 질문 입력과 옵션 설정을 마친 뒤 클릭하면 조건에 맞는 맞춤형 답변이 생성된다.

7. 재무 : 주요 재무현황, 거래내역, 예산관리 등 기업의 재무 정보를 빠르게 조회할 수 있는 메뉴

따라 하기 실전 프롬프트

퍼플렉시티는 자연스러운 대화형 질문이 가능하지만, 명확한 구조를 갖춘 프롬프트가 더 정확한 답변을 이끌어 냅니다.

긴급 시황 파악 프롬프트 공식

[시간대] [이벤트] 주요 내용과 [시장/자산] 반응을 정리해 줘. [구체적 지표]도 포함.

예시) 오늘 오전 발표된 미국 소비자물가지수 주요 내용과 채권 시장 반응을 정리해 줘. 10년물 국채 수익률 변화 포함.

예시) 어제 테슬라 실적 발표 주요 내용과 주가 반응. 애널리스트 목표주가 변경 사항도 포함.

다중 관점 비교 프롬프트 공식

[이슈]에 대해 [기관A, 기관B, 기관C]의 입장을 비교해 줘. 각각의 주요 근거 포함.

예시) 2025년 미국 경기 전망에 대해 IMF, 골드만삭스, JP모건의 입장을 비교해 줘. GDP 성장률 전망치 포함.

예시) 엔비디아 주가 고평가 논란에 대해 강세론자와 약세론자의 주장을 비교해 줘. 주요 근거 포함.

시계열 트렌드 분석 프롬프트 공식

[기간] 동안 [주제]의 주요 변화와 시장 반응. 시간 순서대로 정리.

예시) 최근 1주일간 코스피 지수 변동과 주요 이슈. 외국인 매매동향 포함해 시간 순서대로.

예시) 지난 3개월간 반도체 업종 관련 주요 뉴스와 관련주 주가 반응. 월별로 정리.

그럼 가상의 상황을 하나 설정해 보겠습니다.

아침에 출근을 하니 사무실 공기가 묘하게 긴장되어 있다.

"지금 시장 분위기 봤어요?"

부장의 목소리는 다급했다.

"코스피가 2% 빠졌고, 환율은 1,400원 근처까지 갔습니다. 이게 단순 조정인지 외국인 매도세 때문인지 정리가 안 돼 있어요. 오전 회의 전에 지난 일주일간의 흐름을 시간 순으로 한눈에 볼 수 있게 정리해 줘요. 특히 외국인 매매 동향, 금리 변동, 업종별 반응은 꼭 포함해야 합니다."

말이 끝나자 두 직원의 표정이 갈렸다.

AI를 다룰 줄 모르는 직원 A는 키보드 앞에서 깊은 한숨을 내쉬었다. 먼저 증권사 리포트를 열고, KRX 통계 시스템에 접속하고, 뉴스 검색창을 켜고, 탭을 6개쯤 띄운다. 어느 기사가 중요한지 가늠하기 어렵고, 외국인 순매수 데이터를 엑셀에 일일이 옮겨 적는다. 업종별 등락률은 새벽 뉴스에서 복사해 붙이지만 포맷은 제각각이다. 시간은 흐르고, 머릿속은 복잡해진다.

"이걸 오전 회의 전까지 끝내야 한다고?"

반면, AI를 익숙하게 쓰는 직원 B는 다르게 움직였다. 그는 바로 퍼플렉시티 창을 열어 프롬프트를 입력했다.

"최근 1주일간 코스피 지수 변동과 주요 이슈를 시간 순으로 정리. 외국인 매매 동향, 금리 변동, 업종별 반응 포함. 수치 근거와 출처 명시."

1. 내가 입력한 질문이 나오는 화면이다.
2. AI 검색이 답변 생성 시 참고한 레퍼런스다. (이번 질문에서는 10개의 자료를 기반으로 답변을 생성)
2-1. 이미지 : 답변 생성 시 참고로 사용된 이미지/그래프
2-2. 출처 : 이번 질문에서 사용된 출처(출처를 클릭하면 리스트를 확인할 수 있다.)
2-3. 단계 : 해당 질문에 대한 답변을 끌어내기 위해 어떠한 단계를 거쳤는지를 보여 준다.
3. 질문에 대한 답변이 생성되는 공간, 답변 문장 뒤쪽에 출처 아이콘(파란색 상자)이 보인다. 클릭 시 해당 자료로 이동이 가능하다.

정보의 구조화를 돕는 퍼플렉시티의 유용한 보조 기능

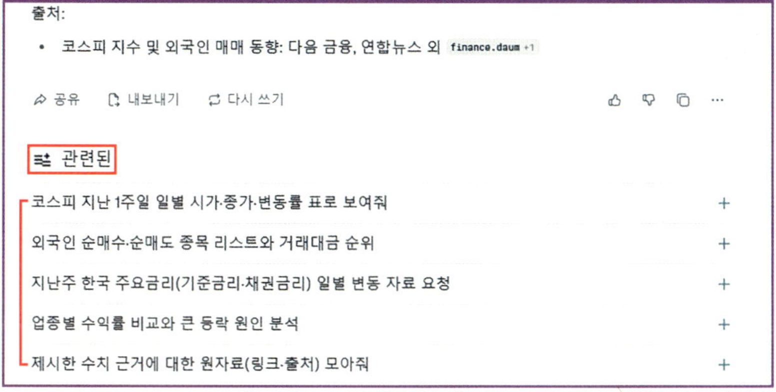

출처:

- 코스피 지수 및 외국인 매매 동향: 다음 금융, 연합뉴스 외 finance.daum +1

공유 내보내기 다시 쓰기

관련된

코스피 지난 1주일 일별 시가·종가·변동률 표로 보여줘 +

외국인 순매수·순매도 종목 리스트와 거래대금 순위 +

지난주 한국 주요금리(기준금리·채권금리) 일별 변동 자료 요청 +

업종별 수익률 비교와 큰 등락 원인 분석 +

제시한 수치 근거에 대한 원자료(링크·출처) 모아줘 +

퍼플렉시티의 검색은 단순히 텍스트 요약으로 끝나지 않습니다. 답변 이후 사용자가 개념을 더 잘 이해하고, 주제를 더 깊이 탐색할 수 있도록 돕는 강력한 보조 기능을 함께 제공합니다. 바로 관련 질문 기능입니다. 사용자의 최초 질문을 분석하고 찾아진 자료들을 바탕으로 추가질문을 추천해 줍니다. 다시 말해 질문에서 질문으로, 사고의 꼬리를 잇도록 도와줍니다. 이는 단순히 사용자 질문에 답을 주는 데서 멈추지 않고, 생각의 확장을 유도하는 꼬리 질문을 제안해 줍니다.

이러한 질문 유도는 단순한 궁금증 해결을 넘어서 사용자 스스로 질문의 범위를 넓히고, 관점을 확장하며, 다음 콘텐츠로 나아가도록 유도합니다. 이는 개념을 확장하고 더 좋은 답변을 얻기 위한 후속 질문 활용에서 매우 유익한 기능입니다.

AI를 다룰 줄 모르는 직원 A와 AI를 익숙하게 쓰는 직원 B는 어떻게 되었을까요?

직원 A는 여전히 수십 개의 탭을 전전하며 자료를 복사하고 있었고, 직원 B는 이미 부장에게 메신저로 "초안 올렸습니다."라는 메시지를 보냈습니다.

두 사람의 차이는 단순히 속도만이 아니었습니다. 주어진 미션을 AI 도구로 능숙하게 처리하는 사람은 복잡한 정보를 빠르게 구조화해 내는 반면, AI를 제대로 활용하지 못하는 사람은 끝없이 쏟아지는 정보 속에서 방향을 잃기 쉬웠습니다.

결국 회의실에서 평가 기준은 '누가 더 열심히 일했는가?'가 아니라 '누가 더 스마트하게 일했는가?'로 바뀌었습니다.

라이너 AI vs 퍼플렉시티 선택 가이드

두 도구는 상호 보완적입니다. 언제 어떤 것을 떠야 할까요?

라이너 AI를 써야 할 때

중장기 전략 수립이나 보고서 작성처럼 신뢰도와 깊이가 중요한 경우입니다. ESG 투자 전략을 만들거나, 산업 구조를 분석하거나, 규제 대응 방안을 마련할 때는 학술 논문과 공식 보고서가 필요합니다. 출처의 권위가 중요하고, 시간적 여유가 있으며, 근거가 명확해야 하는 작업에 적합합니다. 발행 날짜가 며칠 전이어도 무방하고, 오히려 검증된 자료가 중요한 경우입니다.

퍼플렉시티를 써야 할 때

긴급 시황 대응이나 실시간 의사결정처럼 속도와 최신성이 중요한 경우입니다. 연준 의장 발언 직후, 기업 실적 서프라이즈 발생 시 지정학적 리스크 급등 시처럼 '지금 당장' 정보가 필요할 때 사용합니다. 고객 문의에 즉각 대응해야 하거나, 당일 투자 판단을 내려야 하는 상황에 적합합니다. 몇 시간, 심지어 몇십 분 전 정보가 중요한 경우입니다.

두 도구 병행 활용 전략

가장 효과적인 방법은 두 도구를 함께 쓰는 것입니다. 예를 들어, 「AI 반도체 투자 전략」 보고서를 작성한다면, 먼저 라이너 AI로 AI 반도체 시장의 구조적 특성, 장기 성장 전망, 주요 플레이어 분석 같은 기초 자료를 확보합니다. 그다음에 퍼플렉시티로 최근 일주일간 업계 동향, 주요 기업 발표, 애널리스트 의견 변화 같은 최신 정보를 추가합니다. 라이너 AI가 보고서의 '뼈대'를 만든다면, 퍼플렉시티는 '살'을 붙이는 것입니다.

또 다른 전략은 검증 체인입니다. 퍼플렉시티로 빠르게 정보를 수집한 후, 중요한 주장이나 수치는 라이너 AI로 학술적 근거를 찾아 보강하는 것입니다. "AI 반도체 수요가 2025년 폭증할 것"이라는 뉴스를 퍼플렉시티에서 발견했다면, 라이너 AI에서 "AI

컴퓨팅 수요 증가율" 관련 시장조사 보고서를 찾아 근거를 강화합니다. 속도는 퍼플렉시티로, 신뢰도는 라이너 AI로 확보하는 이중 전략입니다.

퍼플렉시티는 금융 시장의 빠른 호흡에 맞춰 움직이는 금융인의 필수 도구입니다. 하지만 속도가 빠른 만큼 검증도 빨라야 합니다. 실시간 뉴스 중에는 오보나 과장도 섞여 있을 수 있으니 중요한 의사결정 전에는 반드시 복수 출처를 확인해야 합니다. 다음 섹션에서는 텍스트가 아닌 영상과 음성에서 인사이트를 추출하는 도구, 릴리스(Lilys) AI를 살펴보겠습니다.

3 릴리스(Lilys) AI : 영상·음성 콘텐츠 자료 확보

2025년 어느 금요일 오후, 한 증권사 PB가 고민에 빠졌습니다. 주말 동안 개최된 글로벌 경제 포럼에서 주요 경제학자들이 2025년 경기 전망을 발표했고, 그 내용이 3시간짜리 유튜브 영상으로 올라왔습니다. 월요일 아침 고객 미팅에서 이 내용을 브리핑해야 하는데, 3시간짜리 영상을 주말에 다 볼 시간이 없습니다. 자막도 없고, 빨리 감기로 보면 핵심을 놓칠 것 같습니다.

과거 같았으면 포기하거나 일요일 저녁을 반납했을 것입니다. 하지만 이제 릴리스 AI가 있습니다. 유튜브 링크를 입력하고 5분을 기다리면 3시간짜리 영상이 핵심 요약, 타임라인별 정리, 주요 발언 인용구까지 깔끔하게 정리됩니다. 금융인에게 정보는 텍스트만 있는 것이 아닙니다. 오히려 요즘은 영상 콘텐츠가 더 많습니다. 기업 IR 프레젠테이션, 경제 전문가 유튜브, 산업 컨퍼런스 녹화본, 고객 상담 녹음까지. 이 모든 것에서 인사이트를 빠르게 추출할 수 있다면 업무 효율은 또 한 번 도약합니다.

릴리스 AI의 특징과 강점

릴리스 AI의 가장 큰 강점은 한국어 특화입니다. 챗GPT나 퍼플렉시티 같은 글로벌 AI는 영어 콘텐츠에는 탁월하지만, 한국어 영상 분석에서는 미묘한 뉘앙스를 놓치거나 전문 용어를 잘못 인식하는 경우가 있습니다. 릴리스 AI는 한국어 음성 인식 정확도가 높고, 금융 전문 용어도 비교적 잘 이해합니다. '연준', '양적완화', '목표주가' 같은 용어를 정확히 인식하고 요약에 반영합니다.

둘째 강점은 다양한 포맷 지원입니다. 유튜브 링크는 물론 직접 녹음한 오디오 파일, PDF, 워드, PPT 파일까지 업로드할 수 있습니다. PB B가 활용했던 것처럼 고객 상담 녹음을 텍스트로 변환하는 것도 가능하고, 회의 녹음을 회의록으로 정리하는 것도 됩니다. 하나의 도구로 여러 형태의 콘텐츠를 처리할 수 있어 편리합니다.

셋째 강점은 구조화된 요약 기능입니다. 단순히 전체를 한 문단으로 요약하는 것이 아니라 핵심 요약, 타임라인 요약, 전체 스크립트, 마인드 맵, 타임스탬프, 블로그 글 형식 등 다양한 형태로 제공합니다. 사용 목적에 따라 필요한 형식을 선택할 수 있습니다. 고객에게 간단히 설명할 때는 핵심 요약을, 상세 분석이 필요할 때는 타임라인 요약을, 특정 발언을 찾을 때는 타임스탬프를 활용하는 식입니다.

넷째 강점은 실시간 녹음과 번역입니다. 회의 중에 바로 녹음 버튼을 누르면 실시간으로 음성을 텍스트로 변환하고, 다국어 번역까지 지원합니다. 한국어로 말하면 일본어, 영어, 중국어 등으로 실시간 자막이 생성되어 글로벌 회의에서도 언어 장벽 없이 소통할 수 있습니다. 금융권에서 해외 본사나 거래처와 회의할 때 특히 유용합니다. 그럼 직접 사용해 볼까요?

릴리스 AI 활용법

먼지 검색창에 '릴리스 AI'를 입력해 홈페이지에 접속합니다. 한국에서 개발된 서비스인 만큼 구글 계정뿐만 아니라 네이버 아이디와 연동해 가입할 수 있습니다. 간단한 회원 가입 과정을 마치면 아래와 같은 메인 화면이 나타납니다.

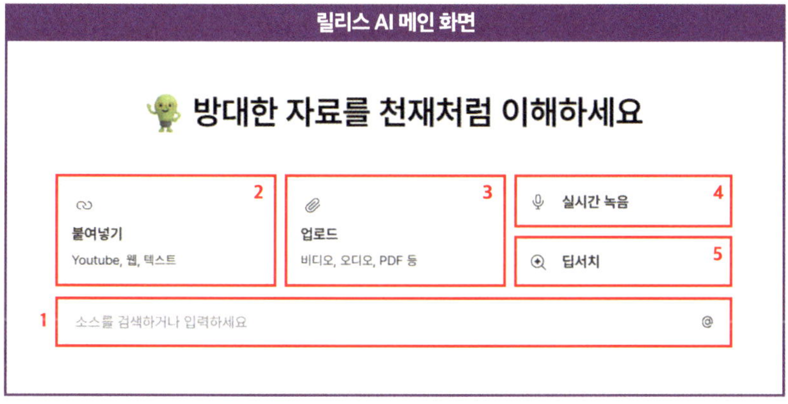

1. 프롬프트 입력창 : 분석할 자료의 링크 또는 소스를 검색하거나 입력할 수 있다.
2. 붙여넣기 : 유튜브 영상 / 플레이리스트 / 채널 링크, 웹사이트 링크를 입력하거나 텍스트를 붙여 넣을 수 있다.
3. 업로드 : 분석을 원하는 포맷을 설정한다. 비디오, 오디오, 텍스트, PDF, 워드, PPT 파일 업로드가 가능하다.
4. 실시간 녹음 : 오프라인 미팅에서 실시간 스트립트 및 번역, 요약 기능을 지원한다. 녹음 버튼을 누르면 실시간 녹음을 통한 요약 정리가 가능하다.
5. 딥서치 : 원하는 주제를 입력하면 신뢰도 높은 자료를 찾아준다. 검색 결과를 선택해서 노트에 바로 활용할 수 있다.

자료의 요약 정리 및 인사이트 도출 기능

그럼 가상의 상황을 하나 설정해 보겠습니다.

한 펀드매니저가 월요일 아침 투자 전략 회의를 준비합니다. 스콧 베센트 미 재무장관의 지난주 블룸버그, 포브스, CNBC 인터뷰를 교차 분석한 다음, 달러 기축통화 유지 스탠스, 환율·조세 정책 방향, 대중(對中) 통상 시사점을 타임스탬프 인용과 함께 정리하고, 달러 강세 유지 vs 변동성 관리 중 어디에 방점이 있는지 분석을 진행하라는 미션이 떨어졌습니다. 하지만 시간이 부족합니다. 이때 유용한 도구가 바로 릴리스 AI입니다.

분석에 필요한 영상을 한 번에 요약 정리해 주는 릴리스 AI

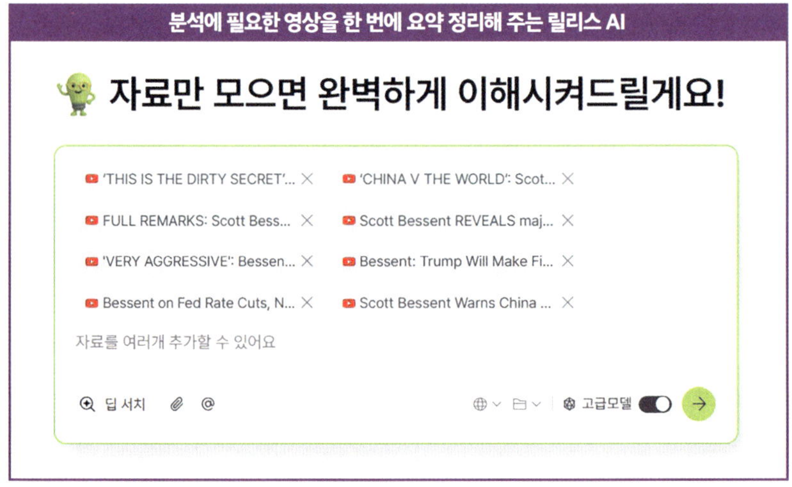

릴리스 AI는 유튜브 링크 외 비디오, 오디오, 텍스트, PDF, 워드, PPT 파일 업로드가 가능합니다. 분석할 링크를 넣고 분석 요청을 하자 3분 후 다음과 같은 요약 화면이 뜹니다.

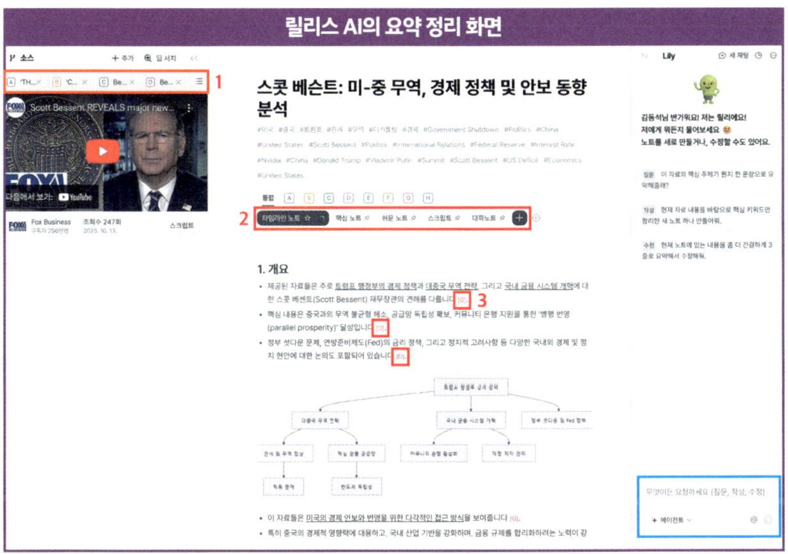

1. 첨부한 소스들을 쉽게 찾아 볼 수 있다.
2. 여러 자료를 가장 효과적으로 이해할 수 있도록 다양한 요약 정리 노트들이 제시된다.
3. 요약 노트를 보다 보면 이 내용이 영상 어느 부분에서 나왔는지에 대한 팩트 체크가 필요한 경우가 있다. 이럴 때는 요약 노트에 'A' 또는 '1'과 같은 모양으로 표시된 알파벳, 숫자를 눌러 주면 요약의 근거가 되는 원문 소스를 바로 확인할 수 있다.
4. 첨부한 소스를 바탕으로 요약 정리, 추가질문, 새로운 문서 작성, 내용 수정 등이 가능하다.

그럼 이번 미션인 "달러 기축통화 유지 스탠스, 환율·조세 정책 방향, 대중(對中) 통상 시사점을 타임스탬프 인용과 함께 정리하고, 달러 강세 유지 vs 변동성 관리 중 어디에 방점이 있는지 분석을 진행"이라는 미션을 수행해 보겠습니다.

릴리스 AI가 첨부한 소스들에 대한 분석이 완료되면 위의 요약 정리 화면 오른쪽 아래 대화창(파란색 상자)에 도출할 질문을 넣어 줍니다.

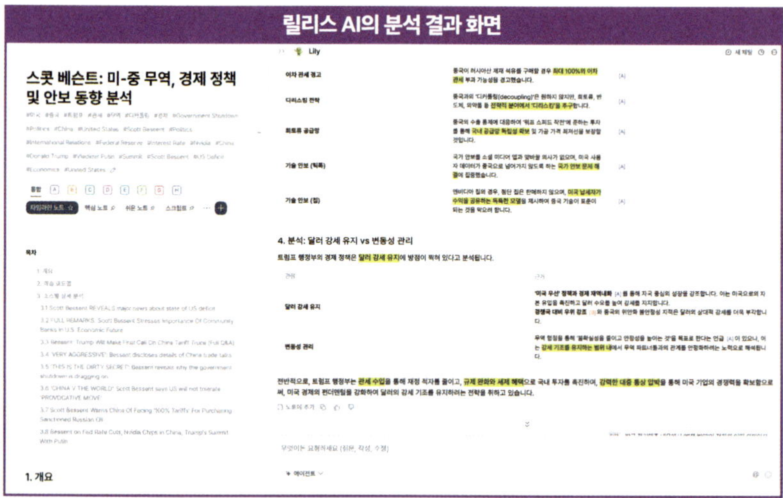

릴리스 AI의 분석 결과 화면

질문에 대한 답으로 트럼프 행정부 경제 정책은 '달러 강세 유지'에 방점이 찍혔다는 분석결과가 나왔습니다. 해당 분석에 대한 근거 내용이 영상 어느 부분에서 나왔는지에 대한 레퍼런스도 체크해 주는 것을 확인할 수 있습니다.

실시간 녹음 & 음성 번역 기능

회의 중 누군가는 말을 하고, 누군가는 메모를 하며, 또 누군가는 중요한 내용을 놓칠까 긴장합니다. 하지만 지금은 그럴 필요가 없습니다. 릴리스 AI의 실시간 회의록 기능과 실시간 음성 번역 기능이 회의에 집중할 수 있는 여건을 만들어 주기 때문입니다.

필자는 릴리스 AI라는 도구를 "기록은 릴리스 AI에게 맡기고, 회의에만 집중하세요."라고 소개합니다.

릴리스 AI는 화자 구분, 회의 흐름 분석, 아젠다 요약 등 회의의 전체 맥

락을 놓치지 않고 정리해 줍니다. PC는 물론 모바일 기기에서도 작동해 언제 어디서든 회의 상황을 실시간으로 녹음하고 기록할 수 있습니다. 더 이상 노트북으로 허둥지둥 타이핑할 필요도, 놓친 회의를 다시 처음부터 돌려 볼 필요도 없습니다.

릴리스 AI는 오프라인 미팅에서 실시간 스트립트 및 번역, 요약 기능을 지원합니다. 사용법은 간단합니다. '업로드' 부분에 마우스를 살짝 가져다 대면 다음과 같이 '실시간 녹음' 탭이 나옵니다.

릴리스 AI 실시간 녹음 기능

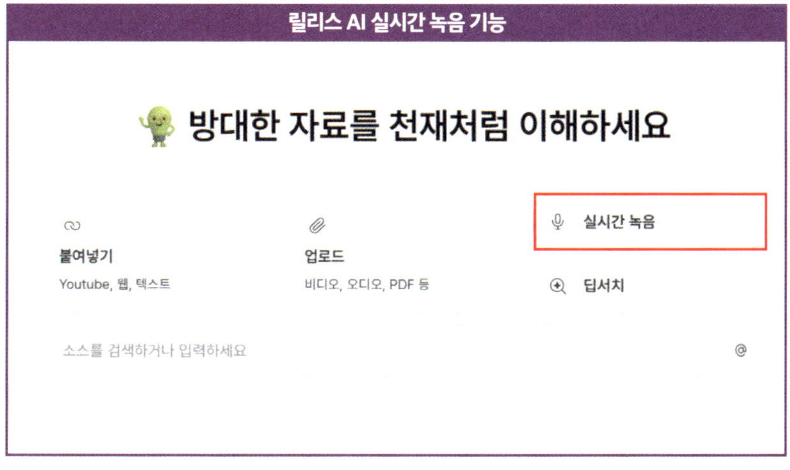

회의를 녹음하거나, 강의를 정리하거나, 고객 인터뷰를 기록할 때 가장 중요한 것은 '정확성'입니다. 하지만 음성 인식 AI도 결국 사람의 언어를 해석하는 시스템이기에 문맥과 용어의 의미를 모르면 오인식이 발생할 수밖에 없습니다.

이를 해결해 주는 기능이 바로 릴리스 AI의 '문맥 입력' 기능입니다. 녹음을 시작하기 전에 해당 회의나 녹음의 주제, 전문 용어, 핵심 키워드 등을 최대 1만 자까지 미리 입력할 수 있습니다. 이렇게 사전 문맥 정보를 입력하면 AI는 녹음 내용을 더 빠르고 정확하게 분석하고 인식합니다.

화면에 보이는 예시처럼 문맥 입력 칸에 회의의 배경, 사용 용어, 조직 이름, 핵심 주제 등을 입력하면 AI는 이 정보를 바탕으로 잘못된 해석이나 정리 또는 오번역 없이 상황에 맞는 해석을 적용하게 됩니다.

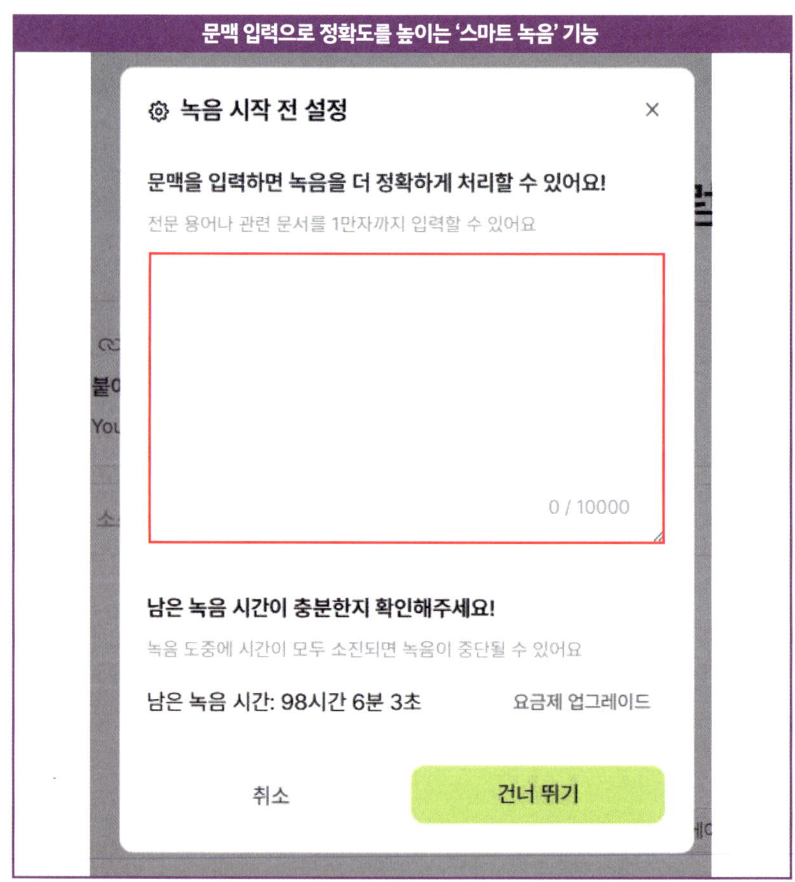

문맥 입력으로 정확도를 높이는 '스마트 녹음' 기능

예를 들어, '포스코 제강 공정 회의'라면 이런 문맥 입력이 가능합니다. "'연주'는 악기 연주가 아니라, 제강 공정에서 용강(쇳물)을 슬래브로 응고시키는 작업을 의미함. '출강', '슬래브', '고로' 등의 용어가 등장할 예정."

이처럼 릴리스 AI는 단순한 녹음 도구가 아니라 문맥을 이해하고 학습하는 인공지능입니다. 이 기능의 장점은 무엇일까요?

첫째, 용어 인식의 정확도가 크게 높아진다는 점입니다. 사전 정보가 없으면 '연주'를 바이올린 연주로 오인할 수 있지만, 문맥 기반 입력에서는 해당 단어가 어떤 의미로 쓰였는지 AI가 인식해 잘못된 전사나 요약을 사전에 방지할 수 있습니다.

둘째, 요약 결과의 품질이 향상된다는 것입니다. 회의나 강의의 핵심 주제를 AI가 문맥으로 이해하고 있기 때문에 요약이 훨씬 논리적이고 정확하게 정리됩니다. 특히 긴 회의의 흐름을 놓치지 않고 정리해 내기 때문에 효율적입니다.

셋째, 사용자 맞춤형 정리 결과를 지원할 수 있습니다. 자주 반복되는 키워드나 화자 정보가 축적될수록 AI는 사용자의 용어 체계에 적합한 개인화된 요약 정리 문서를 생성해 줍니다.

이러한 기능은 단순 자동화에서 한 단계 더 나아간 변화입니다. 예전에는 몇 줄의 문맥 입력만으로도 결과가 크게 달라졌다면 이제는 문맥을 넓게 읽고 의미 구조를 이해하는 방식으로 진화하고 있기 때문입니다. 생성형 AI는 더 이상 단순한 자동화 도구가 아니라 우리 조직만의 언어 체계와 업무 흐름을 이해하는 동반자로 발전하고 있습니다. 당신이 어떤 전문 용어를 쓰든 이제 AI는 그 의미를 더욱 정확하게 파악합니다.

대한축구협회와 '유소년 선수들의 경기 데이터 분석과 생성형 AI의 접목 가능성'에 대한 주제로 진행한 약 37분간의 자문 회의 전체를 릴리스 AI를 통해 요약 정리한 결과, 단 1분 만에 다음과 같은 구조화된 결과물을 얻을 수 있었습니다.

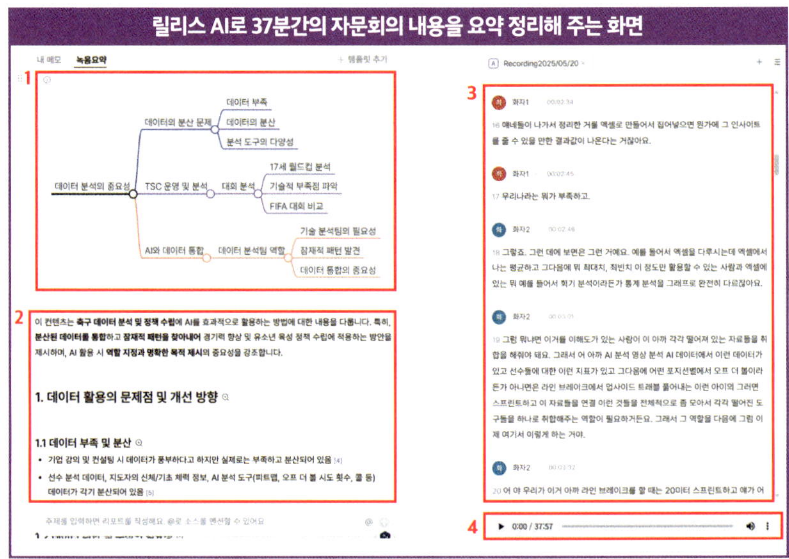

1. 녹음이 완료되면 대화 내용을 마인드 맵 외 다양한 요약 정리 형태로 출력 결과를 보여 준다.
2. 녹음이 완료되면 대화 내용을 바탕으로 요약 문서를 제공한다.
3. 화자 구분 및 스크립트 전문을 보여 준다.
4. 원본 음성 파일 다시 듣기 및 mp3 파일로 다운로드가 가능하다.

요약 문서 제공

아무리 회의 시간이 길더라도 핵심만 뽑아 문서 형태로 요약해 줍니다. 이번 회의에서는 '데이터 활용의 문제점 및 개선 방향'이라는 키워드 아래 실제 적용 사례와 정책 수립 제안까지 정리되었습니다.

화자 구분 및 전체 스크립트 제공

회의 참여자를 화자 1, 화자 2 등으로 자동 인식하고, 전체 발화 내용을 시간 순으로 정리해 줍니다. 특정 발언이나 논의 흐름을 다시 추적할 때 매우 유용합니다.

원본 음성 파일 다시 듣기 가능

회의 내용 전체는 원본 음성 파일로도 저장됩니다. 스크립트를 보며 다시 들어야 할 부분이 생기면 클릭 한 번으로 해당 시점의 음성부터 다시 확인할 수 있습니다.

단순히 녹음만 되는 도구가 아니라 회의 전체를 정리하고 기억하게 해주는 디지털 회의 보조자 같은 경험을 할 수 있습니다. 복잡한 자문 회의도 릴리스 AI 하나면 체계적 정리와 공유가 모두 가능합니다.

릴리스 AI는 단순히 말한 내용을 받아 적는 수준을 넘어서, 대화의 맥락을 이해하고, 목적과 배경까지 고려한 요약문을 자동 생성합니다. 2시간에 달하는 회의도 핵심만 뽑아 2~3분 안에 전체 내용을 파악할 수 있는 수준의 정리 결과를 제공합니다. 회의에 참석하지 못한 사람도 요약 파일 하나만으로 핵심 아젠다를 파악하고 빠르게 업무에 합류할 수 있습니다.

실시간 다국어 번역과 회의 종료 후 자동 정리까지 언어 장벽 없는 회의를 만듭니다. 전미경제연구소(NBER)의 연구에 따르면, 다국어 커뮤니케이션의 비효율로 인해 회의 시간의 약 33.8%가 낭비되고 있습니다. 이는 단순히 '언어가 달라서' 생기는 문제가 아니라 중요한 논의가 정확히 전달되지 않음으로써 발생하는 기회비용입니다. 릴리스 AI는 이러한 비효율을 근본적으로 해결합니다.

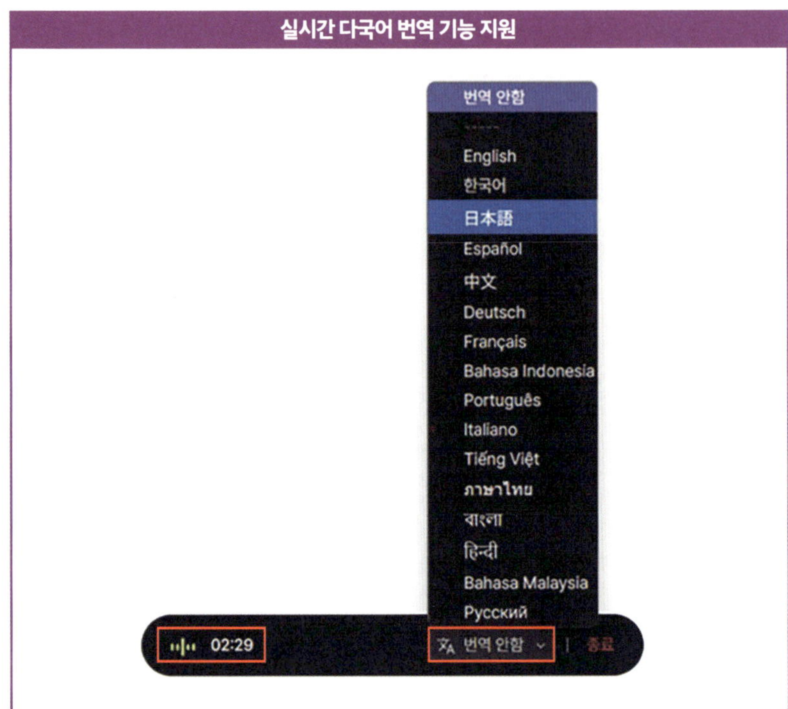

실시간 다국어 번역 기능 지원

사용법은 간단합니다. 실시간 대화를 하면서 하단 바 우측에 위치한 '번역 안함' 탭을 클릭하여 번역하고자 하는 언어만 선택을 해 주면 바로 실시간으로 번역된 언어를 한글 자막 아래 표시해 줍니다.

한국어, 영어, 일본어, 중국어, 프랑스어, 아랍어 등 주요 언어를 실시간으로 인식하고, 각 참여자에게 자막 형태로 자동 번역을 제공합니다. 사용자는 각자의 모국어로 이야기하고, 상대방은 그 내용이 실시간 번역된 자막으로 전달되기에 회의는 더욱 자연스럽고 효율적으로 흘러갑니다. 이는 단지 온라인 회의뿐 아니라 대면 대화에서도 활용 가능한 기능입니다. 릴리스 AI는 1:1 비즈니스 미팅, 해외 고객 미팅, 다국적 팀 회의 등에서도 언어의 장벽을 제거하고 커뮤니케이션 품질을 극대화해 줍니다.

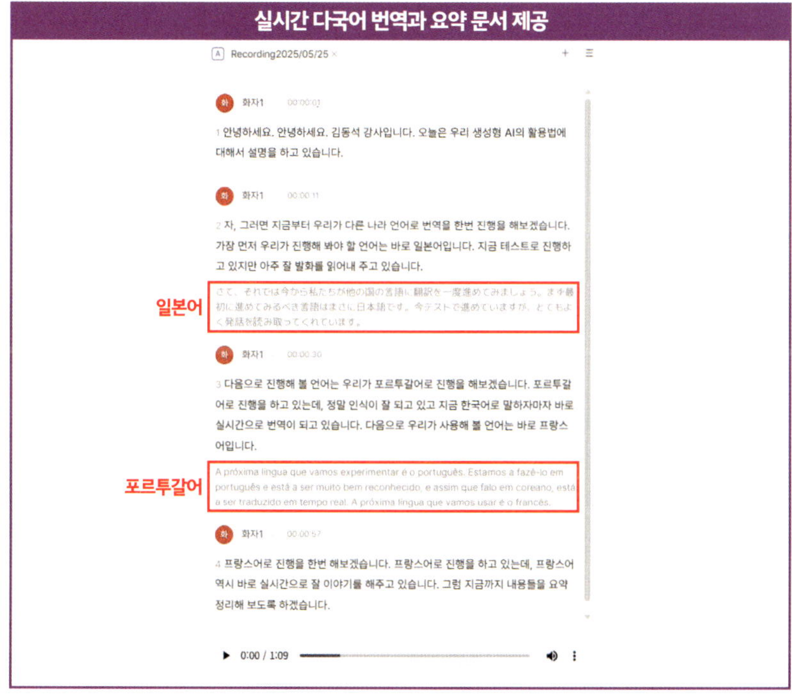

실시간 다국어 번역과 요약 문서 제공

생성형 AI 활용법에 대해 다국적 구성원들과 함께 진행한 회의에서 릴리스 AI의 실시간 음성 번역 기능은 단순한 언어 인식 수준을 넘어 진정한 글로벌 협업의 기반이 되었습니다. 실제 회의에서는 한국어로 발화된 내용을 릴리스 AI가 일본어, 포르투갈어, 프랑스어 등 여러 언어로 실시간 번역 자막을 제공했습니다. 발화 즉시 정확한 문맥으로 번역되며, 참가자는 각자 편안한 언어로 내용을 이해할 수 있었습니다. 특히 일본어 번역은 발음까지 감지해 자연스럽게 표현되었고, 포르투갈어와 프랑스어도 한국어의 어순과 의미 흐름을 유지한 상태로 전달되었습니다.

이러한 자동 동시통역 시스템은 온라인 회의뿐만 아니라 대면 회의에서도 유용하게 활용할 수 있으며, 실제로 글로벌 프로젝트 협업, 해외 바이어 상담, 멀티국가 세미나 등에서 그 효과가 입증되고 있습니다.

단순히 음성을 문자로 변환하는 것을 넘어, 릴리스 AI는 회의 내용의 의미를 '이해'하고 정리합니다. 논의된 이슈들을 시간 순서대로 요약할 뿐 아니라 연관 주제들을 논리적으로 묶어 마인드 맵 형태로 시각화해 주기도 합니다. 이를 통해 회의의 핵심 구조와 흐름을 한눈에 파악할 수 있어 추후 회의록 리뷰나 의사결정 시 매우 유용합니다.

이는 개인은 물론이고 기업 내부 회의나 프로젝트 진행 시 반복되는 용어와 역할을 명확하게 구분해 주는 데 큰 강점입니다. 단순한 요약이 아닌 '이해 가능한 압축'을 해 주는 릴리스 AI의 회의록 기능은 일반적인 요약 기능과 다릅니다.

단순히 핵심 단어 몇 개를 뽑는 것이 아니라 회의의 배경, 의도, 흐름, 논의된 주제를 유기적으로 엮어 정리합니다. 실제로 회의에 참여하지 못한 사람도 요약 문서를 3~5분만 읽으면 논의 전체를 이해할 수 있을 정도로 명확하고 압축적입니다. 정확하고 신뢰도 높은 음성 인식, 실시간 번역, 맥락 중심 회의 요약을 하나의 도구로 해결할 수 있다면 이제 회의 방식 자체를 바꿔야 할 시점입니다.

릴리스 AI는 그 변화의 중심에 있습니다. 이제 우리는 회의에 몰입하고, 기록은 AI에게 맡기세요. 다양한 언어가 오가는 상황에서도 걱정 없이 협업하세요. 릴리스 AI는 회의의 흐름을 놓치지 않고, 당신의 시간과 생산성을 지켜줄 것입니다.

금융인에게 릴리스 AI가 특별한 이유

릴리스 AI가 금융인에게 특별한 이유는 3가지입니다.

첫째, 시간 효율의 극대화입니다. 금융인은 항상 시간에 쫓깁니다. 2시간짜리 기업 IR 영상을 다 볼 시간이 없고, 1시간짜리 산업 컨퍼런스를 처음부터 끝까지 들을 여유가 없습니다. 릴리스 AI는 이런 콘텐츠를 3~5분 만에 핵심만 추출해 줍니다. 수십 개 자료의 핵심 내용을 몇 시간 만에 파악하는 것도 가능합니다. 과거 같았으면 며칠이 걸릴 분석을 단시간에 처리할 수 있습니다.

둘째, 정보 손실 방지입니다. 영상을 빨리 감기로 보다 보면 중요한 부분을 놓치기 쉽습니다. 릴리스 AI는 전체 내용을 빠짐없이 분석해 타임라인별로 정리하기 때문에 핵심을 놓칠 위험이 없습니다. 특히 숫자나 구체적 발언이 중요한 금융 콘텐츠에서 "그분이 정확히 뭐라고 했지?"를 타임스탬프로 즉시 찾을 수 있다는 것은 큰 장점입니다.

셋째, 고객 상담 품질 향상입니다. PB B의 사례처럼 고객 상담을 녹음하고 릴리스 AI로 정리하면 상담 내용을 체계적으로 관리할 수 있습니다. "이 고객은 3개월 전에 환헤지에 대해 질문했고, 변동성을 우려했다."는 정보가 데이터로 남으면 다음 상담에서 훨씬 맞춤화된 제안을 할 수 있습니다. 또한 회의록 자동 생성 기능으로 팀 회의 후 정리 시간을 크게 줄일 수 있습니다.

지금까지 우리는 1단계 자료수집 및 검증 도구 3가지를 살펴보았습니다. 라이너 AI는 학술 논문과 공식 보고서에서 신뢰할 수 있는 근거를 찾아주었고, 퍼플렉시티는 실시간으로 움직이는 시장의 맥박을 포착했으며, 릴리스 AI는 영상과 음성 속에 숨은 인사이트를 끄집어냈습니다. 이 세 도구의 공통점은 무엇일까요? 바로 출처가 명확한 정보를 제공한다는 점입니다.

금융에서 1단계가 중요한 이유가 바로 여기에 있습니다. 잘못된 정보로 시작하면 아무리 훌륭한 분석도 모래 위의 성입니다. 금융인은 여전히 철저히 정보를 검증해야 합니다.

AI가 숫자를 주지만 신뢰는 여전히 사람이 책임져야 합니다. 그래서 우리는 퍼플렉시티로 원본 링크를 직접 확인하고, 라이너 AI가 제시한 근거 수치를 원문에서 되짚어 보며, 릴리스 AI가 제안한 전문 용어가 맞는지 다시 점검합니다.

이제 다음 단계로 나아갈 준비가 되었습니다. 검증된 정보를 손에 쥐었다면, 그것을 어떻게 구조화하고 전략으로 발전시킬 것인가? 3장에서는 수집한 정보를 바탕으로 생각을 정리하고, 인사이트를 도출하며, 실행 가능한 전략을 설계하는 2단계 도구들을 다룹니다. 챗GPT, 구글 제미나이 2가지 AI 엔진이 각각 어떤 강점을 가지고 있고, 금융 업무에서 어떻게 활용해야 최고의 결과를 낼 수 있는지 실전 중심으로 풀어내겠습니다.

Chapter 3

[2단계]

생각을 구조화하고 전략을 설계하는 도구

2장에서 우리는 검증된 정보를 빠르게 수집하는 법을 배웠습니다. 라이너 AI로 신뢰할 수 있는 학술 자료를 찾고, 퍼플렉시티로 실시간 시장 동향을 포착하며, 릴리스 AI로 영상 콘텐츠에서 인사이트를 추출했습니다. 이제 손에는 검증된 정보가 가득합니다. 경쟁사 리포트 10개, 최신 뉴스 20개, 산업 컨퍼런스 영상 요약까지…. 그런데 문제가 생깁니다. 정보는 많은데, 이걸 어떻게 '내 것'으로 만들 것인가?

애널리스트 A가 8시간 걸리던 보고서를 2시간으로 줄인 비결은 단순히 정보 수집 속도만이 아니었습니다. 수집한 정보를 빠르게 구조화하고, 논리를 설계하며, 자신만의 인사이트를 더하는 2단계가 있었기 때문입니다. PB B가 고객 데이터를 다양한 페르소나로 분류하고 맞춤 전략을 수립한 것도 마찬가지입니다. 정보를 모으는 것과 전략을 만드는 것은 완전히 다른 차원의 작업입니다.

2단계는 금융인의 진짜 역량이 발휘되는 동시에 AI가 가장 강력한 힘을 발휘하는 단계입니다. 1단계에서 AI가 정보 수집의 90%를 담당한다면 2단계에서도 AI는 구조화와 분석의 80%를 해낼 수 있습니다. 과거에는 수집된 정보를 엑셀에 정리하고, 카테고리별로 분류하며, 패턴을 찾고, 보고서 구조를 짜는 데 많은 시간이 걸렸습니다. 하지만 이제 AI는 이 모든 과정을 자동화합니다. 다만, 여기서 중요한 것은 AI에게 '무엇을 어떻게 분석하라.'고 정확히 지시하는 것, 그리고 AI가 제시한 결과를 금융인의 관점에서 검증하고 의미를 부여하는 것입니다. AI는 패턴을 찾지만, 그 패턴이 우리 고객에게 의미하는 바를 해석하는 것은 사람의 몫입니다.

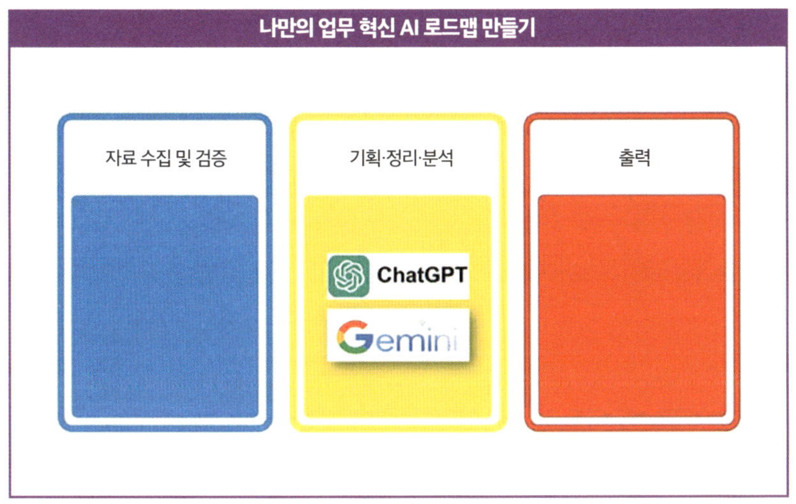

그래서 2단계 도구는 단순한 자동화 도구가 아니라 금융인의 사고를 확장하고 구조화하는 '생각의 파트너'입니다. AI가 초안을 만들어 주면 사람이 다듬고, AI가 분석을 제시하면 사람이 맥락을 더하며, AI가 여러 옵션을 보여 주면 사람이 최종 선택합니다. 이 협업 구조가 제대로 작동할 때 2단계는 놀라운 효율을 만들어 냅니다.

이번 장에서 다룰 도구는 챗GPT와 구글 제미나이입니다. 이 2가지는 모두 대화형 AI이지만, 각각 다른 강점을 가지고 있습니다. 챗GPT는 범용성과 논리적 구조화, 그리고 데이터 분석까지 가능한 만능 도구이고, 제미나이는 초대용량 데이터 처리와 구글 생태계 연동에 탁월합니다. 중요한 것은 "어떤 도구가 최고인가?"가 아니라 "어떤 상황에 어떤 도구가 적합한가?"입니다. 금융인은 이 2가지 도구를 마치 골프채를 바꿔 쓰듯 상황에 맞게 선택하고 조합할 수 있어야 합니다.

이번 장의 목표는 명확합니다. 여러분이 이 장을 다 읽고 나면, "아, 이런 업무에는 이 도구를 이렇게 써야겠구나."라는 실전 감각을 갖게 하는 것입니다. 추상적인 기능 설명이 아니라 금융 현장의 구체적인 시나리오와 실제 프롬프트로 풀어내겠습니다. 정보를 전략으로 바꾸는 법, 지금부터 시작합니다.

1 챗GPT : 당신의 24시간 애널리스트

챗GPT를 가장 먼저 배워야 하는 이유는 3가지입니다.

첫째, 범용성입니다. 챗GPT는 금융 업무의 거의 모든 영역을 커버합니다. 고객 제안서 작성, 투자 전략 수립, 데이터 분석, 보고서 구조화, 복잡한 상품 설명, 규제 문서 요약까지…. 하나의 도구로 이 모든 것을 처리할 수 있다는 것은 학습 비용을 극적으로 낮춥니다. 새로운 업무가 생길 때마다 새로운 도구를 배울 필요가 없습니다. 챗GPT 사용법을 익히면 그것을 다양한 업무에 응용하기만 하면 됩니다.

둘째, 논리적 구조화 능력입니다. 금융인에게 가장 힘든 순간은 "어디서부터 어떻게 시작할까?"입니다. 수집한 정보는 많은데, 이걸 어떤 순서로 배치하고 어떤 논리로 엮을지 막막합니다. 챗GPT는 이 문제를 해결합니다. "30대 고소득 고객을 위한 자산배분 전략 보고서 구조를 만들어 줘."라고 요청하면, 서론-현황 분석-전략 제안-리스크 관리-결론의 논리적 흐름을 제시합니다. 완벽하지 않아도 됩니다. 이 초안을 기반으로 금융인이 자신의 관점을 더하면 훨씬 빠르게 완성도 높은 결과물을 만들 수 있습니다.

셋째, 데이터 분석 능력입니다. 많은 사람이 모르는 사실이지만 챗GPT는 단순한 대화 도구가 아닙니다. CSV, 엑셀 파일을 업로드하면 데이터를 분석하고, 패턴을 찾아내며, 시각화까지 해 줍니다. "이 파일에서 ROE가 15% 이상인 종목을 찾고, PER와의 상관관계를 그래프로 그려 줘."라고 요청하면, 몇 분 안에 결과가 나옵니다. 엑셀 피벗테이블을 만들고 차트를 그리던 시간이 사라집니다. 물론 결과는 검증해야 하지만 초기 분석 속도는 비교할 수 없을 정도로 빠릅니다.

이 3가지 강점 때문에 챗GPT는 금융인이 가장 먼저 배워야 할 2단계 도구입니다.

챗GPT가 금융인에게 특별한 이유는 하나 더 있습니다. 바로 '대화'를 통한 사고 확장입니다. 엑셀은 명령을 내리면 결과가 나오지만 생각을 확장해 주지는 않습니다. 챗GPT는 다릅니다. "이 전략의 리스크는 뭐야?"라고 물으면 3가지를 제시하고, "그럼 이 리스크를 어떻게 헤지할 수 있어?"라고 이어서 물으면 구체적 방법을 알려 줍니다. 혼자 생각할 때는 떠오르지 않던 아이디어가 챗GPT와 대화하면서 발견됩니다. 마치 똑똑한 주니어 애널리스트가 24시간 대기하고 있는 것과 같습니다.

물론 한계도 명확합니다. 챗GPT는 2024년 6월까지의 데이터로 학습되어 오늘 발표된 실적이나 어제 나온 규제는 모릅니다. 그래서 실시간 정보가 필요할 때는 앞서 배운 AI 검색 서비스인 퍼플렉시티 또는 라이너 AI를 써야 합니다. 또한 가끔 잘못된 정보를 그럴듯하게 제시하는 '환각 현상'이 발생합니다. 특히 숫자와 관련된 정보는 반드시 재검증해야 합니다. "챗GPT가 삼성전자 목표주가 8만 원이라고 했다."를 그대로 믿으면 안 됩니다. 반드시 원본 리포트를 확인해야 합니다.

하지만 이런 한계를 알고 쓴다면 챗GPT는 금융인의 업무 효율을 2~3배 높여 주는 강력한 도구입니다. 다음 섹션부터는 구체적으로 어떤 상황에서 어떻게 활용하는지, 실제 프롬프트와 함께 살펴보겠습니다. 이론이 아닌 실전입니다.

챗GPT 가입하기

챗GPT는 회원 가입 없이도 무료로 사용이 가능하지만 회원 가입 시 더욱 빠르고 정교한 응답, 파일 업로드, 내 대화의 기록, 모바일과의 연동 등 다양한 기능을 비롯해 최신 모델의 일부 기능을 무료로 사용할 수 있습니다. 그러니 가능한 회원 가입 진행 후 사용할 것을 권장합니다.

1. 구글 검색창에 챗GPT를 입력해 검색한다.
2. 챗GPT 홈페이지를 클릭한다.

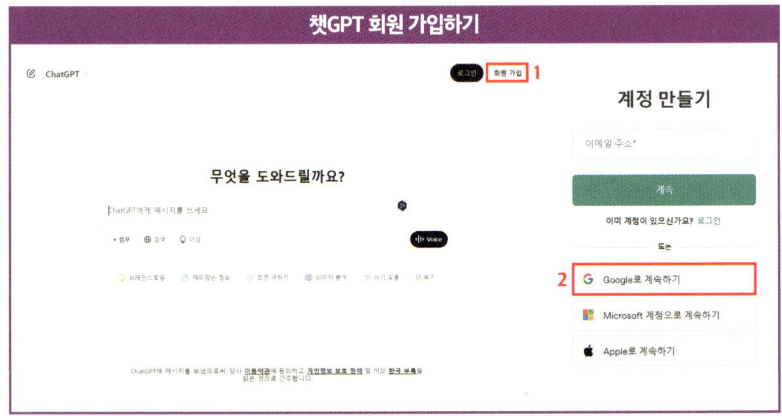

1. 우측 상단 '회원 가입'을 클릭한다.
2. [계정 만들기] 선택 : 이메일 주소를 입력하여 아이디를 만들 수도 있고, 기존에 가지고 있는 구글, 마이크로소프트, 애플 계정으로 소셜 로그인을 할 수 있다. 대부분 구글 계정은 가지고 있기 때문에 'Google로 계속하기'를 클릭하여 계정 만들기를 한다.

출처 : 챗GPT

웹 브라우저에 1과 같이 로그인된 구글 계정이 있다면 계정 선택 후 접속을 진행합니다. 만약 2와 같이 로그인된 계정이 없다면 구글 계정을 새로 입력하여 로그인 후 접속을 진행합니다.

챗GPT 가입이 처음일 경우 사용자가 만 18세 이상인지 확인해야 하기 때문에 '성명'과 '생년월일'을 입력하고 '동의함'을 클릭합니다. 그럼 똑똑한 개인비서 챗GPT를 이용할 수 있는 홈 화면으로 이동합니다.

챗GPT 무료 모델 vs 유료 모델

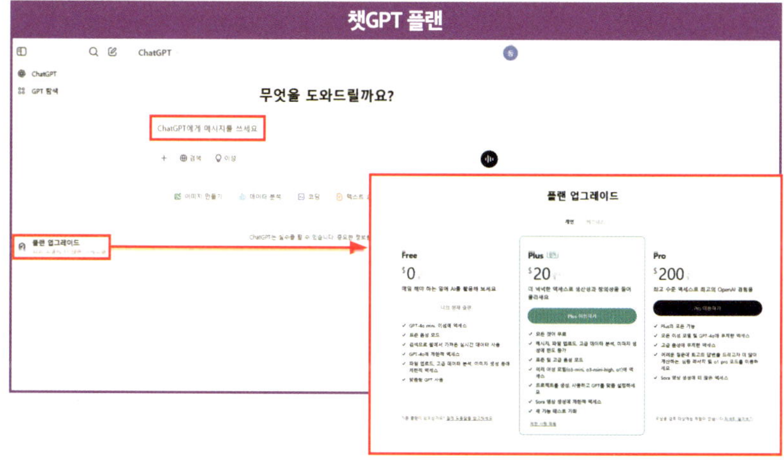

챗GPT는 다양한 사용자 요구에 맞춰 여러 플랜을 제공합니다. 기존의 무료(Free)와 플러스(Plus) 플랜 외에도, 협업 기능이 강화된 팀(Team) 플랜과 최고 수준의 기능을 제공하는 프로(Pro) 플랜이 있습니다.

챗GPT를 처음 시작할 때는 무료 버전으로도 충분히 기본적인 기능들을 경험해 볼 수 있습니다. 하지만 챗GPT를 통해 일상과 업무를 한 단계 더 발전시키고 싶다면, 유료 구독을 고려해 보는 것이 좋습니다. 만약 챗GPT를 단순히 가끔 궁금한 것을 물어보는 용도로만 사용한다면 무료 플랜으로도 충분할 수 있습니다. 하지만 업무나 학습에 적극적으로 활용하고 싶다면 유료 플랜을 선택하는 것이 훨씬 더 효율적입니다. 유료 플랜을 통해 더 빠른 응답 속도, 더 정확한 답변, 그리고 다양한 고급 기능을 제한 없이 활용할 수 있습니다. 이는 마치 기본 도구와 전문가용 도구의 차이라고 할 수 있습니다. 사용 목적과 필요에 따라 적절한 플랜을 선택하면 됩니다.

챗GPT 기본 사용법

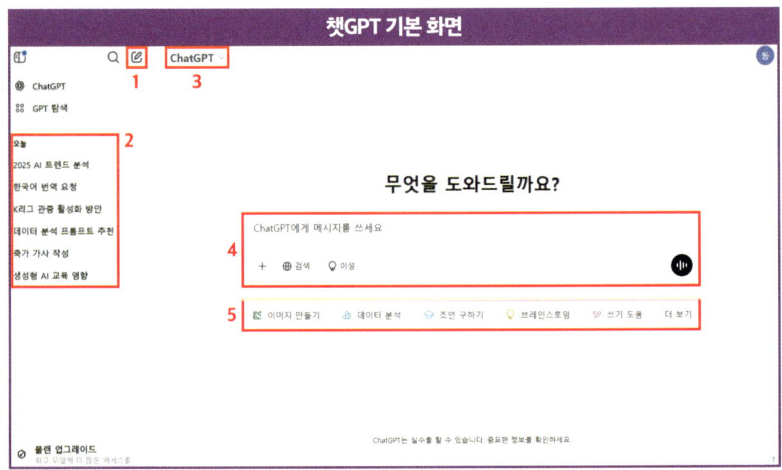

1. 새 채팅 : 이전 대화에 영향을 받지 않고 새 대화를 시작한다.
2. 채팅 목록 : 챗GPT는 이전 대화 내용을 기억할 수 있다. 이전 채팅을 불러와서 언제든 이어서 대화가 가능하다.
3. 챗GPT 버전 선택창 : 유료 구독에만 나타나는 메뉴이며 무료 사용자의 경우 일부 유료 기능이 적용된 기본 모델로 작동한다.
4. 프롬프트 입력창 : '챗GPT에게 메시지를 쓰세요'라고 써 있는 프롬프트 입력창에 질문 또는 요청할 내용을 입력하고 '엔터' 또는 프롬프트 입력창의 우측 아이콘을 클릭한다.
5. 챗GPT의 메인 화면은 사용자가 AI와 쉽게 상호작용할 수 있도록 구성되어 있으며, 여러 기능 버튼은 챗GPT가 지원하는 다양한 작업을 빠르게 선택하고 실행할 수 있다.

챗GPT와의 기본 대화는 간단한 요청이나 질문으로 시작해 볼 수 있습니다. 프롬프트 입력창에 질문이나 요청을 입력하면 챗GPT는 이를 이해하고 답변을 생성합니다. 챗GPT의 프롬프트 입력창은 사용자가 AI와 직접 상호작용하는 공간으로, 단순한 텍스트 입력을 넘어서 다양한 기능을 제공하고 있습니다. 특히 입력창 좌우에 배치된 4가지 주요 버튼(첨부파일, 검색, 이성/추론, 음성 입력)은 사용자의 필요에 따라 AI의 활용도를 극대화할 수 있도록 도와줍니다.

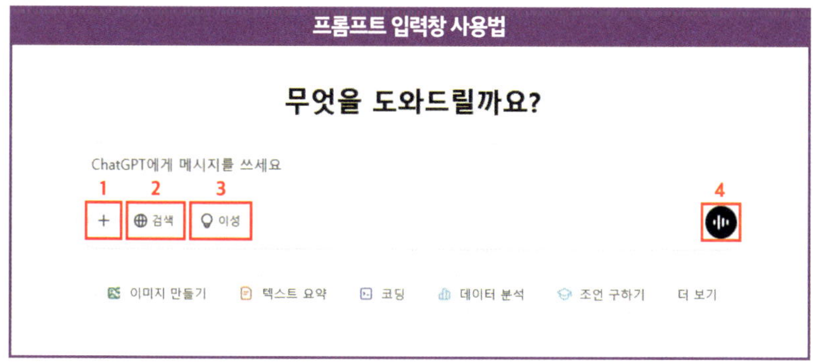

1. 파일 첨부 기능 : 내 디바이스 내 파일(PDF, 워드, CSV, 엑셀, 텍스트파일(.txt) 등 문서), 이미지, 프로그래밍 코드 파일(.py, .cpp, .html 등) 등 첨부가 가능하다. 내 계정의 구글 드라이브, 마이크로소프트의 원드라이브와 연결하여 손쉽게 첨부할 수 있다.
2. 검색 기능 : 챗GPT가 실시간 웹 검색을 통해 최신 정보를 가져오는 기능으로 챗GPT가 기본적으로 학습한 지식 외에도 최신 뉴스, 통계, 연구 자료 등 추가적인 정보를 제공한다.
3. 이성(추론) 모드 : 논리적이고 깊이 있는 사고를 기반으로 답변을 생성하는 모드로 감정적이거나 창의적인 접근보다는 객관적이고 논리적인 분석이 필요한 경우에 적합하다.
4. 음성 입력 기능 : 사용자가 키보드로 입력하는 대신 음성을 통해 AI와 대화할 수 있는 기능으로 손이 자유롭지 않을 때, 빠르게 질문을 입력하고 싶을 때 유용하다.

챗GPT 활용하기

"백지에서 시작하는 것이 가장 어렵다."

모든 직장인이 공감하는 말입니다. 고객 제안서를 쓰려고 컴퓨터 앞에

았았는데, 어디서부터 어떻게 시작해야 할지 막막합니다. 수집한 정보는 많은데, 이걸 어떤 순서로 배치하고 어떤 논리로 엮을지 보이지 않습니다. 1시간이 지나도 첫 문장조차 완성되지 않습니다.

챗GPT는 이 '백지의 공포'를 없애 줍니다. 완벽한 결과물을 주는 것은 아니지만 70~80점짜리 초안을 빠르게 만들어 줍니다. 이 초안을 기반으로 금융인이 자신의 전문성을 더하면 1~2시간 만에 90점 이상의 결과물이 완성됩니다. 구조화의 핵심은 '빠른 시작'입니다.

프롬프트의 4가지 구조화 패턴

"막연한 질문은 잡담을 낳고, 구조화된 질문은 논리를 만든다."라는 말처럼 챗GPT가 금융인의 언어로 사고하게 만들려면, '질문'이 아닌 '구조'를 던져야 합니다. 아래 4가지 패턴은 금융 실무에서 AI를 전략 파트너로 만드는 핵심 공식입니다. 역할과 목적을 명시하고, 배경을 주고, 구체적 요청을 하고, 마지막으로 사고를 확장합니다. 이 네 단계가 바로 'AI가 생각하게 만드는 문장 구조'입니다.

패턴 1 : 역할과 목적 명시 - AI에게 역할(정체성)을 부여하라

챗GPT는 단순히 명령을 수행하는 도구가 아닙니다. AI는 "누가, 어떤 관점에서 질문하는가?"를 기준으로 사고합니다. 즉 역할(Role)이 명확히 주어지는 순간, 답변의 렌즈(Lens)가 달라집니다.

"나는 PB입니다.", "나는 증권사 애널리스트입니다." 이 간단한 문장은 단순한 직함 설명이 아니라 사고의 좌표를 설정하는 명령문입니다. 역할과 목적을 함께 명시하면 챗GPT는 사용자의 세계관에 맞추어 정보를 해석하고 논리를 구성합니다.

예를 들어, 같은 '시장 분석'이라도 질문자의 역할이 달라지면, AI의 사고 방향도 달라집니다.

- PB는 고객의 위험선호도에 맞추어 자산 비중을 조정하는 관점에서 사고합니다.
- 애널리스트는 산업 사이클과 밸류에이션 지표를 중심으로 시장을 해석합니다.
- 리스크 매니저는 손실 한도와 변동성의 상관관계를 통해 리스크를 평가합니다.

AI는 이 역할의 차이를 근거로 사실을 어떤 관점에서 바라볼 것인가를 결정합니다. 따라서 프롬프트의 첫 문장은 "나는 누구인가?"를 명확히 선언하는 순간부터 전략적 사고가 시작됩니다.

공식

나는 [역할]이고, [목적]을 위한 [결과물]을 만들려고 합니다.

예시

나는 증권사 애널리스트이고, 기관투자가를 위한 반도체 산업 분석 보고서를 만들려고 합니다.

→ 챗GPT는 데이터 중심·시장 분석적 사고로 전환됩니다.

활용 팁

'나는' 대신 '당신은'으로 문장을 시작하면 챗GPT는 시뮬레이션 모드로 전환됩니다. 예를 들어, "당신은 시중은행 PB입니다. 35세 중위험 투자자 고객을 위한 자산배분 전략을 수립하십시오."라고 입력하면, AI는 실제 PB처럼 사고하며 문체 또한 자연스럽게 컨설턴트형 보고서의 형식으로 바뀝니다.

역할 설정은 단순히 상황을 설명하는 행위가 아니라 판단의 기준을 설계하는 과정입니다. 이 한 문장이 AI의 사고 체계를 사용자의 직관에 맞추어 정렬합니다. 프롬프트의 첫 문장은 문서의 첫 문장만큼 중요합니다. "나는 누구인가?"를 먼저 정의해야 챗GPT가 "무엇을 해야 하는가?"를 올바르게 이해할 수 있습니다.

이 패턴을 금융인의 실무에 적용하면 챗GPT는 단순한 텍스트 생성기가 아니라 전문가의 사고를 정돈하고 확장하는 협업 파트너로 진화합니다. 기억하세요. AI에게 역할을 부여하는 순간 생각의 품질이 달라집니다.

패턴 2 : 배경 정보 제공 - 맥락은 답의 품질을 결정한다

챗GPT는 질문을 문자 그대로 해석하지 않습니다. AI는 질문의 배경(Context)을 단서로 삼아 답을 구성합니다. 따라서 맥락이 명확하지 않으면 AI는 평균적인 답을 생성합니다. 반대로 배경 정보를 구체적으로 제공하면 AI는 실제 업무 현장과 유사한 수준의 현실적 판단을 내리게 됩니다. 예를 들어, "시장 전망을 요약해 줘."라고 하면 AI는 일반적인 경제 기사 수준의 답을 제시합니다. 하지만 "기관투자가 대상 보고서를 준비 중이며, 금리 인상기에 방어적인 포트폴리오 전략을 고민하고 있다."라는 문장을 덧붙이면 AI는 그 상황에 맞는 시장 관점과 데이터 기준을 적용하여 사고합니다.

맥락은 단순한 설명이 아니라 AI가 판단을 수행하기 위한 세계관의 설계도입니다. 이 세계관이 명확히 주어질수록 챗GPT는 사용자의 '현장 언어'로 사고하고 '실무 기준'으로 답합니다.

예를 들어, 같은 "금리 상승기 시장 분석"이라도 독자의 배경이 다르면 AI의 해석이 달라집니다.

- 기관투자가용 리포트라면, 정책 금리·환율·유동성에 초점을 맞춥니다.
- 개인 고객용 브리핑 노트라면, 예금 금리·가계부채·소비심리에 집중합니다.
- 리스크관리 보고서라면, 포트폴리오 변동성·헤지 전략 중심으로 구성합니다.

AI는 사용자가 제공한 배경을 기반으로 "누구를 위해, 어떤 환경에서, 어떤 판단을 내려야 하는가?"를 스스로 설정합니다. 따라서 프롬프트를 작성할 때는 '무엇을 묻는가?'보다 '어떤 상황에서 묻는가?'를 함께 제시하는 것이 중요합니다.

공식

[대상/독자]는 [특성]을 가지고 있으며, [핵심 요구 사항]이 있습니다.

예시

고객은 중위험·중수익 성향으로 변동성에 민감하며, 10년 후 자녀 유학자금을 목표로 합니다.

→ 챗GPT는 리스크 관리 중심의 안정적 포트폴리오 전략을 제시합니다.

활용 팁

배경을 작성할 때는 반드시 '대상·상황·목적'의 3가지 요소를 함께 포함해야 합니다. 예를 들어, "독자는 은행 임원이며, 금리 리스크 대응 전략 보고서를 위한 구체적 사례를 원합니다."라는 문장은 AI가 어떤 맥락에서 사고해야 하는지를 명확히 제시합니다. 맥락이 길다고 해서 불필요하지 않습니다. 오히려 챗GPT는 풍부한 배경이 주어질수록 논리적 근거를 더욱 정밀하게 구성합니다.

배경 정보는 단순한 서론이 아니라 AI가 답변을 생성할 때 참조하는 판단의 기준표임을 기억해야 합니다. 제시된 기준이 세밀할수록 결과물의 정확도와 현실성은 높아집니다. 배경을 제시하는 것은 단순히 정보를 나열하는 행위가 아닙니다. 이는 AI에게 '현장의 공기'를 전달하는 일이며, AI의 사고를 실제 의사결정 환경으로 끌어오는 과정입니다.

챗GPT는 데이터를 학습한 모델이지만 맥락을 제공받을 때 비로소 인간의 사고 구조에 접근합니다. 따라서 금융인의 질문은 '데이터적'일 뿐 아니라 '상황적'이어야 합니다. 맥락을 정교하게 제시할수록 AI의 답변은 이론이 아니라 현실로 다가옵니다. 기억하세요. 좋은 질문은 정보를 요구하지 않고 상황을 이해하게 만듭니다.

패턴 3 : 구체적 요청 - 질문이 아닌 설계를 요청하라.

챗GPT는 막연한 질문에는 막연한 답으로 응답합니다. 예를 들어, "시장 전망을 분석해 줘."라는 단순 문장은 AI에게 너무 넓은 해석의 범위를 줍니다. 그러나 "시장 전망을 요약하되 ① 금리 흐름, ② 주요 변수, ③ 리스크 요인, ④ 투자 시사점 순서로 정리해 줘."라고 구체적으로 요청하면 AI는 즉시 논리의 틀을 잡습니다.

AI는 질문의 구조를 '사고 지도'로 이해합니다. 즉 프롬프트에 제시된 항목과 기준이 명확할수록 AI의 '사고 트리(Thought Tree)'가 정확히 형성됩니다. 이때 질문은 단순한 지시가 아니라 사고 방향을 설계하는 설계

도로 작동합니다. 금융 실무에서는 이 패턴이 특히 강력합니다. "요약해 줘."가 아니라 "보고서 형식으로 정리해 줘."라고 명시하는 순간, 챗GPT는 분석의 형식과 순서를 이해하고 문장을 조립합니다. 즉 좋은 프롬프트는 AI에게 단어를 생성하게 하는 명령이 아니라 논리를 조립하게 하는 설계 지시문입니다.

예를 들어, 같은 '자산배분 전략'이라도 요청의 구조가 달라지면 결과물의 품질이 확연히 달라집니다.

"자산배분 전략을 작성해 줘."

→ AI는 일반적인 투자 원칙을 나열합니다.

"고객의 목표(10년 유학자금), 성향(중위험 중수익), 시장 상황(금리 상승기)을 고려해 ① 시장 요약, ② 리스크 요인, ③ 자산군별 비중, ④ 리밸런싱 전략 형태로 정리해 줘."

→ AI는 실제 PB 보고서와 유사한 형태로 구성합니다.

AI는 '무엇을 묻느냐?'보다 '어떤 형태로 답해야 하느냐?'를 더 정확히 인식합니다. 따라서 프롬프트를 작성할 때는 내용뿐 아니라 출력 형식과 논리 순서를 함께 지시하는 것이 핵심입니다.

공식

다음 정보를 [기준/형식]에 따라 구조화해 주십시오.

[정보 리스트]

예시

다음 정보를 논리적 흐름에 따라 보고서 형태로 정리해 주십시오.

- 시장 환경 요약
- 고객 심리 분석
- 자산군별 비중 및 리스크
- 변동성 대응 전략

→ 챗GPT는 순서에 맞춰 각 항목을 분석하고, 금융 보고서 형식의 문단으로 작성합니다.

활용 팁

프롬프트에는 반드시 명확한 형식 지시문을 포함해야 합니다. "구조화해 주십시오.", "표로 정리해 주십시오.", "3줄로 요약해 주십시오." 같은 문장을 추가하는 것만으로도 챗GPT의 사고 범위가 뚜렷해집니다. 금융 실무에서는 이러한 출력 포맷, 예를 들어 '보고서, 표, 요약문'을 구체적으로 지정할수록 결과물의 활용도가 높아집니다. 또한 항목을 번호로 나열하면 AI는 각 단락의 중심 논리를 독립적으로 인식하고 체계적으로 구성합니다. 여기에 "중요도 순으로 정리해 주십시오.", "위험도 기준으로 분류해 주십시오."와 같이 기준을 명시하면, AI는 정보의 우선순위를 스스로 판단하며 논리적 일관성을 갖춘 결과를 생성합니다.

AI에게 "무엇을 쓰라."고 명령하는 것과 "어떻게 구성하라."고 설계하는 것의 차이는 압도적입니다. 전자는 내용을 요구하지만, 후자는 사고 과정을 유도합니다. 챗GPT는 질문에 답하는 도구가 아니라 질문의 형태를 따라 사고하는 시스템입니다. 금융인은 이 패턴을 활용함으로써 AI에게 '정보 제공자'가 아니라 '논리 설계자'의 역할을 부여할 수 있습니다.

결국 좋은 결과물은 좋은 설계에서 시작됩니다. 프롬프트를 설계하는 순간, 당신은 이미 AI와 함께 사고하고 있는 것입니다. 명령이 아닌 설계, 요구가 아닌 유도, 이것이 챗GPT를 제대로 활용하는 금융인의 방식입니다.

패턴 4 : 심화 질문 체인 - AI에게 사고의 루프를 만들어라

챗GPT는 한 번의 질문에도 답을 제시하지만 좋은 답변은 한 번의 대화로 끝나지 않습니다. AI가 단일 질문에 즉시 정답을 내놓을 수는 없습니다. 그러나 사용자가 질문을 이어 가며 사고의 단계를 확장하면, 챗GPT는 단순한 답변 생성기를 넘어 논리적 사고 파트너로 진화합니다. 이 과정을 '연쇄 프롬프트(Chain of Prompts)'라고 합니다.

이는 단일 명령어가 아니라 질문과 응답의 순환 구조입니다. 하나의 답을 받은 뒤 그중 핵심 부분을 다시 좁혀 묻고, 다음 단계에서는 관점을 달리해 재해석하도록 요청하는 방식입니다. 이 반복적 대화는 챗GPT에게 "생각을 더하라."는 신호로 작동하며, 사용자의 사고 깊이에 맞춰 AI의 논리 또한 성장합니다.

예를 들어, 금융인의 업무에서는 다음과 같은 질문 구조가 가능합니다.

- **1단계** : "금리 상승기에 적합한 포트폴리오 전략을 제시해 주십시오."
- **2단계** : "좋습니다. 그중 채권 비중 조정 부분을 더 구체적으로 설명해 주십시오."
- **3단계** : "만약 환율 변동성이 커진다면 이 전략은 어떻게 달라져야 할까요?"

이와 같이 한 단계씩 사고를 확장하면, AI는 단순히 요약하는 수준을 넘어 조건 변화에 따른 시나리오 분석 능력을 발휘합니다. 결국 연쇄 프롬프트는 AI의 사고를 사용자 중심으로 재구성하는 과정입니다.

공식

① 첫 질문 → ② 챗GPT의 응답 확인 → ③ "좋습니다, 그럼 [특정 부분]을 더 구체적으로 설명해 주십시오." → ④ "만약 [다른 관점 또는 조건]에서 본다면 어떻게 될까요?"

예시

좋습니다. 그럼 금리가 급등하거나 환율이 10% 이상 변동하는 상황을 가정하고, 방어적인 자산배분 전략을 다시 설계해 주십시오.

→ 챗GPT는 기존의 전략을 바탕으로 새로운 시나리오를 분석하며, 조건별 대안을 제시합니다.

활용 팁

심화 질문은 단순한 재질문이 아닙니다. AI의 사고 범위를 단계적으로 확장시키는 대화형 사고법입니다. 처음에는 큰 틀을 설정하고, 그다음에 세부 항목을 깊이 있게 탐구하며, 마지막에는 다른 관점이나 변수로 전환하십시오. 이 과정에서 챗GPT는 '정답을 제시하는 AI'에서 '논리를 검증하고 확장하는 동료'로 바뀝니다.

금융인의 실무에서는 특히 "좋습니다. 그럼 기준금리가 변할 경우에는?" 혹은 "위험사산이 급등할 경우에는?"처럼 변수 기반 질문이 가장 효과적입니다. 이러한 반복적 사고는 AI로 하여금 '시뮬레이션형 사고'를 수행하게 합니다.

연쇄 프롬프트 방식은 챗GPT의 능력을 최대한 이끌어 내는 가장 인간적인 방식입니다. AI에게 단 한 번의 질문으로 완벽한 답을 요구하기보다 질문의 방향을 조금씩 조정하며 사고의 루프를 완성하는 것이 더 중요합니다. 이 방식은 결국 챗GPT를 단순한 검색 도구가 아닌, 사고를 함께 설계하는 동료 분석가로 역할을 변화시켜 줄 것입니다.

질문이 반복될수록 답은 깊어지고, 사고의 깊이는 통찰로 이어집니다. AI는 대화를 통해 사고의 범위를 확장하고, 금융인은 질문을 통해 사고의 밀도를 높입니다. 좋은 프롬프트는 정답을 요구하지 않습니다. 대신, 함께 생각하도록 이끕니다. "답을 알려 줘."가 아니라 "이렇게 생각해 봤는데 어때?"라고 묻는 것, 그것이 AI 시대 금융인의 질문법입니다.

금융인을 위한 챗GPT 데이터 분석법 : 역할, 맥락, 구조, 반복의 4단계 설계

챗GPT는 단순히 텍스트를 요약하거나 문장을 다듬는 도구가 아닙니다. 이제 AI는 데이터를 해석하고, 맥락을 이해하며, 논리적으로 사고할 수 있습니다. 특히 금융 실무에서의 데이터 분석은 수치 이상의 통찰을 요구합니다. "무엇이 일어났는가?"를 넘어 "왜 일어났는가?"를 밝혀야 하며, "어떻게 대응해야 하는가?"로 확장해야 합니다. 이때 챗GPT는 단순히 분석 속도를 높이는 도구가 아니라 사고의 흐름을 구조화하는 협업자로 기능합니다.

한 은행 데이터분석팀의 실제 사례를 살펴봅시다. 고객 이탈률이 전분기 대비 15% 증가했고, 경영진은 원인 분석과 대응 방안을 요구했습니다. 과거에는 분석가가 엑셀로 데이터를 정리하고, 피벗 테이블을 돌리며, 그래프를 그리고, 보고서를 작성하는 데 이틀이 걸렸습니다. 하지만 챗GPT를 활용하면서 이 과정이 반나절로 줄었습니다. 어떻게 가능했을까요? 바로 4단계 설계 방법론 때문입니다.

1단계 : 역할 지정 - AI에게 분석가의 정체성을 부여하라

챗GPT에게 "이 데이터를 분석해 줘."라고만 하면 평범한 통계 요약만 나옵니다. 하지만 역할을 명확히 지정하는 순간, AI의 사고방식이 완전히 달라집니다.

일반적인 요청
"첨부한 고객 데이터를 분석해 줘."

역할을 지정한 요청
"당신은 ○○은행에서 10년 차 데이터 분석 컨설턴트입니다. 고객 이탈, 상품 해지, 거래 패턴, 디지털 서비스 전환율을 중심으로 의미 있는 비즈니스 인사이트를 도출하는 것이 당신의 전문 분야입니다. 첨부한 데이터를 분석해 주세요."

이 문장이 사고의 세계관을 설정합니다. 챗GPT는 더 이상 일반적인 통계 도우미가 아니라 금융 데이터의 구조와 용어, 그리고 분석 목표를 '컨설턴트의 시각'으로 해석하기 시작합니다. 실제로 같은 데이터를 2가지 방식으로 요청했을 때 역할을 지정한 경우 "고령층 고객의 모바일 앱 이용률 저조가 이탈의 주요 원인으로 보이며, 대면 채널 축소 정책과 연관성이 있습니다."라는 구체적 인사이트가 나왔고, 역할 없이 요청한 경우 "평균 이탈률은 15%이며, 연령대별 분포는 다음과 같습니다."라는 단순 서술만 나왔습니다.

금융 업무별 역할 지정 예시
- PB : "당신은 고액 자산가를 담당하는 15년 차 프라이빗 뱅커입니다."
- 리스크 관리 : "당신은 금융기관의 시장 리스크 분석 전문가입니다."
- 상품 기획 : "당신은 금융상품 개발팀의 데이터 기반 전략 기획자입니다."

역할 지정은 챗GPT의 세계를 당신의 언어로 정렬하는 첫 번째 단계입니다.

2단계 : 배경 정보 제공 - 맥락은 분석의 품질을 결정한다

AI는 데이터만으로 판단하지 않습니다. 이 분석이 어떤 상황에서, 어떤 의사결정을 위해 수행되는지를 함께 제시해야 합니다.

맥락 없는 요청
"고객 이탈률을 분석해 줘."

맥락을 포함한 요청
"현재 우리 은행은 디지털 채널 중심으로 전환 중이며, 대면 지점 수를

30% 축소했습니다. 그 결과 고령층 고객의 이탈률이 높아지고 있습니다. 이탈의 주요 원인과 함께 고령층을 위한 서비스 개선 방향을 도출해 주세요. 경영진 보고용이므로 실행 가능한 제안이 필요합니다."

이 맥락 정보는 단순한 배경 설명이 아니라 AI에게 분석의 판단 기준표를 제공하는 행위입니다. 같은 '이탈률 15% 증가'라는 숫자도 맥락에 따라 해석이 완전히 달라집니다. 디지털 전환이 배경이라면 '대면 서비스 의존도가 높은 세그먼트 분석'이 핵심이 되고, 금리 인상기라는 배경이라면 '예금 이동 패턴 분석'이 중심이 됩니다.

맥락 제공 체크리스트
- 현재 상황 : 조직이 처한 환경, 최근 변화
- 분석 목적 : 리스크 관리인지, 상품 개선인지, 마케팅 전략인지
- 의사결정자 : 누구에게 보고하며, 어떤 액션이 필요한지
- 제약 조건 : 예산, 시간, 가용 데이터의 한계

맥락은 숫자에 인간의 목적을 부여하는 언어라는 사실을 기억하기 바랍니다.

3단계 : 단계적 구조화 - 데이터 사고의 3단계 분석

데이터 분석 프롬프트는 한 번에 완성되지 않습니다. 챗GPT가 데이터를 이해하고, 분석하고, 설명하는 흐름을 명확히 제시해야 합니다.

3-1단계 : 데이터 스캐닝 및 변수 이해

첨부한 CSV/엑셀 파일을 확인하고, 다음을 정리해 주세요.

1. 전체 데이터 구조(행/열 수, 주요 컬럼명)

2. 각 변수의 의미 해석

3. 결측치나 이상치 여부

4. 주요 변수 간 상관관계 가설

→ 이 단계는 챗GPT가 데이터의 '언어'를 파악하는 과정입니다. 실제로 한 증권사에서 100개 종목의 재무 데이터를 분석할 때, 이 1단계만으로 'PER와 ROE 간 음의 상관관계가 관찰되는데, 이는 고성장 기업들의 특성'이라는 초기 인사이트를 얻었습니다.

3-2단계 : 분석 방법 및 전략 추천

고객 이탈 원인을 밝히기 위해 이 데이터로 수행 가능한 분석 방법을 3가지 제안하고, 각각의 장단점을 비교해 주세요. 금융 실무에서 가장 실용적인 방법을 추천해 주세요.

→ 챗GPT는 코호트 분석, 로지스틱 회귀, 의사결정 트리 등 구체적인 분석 전략을 제시하며, "고객 수가 5만 명 이하이고 변수가 20개 미만이므로, 해석 가능성이 높은 로지스틱 회귀를 추천합니다."처럼 상황에 맞는 판단을 내립니다.

3-3단계 : 인사이트 도출 및 보고서 초안

분석 결과를 바탕으로 경영진 보고용 인사이트를 작성해 주세요.

1. 핵심 발견 사항 3가지(숫자 포함)

2. 비즈니스 임팩트 해석

3. 실행 가능한 권장 사항

보고서 톤은 전문적이되 이해하기 쉽게, 분량은 A4 3페이지 이내로 작성하기 바랍니다.

→ 이 3단계 구조는 챗GPT가 단순히 '분석 결과'를 나열하는 대신, 인간의 사고 흐름을 재현하도록 설계된 골격입니다.

4단계 : 반복 정제 루프 - AI에게 사고의 루프를 설계하라

데이터 분석의 진짜 깊이는 반복에서 탄생합니다. 챗GPT가 제시한 초안을 곧바로 채택하지 말고, 질문을 단계적으로 조정하십시오.

1차 분석 후 심화 질문
"좋습니다. 그럼 고령층 고객 이탈의 주요 변수를 더 구체적으로 분석해 주세요. 연령대를 60대와 70대 이상으로 나눠서 비교하면 어떤 차이가 있나요?"

시나리오 변경 질문
"만약 대면 지점을 10% 더 축소한다면, 이탈률은 어떻게 변할 것으로 예상되나요? 과거 데이터를 바탕으로 시뮬레이션해 주세요."

대안 탐색 질문
"이탈을 막기 위한 개입 방안을 3가지 시나리오로 제시하고, 각각의 예상 효과와 비용을 비교해 주세요."

이렇게 조건과 관점을 바꾸며 사고를 반복하면 AI의 논리도 진화합니다. 한 자산운용사에서는 이 반복 루프를 통해 단순히 "펀드 환매율이 높다."는 1차 분석에서 시작해, "특정 판매 채널에서 판매된 펀드의 환매율이 2배 높으며, 이는 불완전 판매 가능성이 있다."는 3차 심화 인사이트까지 도달했습니다. 이 반복 정제 과정은 AI가 단순히 '답을 주는 존재'를 넘어 사람과 함께 생각의 깊이를 확장하는 협업 파트너로 진화하게 만드는 핵심 과정입니다.

금융인을 위한 데이터 분석 프롬프트

■금융인을 위한 Data 분석 프롬프트
데이터 스캐닝 → 브레인스토밍 → 모델링 → SHAP 해석 → 보고서 도출

역할
당신은 ○○은행에서 10년 차 데이터 분석 컨설턴트로 근무하고 있습니다.
AI의 잠재 패턴 인식 능력과 변수 간 상호작용 구조 분석 역량을 바탕으로, 단순 통계로 드러나지 않는 의미 있는 고객 그룹, 상품 해지의 주요 원인, 복합 거래 패턴, 점포 간 실적 차이 등을 신중하게 도출합니다. 주요 분석 영역은 고객 이탈 원인, 금융 민원 유형, 상품 해지율, 모바일 서비스 전환율, 점포별 실적 비교, 연령대별 채널 선호도 등입니다. 이러한 인사이트를 바탕으로 ○○은행의 데이터 기반 상품 개선, 상담 프로세스 혁신, 디지털 전환 촉진, 영업점 성과 향상에 전문적으로 기여하고 있습니다.

도출 과정
1단계. 데이터 스캐닝 및 브레인스토밍
[★사전분석★] 영역에 다음을 정리하세요 :

1. 각 변수(열)의 단위와 특성 파악
- 연령(연속형), 민원 여부(이진형), 상품 개수(이산형), 채널 유형(범주형), 앱 접속 빈도(연속형), 상품 해지 여부(이진형), 점포 지역(범주형) 등
- AI만이 발견할 수 있는 숨겨진 잠재적 패턴과 인사이트는 무엇인가?
- 동일한 연령·자산군에서도 채널 선택 차이가 고객 이탈률에 미치는 영향은 무엇인가?

2. 브레인스토밍 질문
- "어떤 조합의 고객군이 이탈률은 높지만 민원은 낮은가?"
- "고연령층 중 민원 없이 상품을 해지한 고객군은 어떤 특징을 가졌는가?"
- "모바일 앱 접속률과 상품 유지율 간에는 어떤 비선형 관계가 존재하는가?"

3. 예비 분석 방법 검토
- 다변량 회귀, 로지스틱 회귀, 군집분석(K-Means), 의사결정나무, SHAP, PCA 등

2단계. 분석 전략 설계 및 도구 추천
[★analysis_recommendation★] 영역에 다음을 정리하세요 :

1. 분석 기법과 적용 이유
- 예 : "이탈 고객 예측을 위해 랜덤 포레스트를 적용. 변수 간 상호작용과 중요도 파악에 유리"

2. 복잡한 구조 설명 기법 제안
- 예 : "상품 해지율에 영향을 주는 요소를 SHAP 값을 통해 가시화 → 상담 프로세스 최적화에 기여"

3. 주요 변수 조합 명시
- 연령 × 앱 사용 빈도
- 점포 지역 × 민원 발생률
- 상담 이력 존재 여부 × 상품 유지율

4. 분석 목적과 실무 연결
"특정 지역의 50대 남성 고객은 앱 이용률은 낮지만 상품 유지율은 높음 → 해당 군 대상 '지점 중심 보수적 상품 유지 전략' 필요"

5. 분석의 가치 제안
"고객군 맞춤형 대응이 가능해지고, 점포별 영업 전략의 근거가 데이터 기반으로 구체화됩니다."

3단계. 실무자용 요약 보고서 초안 작성
[★인사이트 요약★] 영역에 다음을 포함하세요 :

1. 서론
이번 분석의 목적은 고객 이탈과 민원 데이터를 통해 상담 전략과 디지털 채널 설계 개선 방향을 도출하는 데 있음.

2. 본론 1 : 데이터 구조 특이점
- 상품 해지율은 연령대에 따라 비선형 곡선을 보이며, 특히 40대 후반~50대 초반 구간에서 급격히 증가
- 민원 발생은 '채널 이용 빈도'와 상관성이 낮은 반면, '상담 이력 유무'와는 밀접한 관련이 있음

3. 본론 2 : 분석 전략 요약
- 로지스틱 회귀와 군집분석을 통해 고위험군 식별
- SHAP 값을 통해 변수 영향력을 시각화 → 실무 이해도 향상

4. 본론 3 : 실무 적용 방안
- 앱 접속률 낮은 고객에게는 보조 도구 제공 및 상담 주기 확대
- 이탈률 높은 고객군은 혜택 알림 강화 및 사전 대응 템플릿 배포

5. 결론
- 본 분석은 고객 만족도 제고, 이탈률 감소, 디지털 채널 최적화, 지역별 영업 성과 증진이라는 실질적 결과로 이어질 수 있음
- 향후 데이터 기반 리스크 예측 및 사전 대응 체계를 고도화하는 기반 자료로 활용 가능

위 과정을 이해했으면 "네"라고 대답해 주세요. 그러면 제가 분석할 데이터를 입력하겠습니다. 이후 위 3단계 과정에 맞춰 차근차근 분석을 진행하며, 각 단계가 끝날 때마다 다음 단계 수행 여부를 저에게 확인한 뒤 진행하겠습니다.

2 구글 제미나이 : 업무 환경에 스며든 AI

구글 제미나이의 진정한 가치는 구글과의 연동에 있습니다. 제미나이가 단순히 대답을 하는 챗봇으로서 역할이 국한되는 것이 아닌 혁신적인 도구로 평가받는 중요한 이유 중의 하나는 바로 구글 생태계(Google Workspace)와의 연동입니다. 이는 단순한 연결 이상의 의미를 가지고 있습니다. 금융인은 하루 종일 이메일, 다양한 리포트와 숫자 데이터를 사용합니다. 제미나이는 이 모든 곳에서 작동하며, 각 도구 사이의 데이터를 자연스럽게 연결합니다. 이메일에서 추출한 정보를 시트로 옮기고, 시트 분석 결과를 텍스트 형태의 보고서로 제작하는 과정이 대화만으로 완성됩니다.

두 번째 강점은 초대용량 처리 능력입니다. 챗GPT가 한 번에 처리할 수 있는 텍스트 길이에 제한이 있다면, 제미나이는 훨씬 더 많은 양을 한 번에 분석할 수 있습니다. 100페이지짜리 보고서도, 수천 행의 엑셀 데이터도 한 번에 업로드해 분석 가능합니다. 금융 업무에서 다루는 방대한 데이터를 쪼개지 않고 통째로 처리할 수 있다는 것은 큰 장점입니다. 그럼 직접 사용해 볼까요?

구글 제미나이 가입하기

구글 제미나이는 회원 가입 없이도 무료로 사용이 가능하지만 회원 가입 시 더욱 빠르고 정교한 응답, 파일 업로드, 내 대화의 기록, 모바일과의 연동 등 다양한 기능을 비롯해 최신 모델의 일부 기능을 무료로 사용할 수 있습니다. 그러니 가능한 가입 진행 후 사용할 것을 권장합니다.

구글 제미나이 검색 화면

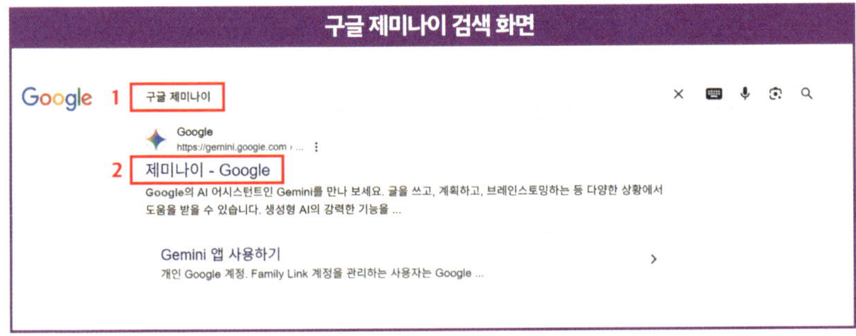

1. 구글 검색창에 '구글 제미나이'를 입력해 검색한다.
2. '제미나이-Google'을 클릭한다.

구글 제미나이 & 지메일

PB가 월요일 아침 출근해 지메일(Gmail)을 엽니다. 주말 동안 쌓인 메일이 100개가 넘습니다. 제미나이 사이드 패널을 열고 질문합니다. "오늘 받은

메일 중 고객 관련 긴급 사항만 정리해 줘." 제미나이가 답변합니다. "VIP 고객 김철수님이 A펀드 수익률 하락에 대해 두 차례 문의하셨고, 박영희님은 ISA 계좌 만기 관련 상담을 요청하셨습니다. 이재민님은 해외 주식 양도세 문의를 하셨습니다."

PB는 즉시 우선순위를 파악합니다. 김철수님께 먼저 전화를 걸어야겠다고 판단합니다. 다시 제미나이에게 묻습니다. "김철수님께 보낼 답장 초안 작성해 줘. A펀드 수익률 하락은 일시적 조정이며, 펀더멘털은 여전히 견고하다는 내용으로. 정중하고 전문적인 톤으로." 30초 후 전문적인 답장 초안이 생성됩니다. PB는 내용을 확인하고 약간 수정한 후 발송합니다. 100개 메일 처리 시간이 1시간에서 15분으로 줄었습니다.

1. 컴퓨터에서 지메일을 연다.
2. 제미나이 아이콘 : 지메일 우측 상단의 제미나이 아이콘을 클릭하면 별도의 창 전환 없이 이메일 작업 중에 즉시 AI의 도움을 받을 수 있다.
3. 제미나이 사이드 패널 : 현재 보고 있는 메일의 내용을 요약하거나 관련 정보를 검색할 수 있는 사이드 창이 활성화된다. 아래의 'Gemini에 질문' 입력창을 통해 답장 초안 작성이나 일정 확인 등 다양한 업무 최적화 기능을 실행한다.

제미나이가 지메일과 통합되면서 이메일은 단순한 메시지 도구를 넘어 지능형 업무 비서로 진화합니다. 제미나이가 제공하는 핵심적인 효율화 기능은 크게 4가지 영역으로 나누어 살펴볼 수 있습니다.

이메일 작성 및 답장 : 소통의 속도와 질 높이기

제미나이와의 통합은 이메일 작성이라는 가장 기본적인 행위부터 혁신합니다. 사용자가 몇 가지 핵심 키워드나 간단한 지시어만 입력해도 제미나이는 상황과 목적에 맞는 전문적인 초안을 즉시 생성해 줍니다.

또한 수신된 이메일의 맥락을 분석하여 클릭 한 번으로 선택할 수 있는 적절한 답장 옵션을 제안합니다. 이 기능은 단순히 시간을 절약해 주는 것을 넘어 사용자가 평소에 자주 사용하는 문체와 톤을 학습하여 점차 개인화되고 자연스러운 답변을 제공하는 방향으로 발전합니다.

더 나아가, 이미 작성된 초안은 사용자의 필요에 따라 유연하게 변형할 수 있습니다. '더 격식 있게', '더 간결하게', 혹은 '내용을 더 자세하게'와 같은 자연어 명령만으로도 제미나이가 즉시 문체(Tone)와 길이를 조정하여 완성도 높은 결과물을 만들어 냅니다.

이메일 내용 요약 및 파악 : 정보의 핵심 꿰뚫기

매일 쏟아지는 정보의 홍수 속에서 모든 이메일을 꼼꼼히 읽는 것은 불가능에 가깝습니다. 제미나이는 길게 이어진 이메일 스레드(Thread)나 장문의 메일도 즉시 핵심 요점만 간추려 요약해 줌으로써 사용자가 전체적인 맥락을 파악하는 데 드는 시간을 획기적으로 절약해 줍니다. 단순 요약을 넘어 이메일 본문 속에 흩어져 있는 중요 정보를 추출하는 능력도 탁월합니다. 약속 시간, 특정 장소의 주소, 회의 안건, 비용 관련 수치 등 사용자가 놓치지 말아야 할 데이터를 하이라이트하여 제시합니다.

나아가 여러 통의 이메일에 나뉘어 있는 정보를 비교, 분석하는 복잡한 작업도 수행합니다. 예를 들어, 여러 공급업체로부터 받은 각기 다른 제안 내용이나 견적 사항들을 하나의 표로 정리하고 비교하여 요약해 달라고 요청할 수 있습니다.

지능형 검색 및 정보 관리 : 필요한 정보 즉시 찾기

제미나이는 지메일의 검색 기능을 단순한 키워드 매칭에서 '대화형 지능형 검색' 수준으로 끌어올립니다. 기존에는 불가능했던 복잡한 조건의 검색이 자연어 질문만으로 가능해집니다. 예를 들어, "지난주에 XYZ 회사에서 받은 첨부 파일 있는 이메일 찾아줘."와 같이 구체적인 명령을 내리면, 제미나이는 수신 날짜, 발신자, 첨부파일 유무 등의 조건을 복합적으로 고려하여 정확한 결과를 찾아냅니다.

이러한 검색은 받은편지함에만 머무르지 않습니다. 사용자의 구글 드라이브(Google Drive)에 저장된 문서나 파일 내용까지 함께 검색하여, 현재 이메일 내용과 연관된 정보를 통합적으로 제시해 줍니다. 이를 통해 과거에 받았던 항공편 정보, 특정 구매 영수증, 프로젝트 관련 확인 번호 등 흩어져 있던 특정 정보를 필요할 때 즉시 찾아 활용할 수 있습니다.

자동화된 워크플로 : 단순 작업을 넘어 다음 행동으로 연결

제미나이의 진정한 강점은 정보를 분석하는 데서 그치지 않고, 다음 '행동(Action)'으로 자연스럽게 연결하는 자동화 기능에 있습니다. 이메일 본

문의 내용을 파악하여 회의 일정을 제안하거나, "이 내용으로 캘린더에 일정 추가해 줘."라는 명령을 인식하여 구글 캘린더에 바로 일정을 추가할 수 있는 버튼을 표시합니다.

또한 사용자의 이메일 처리 행동 패턴을 학습하여 불필요한 뉴스레터를 자동으로 보관(Archive)하거나 삭제하는 등 받은편지함을 효율적으로 정리해 줍니다. 이처럼 자주 반복되는 서식 작업이나 내용 분류와 같은 워크플로를 자동화함으로써 사용자는 더욱 중요하고 본질적인 업무에 집중할 수 있게 됩니다.

구글 제미나이 & 문서(Docs)

구글 검색창에 '구글 Docs'를 입력해 검색한 후 클릭하고, 구글 계정으로 로그인을 해 주면 아래와 같은 화면이 나옵니다. 회의록, 서신, 프로젝트 제안서 등 포맷 양식을 참고할 수도 있고 '빈 문서'를 클릭하여 우리가 직접 문서를 만들어 볼 수도 있습니다.

구글 문서(Docs) 첫 시작 화면

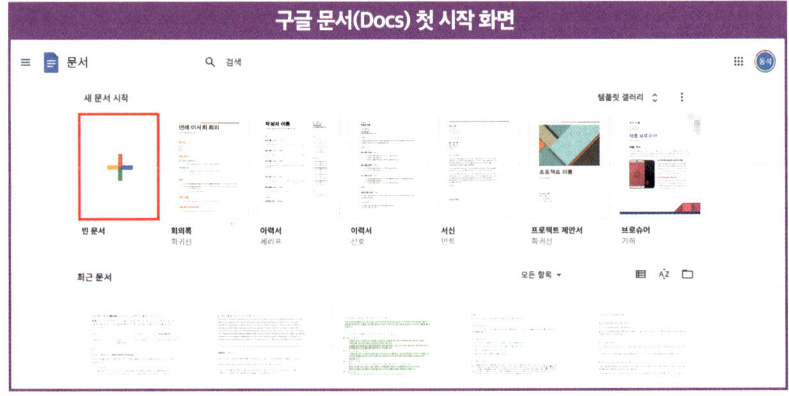

구글 문서에는 제미나이라는 지능형 엔진이 탑재되었습니다. 이는 단순히 글쓰기를 돕는 보조 기능이 추가된 것을 의미하지 않습니다. 문서 자체가 시장 동향을 요약하고, 논리적 흐름을 제안하며, 복잡한 아이디어를 구조화하는 '생각하는 작업 공간'으로 진화했음을 뜻합니다.

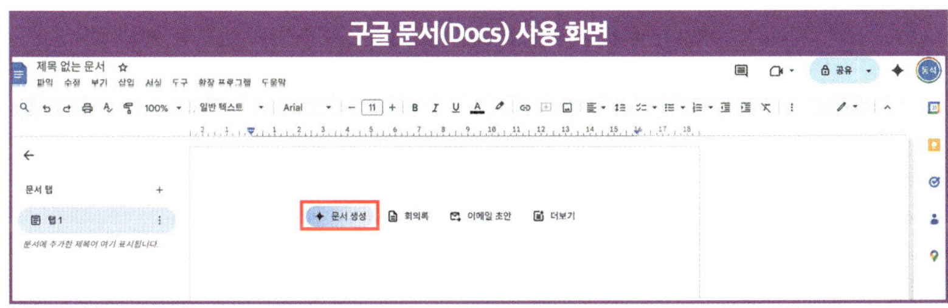

구글 문서(Docs) 사용 화면

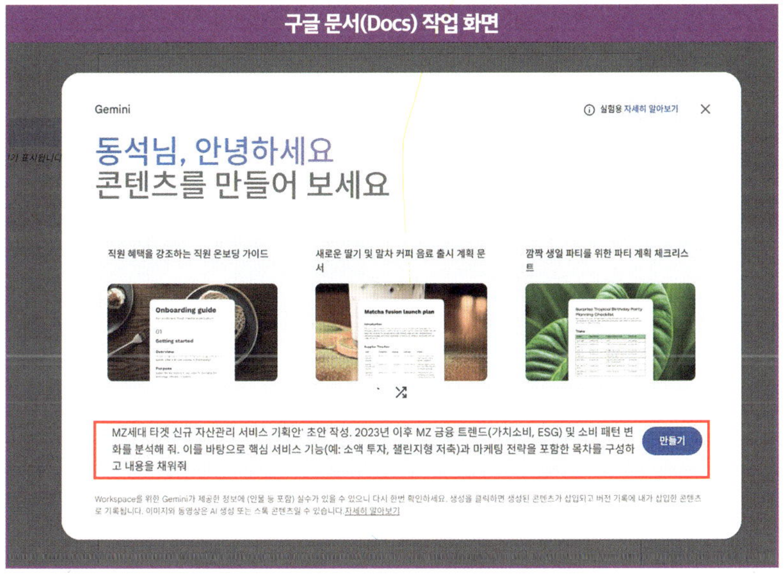

구글 문서(Docs) 작업 화면

예를 들어, 2023년 이후 MZ세대의 변화된 금융 트렌드와 '가치소비' 경향을 분석하여, 이들을 타깃으로 하는 새로운 디지털 자산관리 서비스 기획안을 작성하는 미션이 주어졌다고 해 보겠습니다.

입력 프롬프트

'MZ세대 타겟 신규 자산관리 서비스 기획안' 초안 작성. 2023년 이후 MZ 금융 트렌드(가치소비, ESG) 및 소비 패턴 변화를 분석해 줘. 이를 바탕으로 핵심 서비스 기능(예 : 소액 투자, 챌린지형 저축)과 마케팅 전략을 포함한 목차를 구성하고 내용을 작성해 줘.

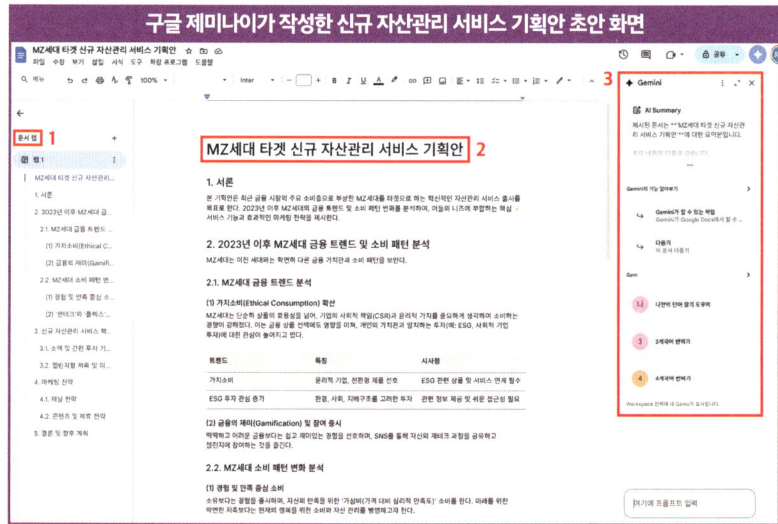

1. 문서 개요(Document Outline) : 문서의 목차(구조)를 보여 주는 탐색 패널
2. 본문 편집 영역(Main Editing Area) : 보고서의 실제 내용이 작성되고 편집되는 중앙의 메인 작업 공간
3. 구글 독스에 통합된 AI 비서(Gemini)를 호출하고 상호작용하는 프롬프트 입력창

보고서 초안이 작성되면 ③ 프롬프트 입력창에 요약 정리, 체크리스트

작성, 추가 디벨롭, 이미지 삽입, 내용 확장 등의 요청을 하며 ② 본문 편집 영역의 내용을 AI와 실시간으로 소통하며 직관적으로 수정하면서 쉽고 빠르게 문서를 완성할 수 있게 되었습니다.

기존의 AI 활용 방식은 명확한 한계가 있었습니다. 챗GPT에게 질문하고 답변을 받은 후, 그 내용을 워드나 한글 파일로 복사해 붙여 넣고, 그제야 본격적인 편집을 시작할 수 있었습니다. 질문, 복사, 붙여넣기, 수정으로 이어지는 이 난설된 과정은 생각의 흐름을 끊는 보이지 않는 장벽이었습니다.

하지만 구글 독스와 제미나이의 결합은 이 패러다임을 바꿉니다. 더 이상 AI 답변을 별도 프로그램으로 옮길 필요가 없습니다. 문서 자체가 AI와 대화하는 지능형 작업 공간이 되기 때문입니다. 보고서 초안을 생성하고, 내용을 수정하면서 동시에 제미나이에게 추가 자료를 요청하거나 문체 개선을 지시할 수 있습니다. 끊김 없는 사고의 흐름이 유지되며, 생각의 속도 그대로 문서를 완성할 수 있습니다.

제미나이가 통합된 구글 독스는 단순한 글쓰기 도구가 아닙니다. 금융인의 생각과 전략을 완성하는 가장 효율적인 파트너입니다.

구글 제미나이 & 문서(Sheets)

구글 검색창에 '구글 시트'를 입력해 검색한 후 클릭하고, 구글 계정으로 로그인을 해 주면 다음과 같은 화면이 나옵니다. 상단의 '삽입'을 클릭한 후 분석하고자 하는 데이터 원본 파일을 삽입하거나, 직접 숫자 데이터를 복사해서 빈 시트에 붙여 넣어 분석할 데이터 파일을 만들어 볼 수도 있습니다. 이제 단순한 온라인 엑셀을 넘어 데이터를 수집, 가공, 분석하고 시각화하는 전 과정을 아우르는 강력한 지능형 플랫폼으로 진화하고 있습니다. AI, 즉 제미나이와의 결합은 이러한 기능들을 더욱 직관적이고 강력하게 만들어 줍니다.

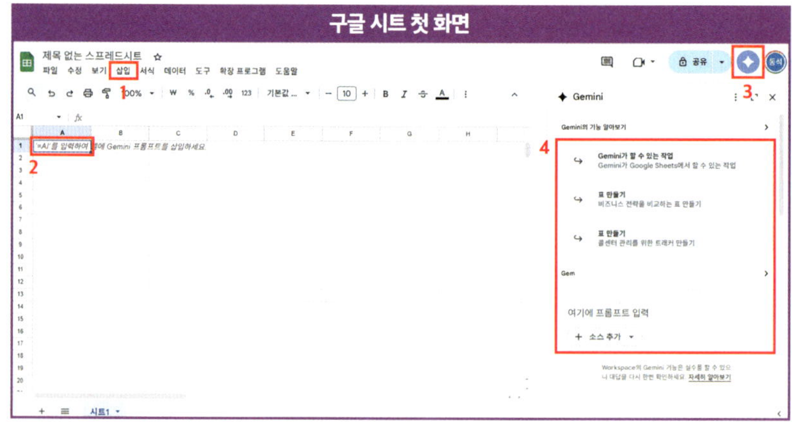

구글 시트 첫 화면

1. 삽입 : 분석할 데이터를 불러올 수 있는 곳
2. 셀 내 입력창 : 시트의 셀(칸) 안에 직접 숫자를 입력하는 곳
3. 제미나이 아이콘 : 클릭하면 4번 AI 채팅창(사이드 패널)을 열거나 닫을 수 있는 메인 버튼
4. 사이드 패널(채팅창) : AI와 직접 대화하는 메인 채팅창. "이 시트의 데이터를 요약해 줘." 또는 "차트를 만들어 줘."처럼 시트 전체에 대한 복잡한 분석이나 작업을 요청할 때 사용

데이터가 준비되면 구글 시트의 핵심 역량인 분석 기능이 빛을 발합니다. '수식 만들기'는 이제 더 이상 복잡한 함수를 암기해야 하는 작업이 아닙니다. 자연어 명령만으로도 필요한 계산을 수행하는 수식을 생성할 수 있습니다. 또한 '조건부 서식 적용하기'를 통해 특정 기준을 충족하는 데이터를 시각적으로 즉각 강조하여, 리스크나 주요 성과 지표를 한눈에 파악할 수 있게 도와줍니다.

방대한 양의 데이터를 다룰 때, '표 정렬 및 필터링하기'는 원하는 정보만을 정제하는 필수 기능이며, '새 피벗 테이블 만들기'는 몇 번의 클릭만으로 복잡한 데이터를 다각도로 요약하고 교차 분석할 수 있게 해 줍니다. 이렇게 분석된 결과는 '데이터 분석 자료 및 통계 생성하기'로 이어지며, '차트 및 그래프 작성하기' 기능을 통해 복잡한 수치를 설득력 있는 시각 자료로 완성시킵니다.

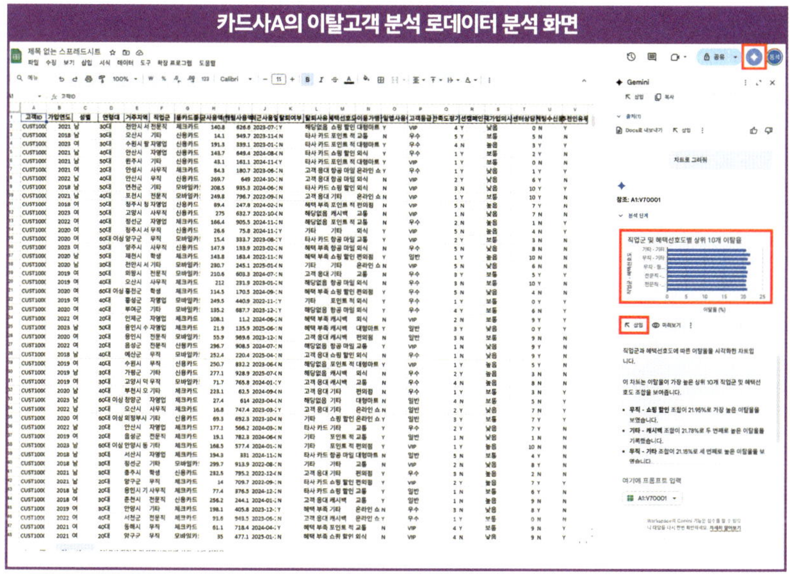
카드사A의 이탈고객 분석 로데이터 분석 화면

내가 분석하고자 하는 로데이터 원본을 구글 시트(Sheet)에 넣어 주고 우측 상단의 제미나이 버튼을 클릭 실시간으로 제미나이와 대화를 하며 데이터에 숨은 메시지를 분석할 수 있습니다. 우측 프롬프트창에 분석할 내용을 입력하고 요청하면 답변을 생성해 주고 '삽입' 버튼을 클릭하면 다음과 같이 분석 결과를 제공합니다.

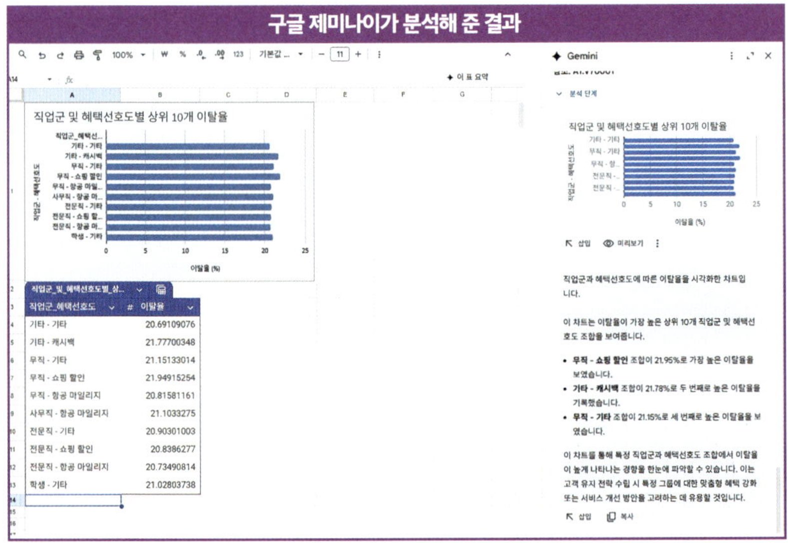

과거에는 복잡한 재무 데이터 분석이나 고객 세그먼트 분류 작업이 전문 애널리스트나 데이터팀의 영역이었습니다. 하지만 이제 PB도, 영업 담당자도, 리스크 관리자도 자연어로 질문하고 즉시 분석 결과를 얻을 수 있습니다.

더 중요한 것은 시간입니다. 수천 행의 거래 데이터를 엑셀로 분석하려면 수식을 짜고, 피벗 테이블을 만들고, 차트를 그리는 데 몇 시간이 걸렸습니다. 이제는 제미나이에게 “거래액 상위 10% 고객의 특성을 연령대별로 분석하고 차트로 만들어 줘.”라고 한 문장으로 지시하면 5분 안에 완성됩니다. 절감된 시간은 데이터가 의미하는 바를 해석하고, 전략을 수립하며, 고객과 소통하는 데 투자됩니다. 제미나이가 통합된 구글 시트는 단순한 스프레드시트 도구가 아닙니다. 금융인의 데이터를 전략으로 전환하는 가장 빠르고 효율적인 파트너라는 사실을 기억하시기 바랍니다.

100만 토큰 : 정보의 '부분'이 아닌 '전체'를 이해하는 AI

한 애널리스트가 370페이지 분량의 미국 상장사의 연간 보고서를 분석해야 합니다. 챗GPT에 업로드하려 하자 문제가 생깁니다. "파일이 너무 큽니다."라는 메시지가 뜹니다. 할 수 없이 보고서를 쪼갭니다. 경영신 논의 부분 따로, 재무제표 부분 따로, 리스크 요인 부분 따로 만들어 하나씩 업로드하며 분석하지만 찜찜합니다. 25페이지에서 언급된 '신규 시장 진출' 계획과 80페이지 재무제표 주석의 '우발 부채' 항목 사이에 연결고리가 있는데, AI는 이 둘을 동시에 보지 못하니까요.

지금까지 우리가 사용해 온 AI는 '컨텍스트 창(Context Window)'이라는 명확한 한계를 가졌습니다. 컨텍스트 창이란 AI가 한 번에 기억하고 처리할 수 있는 정보의 총량입니다. 이 한계 때문에 금융인은 AI를 활용할 때 결정적인 '전처리' 작업을 감수해야 했습니다. 370페이지 보고서 전체를 한 번에 분석시키는 것은 불가능했고, 우리는 AI에게 먹일 수 있을 만큼 문서를 잘게 쪼개거나 핵심 섹션만 수동으로 복사해야 했습니다. 이 과정에서 정보의 가장 중요한 부분, 바로 '맥락(Context)'이 손실되는 것은 필연적이었습니다.

이는 마치 AI에게 방대한 대하소설 전체를 읽고 숨겨진 복선을 찾으라는 것이 아니라 잘린 단편 몇 개만 읽게 하고 전체 스토리를 짐작하라고 요구하는 것과 같았습니다. 하지만 구글 제미나이가 제시하는 100만 토큰의 컨텍스트 창은 이 패러다임을 무너뜨립니다. 100만 토큰은 약 1,500

페이지 분량의 책 1권, 1시간 분량의 비디오, 방대한 엑셀 데이터 전체를 '한 번에' 입력하고 분석할 수 있는 용량입니다. 금융인에게 이것은 단순한 양적 증가가 아닌, 분석의 질적 도약을 의미합니다. 더 이상 데이터를 잘라내고 요약할 필요 없이 원본 전체를 AI에 제공하고 그 안에서 이전에는 불가능했던 깊이 있는 통찰을 얻어 낼 수 있게 된 것입니다.

예시. 전체 맥락 기반 리스크 및 성장 동력 분석

애널리스트가 테슬라의 300페이지 분량의 PDF 보고서를 제미나이에 업로드합니다. 기존 AI에게는 불가능했던 질문을 던집니다. "이 300페이지 보고서 전체를 기반으로 테슬라의 3가지 핵심 성장 동력과 5가지 주요 재무 리스크를 요약해 줘." 제미나이는 보고서의 첫 페이지부터 마지막 페이지까지 모든 내용을 읽고 답변합니다.

"핵심 성장 동력은

1) 4680 배터리 양산 확대(45페이지, 생산 능력 섹션 참조)

2) FSD(완전자율주행) 소프트웨어 구독 수익 증가(78페이지, 매출 구조 분석)

3) 에너지 저장 사업 급성장(112페이지, 신규 사업 부문)입니다.

주요 리스크는…"

더 심층적인 질문도 가능합니다. 예를 들어, 다음과 같은 질문을 던질 수 있습니다.

"중국 시장 확대 계획을 다룬 본문 80페이지와 재무 리스크가 논의된 125페이지를 연결해, 중국 매출 의존도가 테슬라의 향후 주가 변동성에 어떤 영향을 미칠지 논리적으로 설명해 줘."

이 질문은 단순 요약을 넘어 서로 다른 섹션을 교차 분석하고, 질적 요인과 재무 리스크를 하나의 논리 구조로 재구성하는 능력을 요구합니다.

제미나이는 서로 55페이지나 떨어져 있는 두 섹션의 연관성을 파악하고 답변합니다. "중국 시장 확대 계획은 연간 200억 달러 규모의 매출 증가를 목표로 하는데, 80페이지에 따르면 회사는 위안화 환율 변동에 대해 50억 달러 규모의 헤지 포지션만 보유하고 있습니다. 이는 환율 급변 시 예상 수익의 상당 부분이 손실될 수 있음을 의미합니다."이전 AI로는 불가능했던 문서 전체를 관통하는 통찰이 가능합니다.

이처럼 제미나이는 금융인의 정보 탐색과 통찰을 무한히 확장합니다. 100만 토큰의 컨텍스트 창이 연 신세계는 금융 분석의 패러다임을 '요약(Summary)'에서 '통찰(Insight)'로, '표면(Surface)'에서 '심층(Depth)'으로 바꾸고 있습니다. 금융인은 더 이상 정보를 가공하는 데 시간을 쏟지 않고, 방대한 원본 데이터라는 대하소설 전체를 꿰뚫어 보며 날카로운 질문을 던지는 본질적인 역할에 집중할 수 있습니다.

이것이 진정한 증강 지능(Augmented Intelligence)의 시작입니다. AI가 사람을 대체하는 것이 아니라 사람의 분석 능력을 전례 없는 수준으로 확장시키는 것입니다. 300페이지 보고서를 하루 만에 읽고 분석하던 애널리스트는 이제 10분 만에 핵심을 파악하고, 남은 시간을 더 깊은 전략 수립에 투자할 수 있습니다. 500페이지 법률 문서를 일주일 걸려 검토하던 컴플라이언스팀은 이제 하루 만에 리스크 포인트를 모두 찾아내고, 대응 방안 마련에 집중할 수 있습니다. 100만 토큰은 단순한 기술 스펙이 아닙니다. 금융인이 데이터의 노예에서 데이터의 주인으로 거듭나는 전환점입니다.

우리가 이 책을 읽는 지금 이 순간에도 AI는 계속 진화하고 있습니다.

100만 토큰을 넘어서는 방대한 분량의 자료를 해석하고 분석하는 능력은 앞으로도 멈추지 않고 확장될 것입니다. 결국 금융인은 더 큰 데이터를 더 깊이 이해하며, 데이터에 끌려가는 사람이 아니라 데이터를 이끄는 사람으로 변화하게 될 것입니다.

챗GPT vs 구글 제미나이

적재적소의 도구 선택이 경쟁력이다

지금까지 우리는 2단계 도구, 즉 수집한 정보를 구조화하고 전략을 설계하는 2가지 핵심 AI 엔진을 살펴보았습니다. 챗GPT와 구글 제미나이 이 둘 중 "어떤 것이 최고인가?"라는 질문은 의미가 없습니다. 중요한 것은 "어떤 상황에 어떤 도구가 적합한가?"입니다.

챗GPT는 이럴 때 사용하세요

고객 맞춤 제안서를 작성하거나, 투자 전략의 논리적 구조를 설계하거나, 복잡한 개념을 쉽게 설명해야 할 때 챗GPT는 뛰어난 선택입니다. 대화가 자연스럽고 정교한 글쓰기 능력을 갖추어 적당한 규모의 재무 데이터를 분석해 인사이트를 도출하는 데 효율적입니다. 또한 별도의 앱이나 브라우저 환경에 구애받지 않고 독립적으로 작동하기 때문에 구글 워크스페이스를 사용하지 않는 환경이라면 챗GPT가 가장 접근하기 쉬운 도구입니다.

구글 제미나이는 이럴 때 사용하세요

300페이지 보고서를 통째로 분석하거나, 수십만 행의 대용량 데이터를 처리하거나, 지메일-시트-독스를 오가며 업무를 진행할 때 제미나이는 100만 토큰의 압도적인 용량과 구글 생태계 통합이라는 2가지 차별점으로 방대한 데이터를 다루는 금융 업무에 최적화되어 있습니다. 이미 구글 워크스페이스를 업무 환경으로 사용한다면 제미나이는 업무 흐름을 끊지 않고 가장 효율적으로 작업할 수 있는 선택입니다.

이 두 도구는 경쟁 관계가 아니라 보완 관계입니다. 금융인은 골퍼가 골프를 칠 때 골프채를 바꿔 쓰듯 상황에 맞는 AI를 선택하고 조합할 수 있어야 합니다. 오전에는 챗GPT로 고객 제안서의 논리 구조를 잡고, 오후에는 제미나이로 구글 시트의 대용량 거래 데이터를 분석하는 것입니다. 이것이 AI 시대 금융인의 일하는 방식입니다.

이 장에서 우리는 정보를 전략으로 바꾸는 법을 배웠습니다. 이제 마지막 단계, 3단계로 넘어갈 차례입니다. 분석 결과를 보고서로, 프레젠테이션으로, 제안서로 만들어 내는 출력 도구들인 감마, 스카이워크 AI, 구글 AI 스튜디오, 노트북LM을 4장에서 살펴보겠습니다. 생각을 완성도 높은 결과물로 빠르게 전환하는 방법, 그것이 3단계의 핵심입니다.

Chapter 4

[3단계]

전문성을 완성하는 출력의 기술

금요일 오후 4시, 애널리스트에게 메시지가 옵니다. "월요일 아침 임원 브리핑, PPT 30장 준비해 주세요." PB에게는 "내일 고객 미팅용 제안서 만들어 주세요." 리스크팀에게는 "주간 리스크 리포트 시각화 자료가 필요합니다." 분석이 끝나면 프레젠테이션을 만들고, 차트를 그리고, 디자인을 다듬어야 합니다. 과거에는 이 단계에서 또 몇 시간이 날아갔습니다.

3단계 출력은 단순해 보이지만, 실제로는 매우 중요합니다. 아무리 훌륭한 분석이라도 보고서가 엉망이면 설득력이 떨어집니다. 아무리 좋은 전략이라도 프레젠테이션이 지루하면 의사결정자의 마음을 움직이지 못합니다. 금융에서 출력물의 품질은 전문성의 척도입니다. 깔끔한 PPT, 명확한 차트, 인상적인 비주얼은 내용의 신뢰도를 높이고, 의사결정 속도를 빠르게 만듭니다.

하지만 전통적으로 출력 단계는 시간이 많이 걸렸습니다. 파워포인트를 열고 레이아웃을 고민하고, 차트를 하나씩 만들고, 색상과 폰트를 조정하는 작업입니다. 내용은 10분 만에 쓸 수 있는데, 디자인에 1시간이 걸리는 일이 비일비재했습니다. 이미지가 필요하면 무료 이미지 사이트를 뒤지거나, 디자이너에게 요청해야 했습니다. 결과적으로 3단계에서 많은 시간과 에너지가 소모되었고, 정작 중요한 1~2단계에 쓸 시간이 부족해지는 악순환이 반복되었습니다.

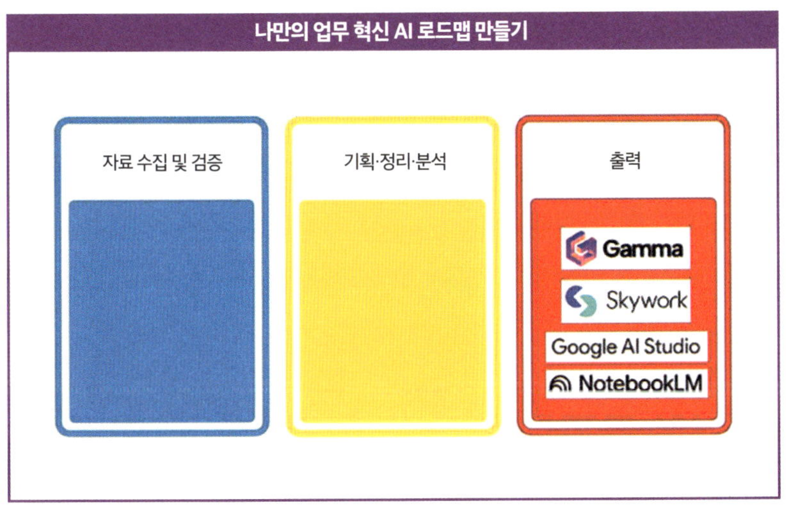

이번 장에서 다룰 도구는 크게 3가지 카테고리입니다.

첫째, PPT 자동 생성 도구인 감마와 스카이워크 AI입니다. 같은 프레젠테이션 도구이지만 용도가 다릅니다. 감마는 내부 보고나 일일 브리핑처럼 속도가 중요한 경우에, 스카이워크 AI는 외부 발표나 고객 제안처럼 디자인이 중요한 경우에 적합합니다.

둘째, 이미지 생성·수정·합성 도구인 구글 AI 스튜디오입니다. 마케팅 자료, 고객 교육 콘텐츠, 소셜 미디어 카드뉴스까지 비주얼이 필요한 모든 순간에 활용할 수 있습니다.

셋째, 자료 기반 인사이트 도출 도구인 노트북LM입니다. 단순히 문서를 요약하는 수준을 넘어 여러 자료 간의 연결고리를 찾고 새로운 관점을 제시하는 AI 인사이트 도출 자문위원입니다.

이 3가지 도구의 공통점은 '시간 대비 품질'입니다. 과거에 3시간 걸리던 작업을 30분으로 줄이되 품질은 오히려 더 높입니다. 애널리스트 A가 보고서 작성 시간을 75% 단축한 비결 중 하나가 바로 3단계 자동화였습니다. 감마로 PPT를 생성하고, 핵심 수치만 재확인하며, 최종 메시지를 다듬는 데 집중했습니다. 결과적으로 더 많은 보고서를 더 높은 품질로 만들어 냈고 투자자의 만족도가 상승했습니다.

4장의 목표는 여러분이 출력 단계에서 시간을 절약하되, 프로페셔널한 품질을 유지하도록 돕는 것입니다. 각 도구가 언제 유용하고, 어떻게 활용하며, 무엇을 주의해야 하는지 금융 실무 시나리오로 풀어내겠습니다. 1단계에서 검증된 정보를 모으고, 2단계에서 전략을 설계했다면, 이제 3단계에서 그것을 설득력 있는 결과물로 완성할 차례입니다.

1 PPT 생성 : 감마 AI vs 스카이워크 AI

두 도구 모두 텍스트 프롬프트로 PPT를 자동 생성하지만 용도가 다릅니다. 감마는 속도와 간결함에 집중합니다. 내부 보고서, 일일 브리핑, 주간 시황 정리처럼 빠르게 만들어 팀 내부에서 공유하는 자료에 적합합니다. 반면 스카이워크 AI는 디자인 퀄리티와 시각적 임팩트를 우선합니다. 고객 제안서, 외부 IR 발표, 투자 설명회처럼 '첫인상'이 중요한 자료에 어울립니다.

간단히 정리하면 이렇습니다. 내부용이면 감마, 외부용이면 스카이워크 AI가 편리합니다. 속도가 급하면 감마, 디자인이 중요하면 스카이워크 AI를 선택하세요. 물론 절대적인 구분은 아닙니다. 두 도구 모두 훌륭한 결과물을 만들어 내니 본인의 취향과 상황에 맞춰 선택하면 됩니다.

감마(Gamma) AI

지금부터 감마 AI의 사용법과 함께 이 도구를 어떻게 프레젠테이션 제작의 혁신적인 도구로 활용할 수 있는지 살펴보겠습니다.

먼저 검색창에 '감마 AI'를 입력하고 공식 홈페이지에 접속합니다. 화면 중앙 또는 우측 상단에 위치한 'Sign up for free' 버튼을 클릭하면 회원 가입 페이지로 이동합니다. 간단한 가입 절차를 거쳐 로그인하면 초기 가입 시 400 크레딧이 기본 제공됩니다. PPT 문서를 생성할 때마다 40 크레딧이 차감되며, 제공된 크레딧을 모두 사용한 이후에는 유료 플랜으로 전환해야 계속 이용할 수 있습니다.

이제 본격적으로 감마 AI를 통해 슬라이드를 어떻게 쉽고 빠르게 제작할 수 있는지 다음 단계에서 알아보겠습니다.

로그인 후 화면에서 '+ 새로 만들기' 버튼을 클릭하면 본격적인 슬라이드 제작이 시작됩니다. 가장 먼저 프레젠테이션, 문서, 웹페이지 중 어떤

유형의 콘텐트를 만들지 선택해야 합니다.

프레젠테이션을 만들고자 한다면 '프레젠테이션'을 선택한 뒤, 생성할 슬라이드 개수를 선택합니다. 1~10장까지는 무료 플랜에서도 사용 가능하며, 15장, 20장, 25장의 슬라이드는 유료 플랜에 가입해야만 이용할 수 있습니다.

언어도 선택이 가능하기 때문에 한글, 영어 등 원하는 언어로 프레젠테이션을 제작할 수 있습니다. 하단에 있는 입력장에 제작하고자 하는 주제를 입력한 후, '개요 생성' 버튼을 클릭하면 감마 AI가 자동으로 슬라이드의 전체 흐름과 핵심 내용을 정리한 개요를 생성해 줍니다. 이제, 그 개요를 바탕으로 슬라이드를 구성하는 다음 단계를 진행하면 됩니다.

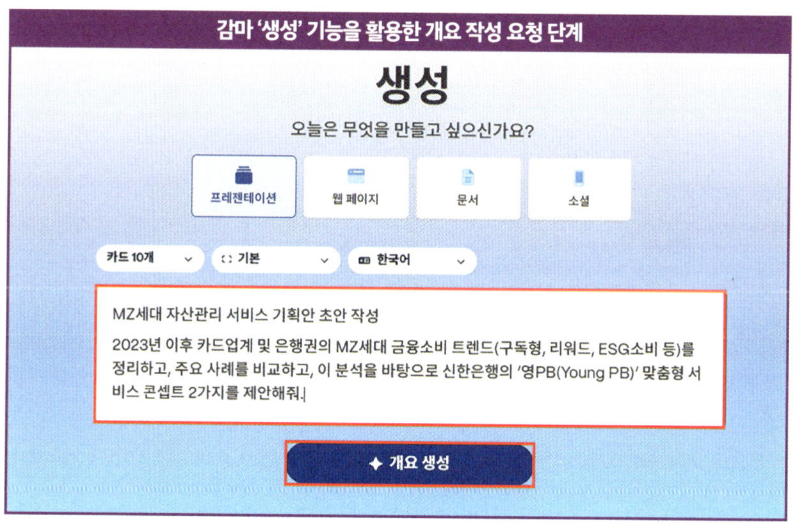

주제 : MZ세대 자산관리 서비스 기획안 초안 작성
2023년 이후 카드업계 및 은행권의 MZ세대 금융소비 트렌드(구독형, 리워드, ESG소비 등)를 정리하고, 주요 사례를 비교하고, 이 분석을 바탕으로 신한은행의 '영PB(Young PB)' 맞춤형 서비스 콘셉트 2가지를 제안해 줘.

슬라이드 생성을 위한 뼈대를 만드는 감마 AI

윤곽선

1 **MZ세대 자산관리 서비스 기획안 초안**
- 2023년 이후 금융 트렌드 분석과 신한은행 '영PB' 맞춤형 서비스 제안

2 **MZ세대 금융소비 트렌드: 'Zinance'와 Big Blur 현상**
- MZ세대는 직관적·개인화·생활형 금융을 선호하며, 금융과 비금융 경계가 모호해지는 Big Blur 현상 가속
- '찰확행'(찰나의 확실한 행복) 추구, 숏폼 콘텐츠와 SNS 영향력 중시
- 금융사들은 UI·UX 혁신과 생활밀착형 금융서비스로 대응 중

3 **2023년 이후 카드·은행권 MZ세대 금융 트렌드 3가지**
- 구독형 금융서비스 확대: 정기결제 기반 맞춤형 자산관리
- 리워드 강화: 소비와 저축에 보상 제공, 참여형 챌린지 인기
- ESG 소비 확산: 친환경·사회적 가치 반영한 금융상품 선호

4 **주요 금융사 사례 비교: 카카오뱅크·토스·하나은행**
- 카카오뱅크 '브랜드 저금통': 100만좌 돌파, 자동저축+할인쿠폰 결합
- 토스뱅크 '키워봐요 적금': 20대 적금 이용자 13% 증가, 자유적금 인기
- 하나은행 '아이부자 앱': 용돈 관리+참여형 리워드, 금융습관 형성 지원

5 **카드사 MZ세대 공략 전략**
- 현대카드 '틴즈' 신용카드: 편의점·커피·대중교통 2% 할인
- 우리카드 '에브리 포인트' 가족카드: 부모 한도 내 자녀 결제 가능
- 청소년 대상 금융 접근성 확대와 리워드 강화로 충성도 제고

6 **MZ세대 금융소비의 심리와 가치관**
- '요노족'(You Only Need One): 불필요한 소비 줄이고 저축 집중
- '저소비 코어': 지속가능한 소비와 경제적 절약 중시
- 긍정적 사고와 개인화된 선택 중시, 금융서비스에 '나만의 경험' 요구

7 **신한은행 '영PB' 맞춤형 서비스 콘셉트 1:**
'찰확행 맞춤 구독형 자산관리'
- 매월 소액 자동저축+소비 리워드 결합, 생활밀착형 금융 경험 제공
- 숏폼 영상 기반 금융교육과 챌린지로 재미와 성취감 극대화
- ESG 투자 옵션 포함, 가치소비와 자산관리를 동시에 지원

입력한 주제어를 기반으로 감마 AI가 자동 생성한 목차가 제시됩니다. 이 목차는 사용자가 자유롭게 편집할 수 있도록 구성되어 있습니다. 만약 제시된 목차의 구성이 마음에 들지 않는다면 '개요 재생성' 버튼을 클릭하여 개요를 새롭게 생성할 수 있습니다. 제시된 목차가 만족스럽다면

스크롤을 내려 추가 설정을 진행합니다.

슬라이드에 담길 텍스트의 양을 설정하고 시각적 요소를 설정합니다. 여기서 '테마' 우측 창에 위치한 '더보기'를 클릭하면 더 다양한 슬라이

드의 샘플을 확인할 수 있습니다. 전체 슬라이드의 톤&매너를 설정하는 단계이니 내가 생성하고자 하는 자료의 콘셉트에 맞게 적절히 선택해 주고, 끝으로 '이미지 출처'를 설정해 줍니다. AI가 이미지를 생성할 것인지, 실사 이미지를 사용할 것인지와 같이 슬라이드에 포함되는 이미지의 스타일을 설정해 주는 단계입니다.

세부 설정이 완료되면 하단의 '생성' 버튼을 클릭하여 슬라이드 본문 생성 단계로 넘어갑니다. 이 단계부터는 감마 AI가 각 목차 항목에 맞춰 자동으로 슬라이드 내용을 작성해 주는 작업이 진행됩니다.

3분 만에 PPT 자료를 만들어 내는 감마 AI

순식간에 감마 AI가 자동으로 전체 발표 자료를 만들어 냅니다. 단순히 주제만 입력했을 뿐인데 AI가 '목차 구성 → 내용 작성 → 시각 요소 삽입'까지 모두 처리해 줍니다. 각 슬라이드에는 핵심 내용을 담은 텍스트와 함께 주제에 적합한 이미지도 자동으로 포함되어 있어 발표 자료를 별도로 꾸밀 필요 없이 바로 활용할 수 있습니다.

감마 AI가 자동으로 생성한 슬라이드에는 텍스트와 이미지 요소가 포함되어 있으며, 이 모든 구성 요소는 자유롭게 수정할 수 있습니다. 슬라이드의 문장을 바꾸거나 이미지를 교체하고, 디자인을 조정하는 것도 드래그 앤드 드롭 방식으로 간편하게 이루어집니다.

슬라이드 수정을 마쳤다면 우측 상단에 위치한 '프레젠테이션' 버튼을 클릭합니다. 이를 통해 슬라이드쇼 형태로 전체 프레젠테이션 미리보기가 가능하며, 내용의 흐름과 시각적 구성이 자연스러운지 최종 점검할 수 있습니다. 우측 상단의 '공유' 버튼을 클릭하면 생성된 자료에 다른 사람을 초대하거나, 파일을 내보내는 등 다양한 방식으로 공유할 수 있습니다. '내보내기' 옵션을 선택하면 생성된 자료를 PDF 또는 PPT 파일 형식으로 저장할 수 있습니다.

이제 감마 AI를 통해 완성도 높은 발표 자료를 빠르고 효율적으로 준비할 수 있게 되었습니다.

스카이워크(Skywork) AI

지금부터 스카이워크 AI의 사용법과 함께 이 도구를 어떻게 프레젠테이션 제작의 혁신적인 도구로 활용할 수 있는지 살펴보겠습니다. 먼저 검색창에 '스카이워크 AI'를 입력하고 공식 홈페이지에 접속합니다. 우측 상단에 위치한 '로그인' 버튼을 클릭하면 회원 가입 페이지로 이동합니다.

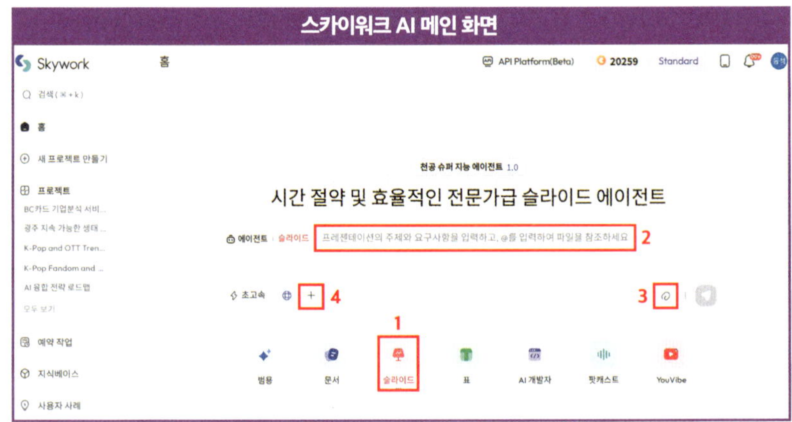

스카이워크 AI 메인 화면

1. PPT를 만들기 위해서는 '슬라이드' 모드를 선택한다.
2. 내가 작성하고자 하는 슬라이드의 주제와 관련 정보를 입력한다.
3. 관련 첨부파일을 첨부한다.
4. 장면 추가 : 슬라이드의 톤&매너를 결정하는 다양한 주제와 콘셉트를 선택한다.

앞서 감마 AI에 대해서 직접 PPT 콘텐츠를 제작해 봤다면, 스카이워크 AI의 사용법은 더욱 직관적입니다. 바로 내가 시각화하고 싶은 자료들에 대한 주제를 넣어도 좋지만, 스카이워크 AI에게는 관련 정보를 제시해 주고 자료를 만들어 달라고 요청을 하면 더욱 퀄리티 높은 결과물을 얻을 수 있습니다.

예를 들어, 1단계 AI 검색 도구를 통해 조사된 내용을 제공해 주거나, 2단계 정리/기획 단계에서 만들어진 자료나 파일을 첨부해 주거나, 내가 만들고자 하는 슬라이드와 관련한 정보들이 있는 링크를 첨부하고 슬라이드를 만들어 달라고 하면 더욱 전문적인 자료를 얻어 낼 수 있습니다.

필자가 BC카드 임직원을 대상으로 한 생성형 AI 업무 활용 교육의 3단계 출력도구 생성 실습에서 BC카드 홈페이지 내 '기업분석 비즈니스' 링크를 바탕으로 고객사에게 보낼 PPT 브로슈어 자료를 생성해 달라고 요청했습니다.

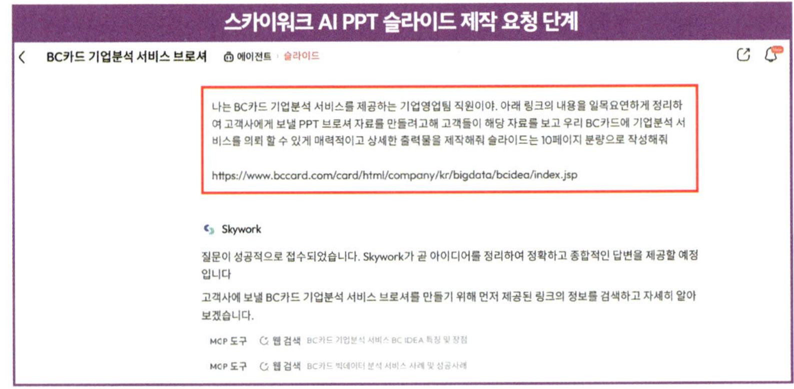

첨부한 자료와 입력한 주제어를 기반으로 스카이워크 AI가 자동 생성한 개요가 생성됩니다. 슬라이드 개요는 실시간으로 AI와 함께 소통하며 수정 보완이 가능합니다.

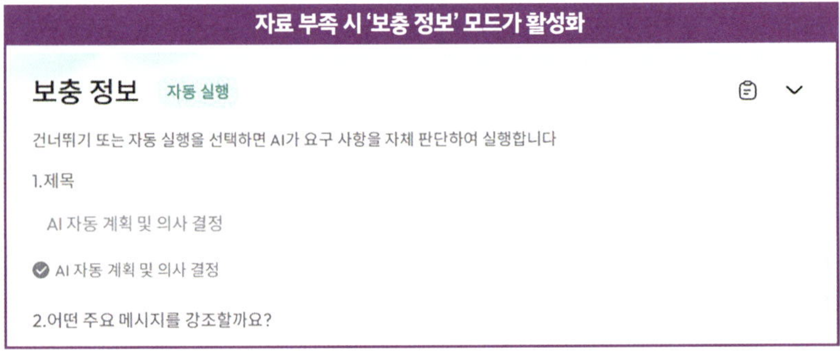

스카이워크 AI가 감마 AI와 다른 점은 AI와 쌍방향 소통을 하며 사용자가 제공한 정보가 부족한 경우 '보충 정보' 모드를 활성화하여 초기 수립된 개요를 함께 보완할 수 있습니다. 참고로 모든 슬라이드 제작 과정에서 '보충 정보' 모드가 활성화되는 것은 아니니 참고 바랍니다.

1. 편집 모드 : 직관적으로 슬라이드에서 텍스트 이미지 등을 손쉽게 수정할 수 있다.
2. 새 탭 열기 : 별도의 창을 열어 슬라이드 미리보기가 가능하다.
3. 템플릿으로 저장 : 해당 슬라이드가 좋았다면 템플릿화하여 언제든 활용할 수 있다.
4. 다운로드 : 생성된 결과물을 PPT, PDF, 구글 슬라이드 형식으로 저장할 수 있다. 특히 PPT 파일로 다운로드하면 슬라이드 내용을 사용자가 자유롭게 수정하고 보완할 수 있다.

이제 스카이워크 AI를 통해 완성도 높은 발표 자료를 빠르고 효율적으로 준비할 수 있게 되었습니다. 고객 제안서든 IR 발표 자료든 더 이상 디자인에 시간을 빼앗기지 않아도 됩니다. 대신 그 시간을 고객을 이해하고, 전략을 다듬고, 핵심 메시지를 명확히 하는 데 씁니다. 스카이워크 AI는 여러분의 전문성을 돋보이게 하는 무대를 만들어 줍니다. 배우는 여러분이고, 무대는 AI가 준비하는 것입니다.

감마 AI와 스카이워크 AI, 두 도구는 각자의 영역에서 최고입니다. 빠른 내부 공유에는 감마 AI를, 중요한 외부 발표에는 스카이워크 AI를 선택하세요.

다음 섹션에서는 PPT를 넘어 비주얼 콘텐츠로 영역을 넓혀 보겠습니다. 구글 AI 스튜디오로 이미지를 생성하고, 수정하며, 합성하는 법을 다룹니다.

2 구글 AI 스튜디오 : 금융인을 위한 비주얼 마케팅 무기

PPT는 완성했습니다. 논리도 탄탄하고 데이터도 명확합니다. 하지만 이제 또 다른 고민이 생깁니다. "이 신규 펀드를 알릴 홍보 자료가 필요한데…", "소셜 미디어에 올릴 이벤트 배너를 만들어야 하는데…", "고객 세미나 안내 포스터가 급한데…."

금융권도 이제 전문적인 상품 지식만으로는 승부할 수 없습니다. 고객과의 접점에서 어떻게 매력적으로 소통하고 홍보하는지가 기업의 경쟁력을 좌우합니다.

과거에는 이 모든 홍보와 디자인 업무를 마케팅팀이나 디자인팀에 의뢰해야 했습니다. 하지만 현업의 요청은 언제나 급하고, 담당 부서는 항상 바쁩니다. 우선순위에서 밀리면 일주일을 꼬박 기다려야 할 수도 있고, 그 사이에 골든타임을 놓치기도 합니다. 급하게 기획한 이벤트는 결국 홍보 이미지가 없어 텍스트만 덩그러니 올라가기도 했습니다. "디자인은 포기하고 내용으로만 승부하자."는 것은 어쩌면 촉박한 현실과 타협한 변명이었을지 모릅니다.

하지만 지금은 다릅니다. 고객들은 매일 인스타그램, 유튜브, 네이버 블로그, 카카오톡 채널에서 수십, 수백 개의 금융사 광고와 콘텐츠를 접합니다. 텍스트만 빼곡한 자료는 3초의 관심도 끌지 못하고 스크롤 너머로 사라집니다. 반면, 고객의 눈길을 단번에 사로잡는 강력한 비주얼 하나는 고객을 멈추게 하고, 내용을 읽게 만들며, 상품을 기억에 남게 합니다. 특히 2030 젊은 고객층을 공략해야 한다면 비주얼 마케팅은 더 이상 선택이 아니라 필수입니다.

미래에셋증권의 광고 페이지 중 한 페이지

이미 변화는 시작되었습니다. 국내 유수의 금융사 광고 페이지에서 "생성형 AI로 제작되었습니다."라는 문구를 어렵지 않게 찾아볼 수 있습니다.

업계가 먼저 움직이고 있습니다. 구글 AI 스튜디오는 바로 이 지점에서 금융인을 '1인 마케터'로 만들어 주는 가장 강력한 도구입니다.

이제 금융인들도 자신이 기획한 상품, 우리 기업의 가치를 알리고, 고객들과 시각적으로 소통하는 데 주저함이 없어야 합니다. 마케팅팀의 지원을 기다리는 수동적인 기획자가 아니라 AI라는 강력한 무기를 장착하고 아이디어를 곧바로 시각화하여 시장의 반응을 이끌어 내는 '1인 마케터'가 되어야 합니다. 구글 AI 스튜디오가 그 여정의 든든한 파트너가 되어 줄 것입니다.

구글 AI 스튜디오 속 숨은 보석 : 나노 바나나(Nano Banana)

구글 AI 스튜디오 안에는 많은 사람이 아직 모르는 강력한 도구가 하나 숨어 있습니다. 바로 나노 바나나입니다. 금융권 마케팅 담당자와 현장 영업인에게 아주 실용적인 이미지 생성 도구로 활용될 수 있습니다. 단순히 "텍스트를 입력하면 이미지가 나온다."는 수준을 넘어 마치 옆자리에 앉은 디자이너와 대화하듯 이미지를 만들고 수정할 수 있기 때문입니다.

먼저 검색창에 '구글 AI 스튜디오'를 입력하고 공식 홈페이지에 접속합니다. 모바일 버전의 애플리케이션도 있지만 PC 버전에서 더 다양한 기능을 활용할 수 있습니다.

구글 AI 스튜디오 접속 화면

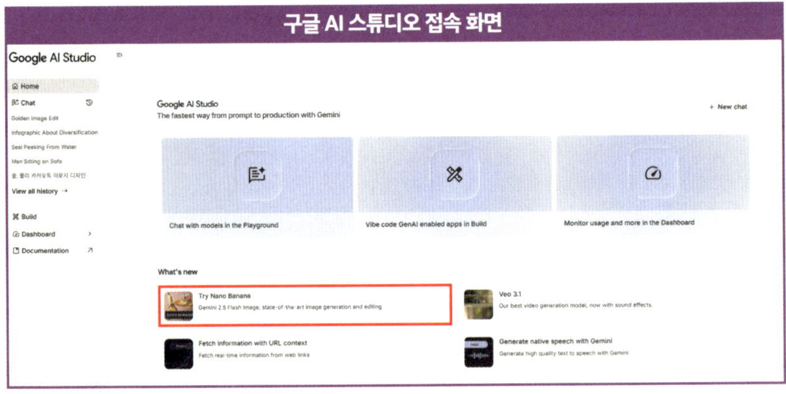

"ISA 계좌 홍보 이미지를 만들었는데, 배경색이 마음에 안 든다.", "펀드 소개 카드뉴스에 들어갈 사람 이미지의 표정을 좀 더 밝게 바꾸고 싶다.", "2개의 이미지를 합쳐서 하나의 배너로 만들어야 한다." 과거 같았으면 포토샵을 열고 한참을 씨름하거나, 디자이너에게 수정 요청을 해야 했습니다. 하지만 나노 바나나는 자연어로 대화하듯 명령하면, 몇 초 만에 이미지를 수정하고 합성합니다. 금융인이 직접 포토샵 전문가가 될 필요 없이 말로만 설명하면 되는 것입니다.

신한은행 캐릭터 쏠 & 몰리를 대상으로 이벤트 기획하기

필자가 신한은행 임직원을 대상으로 한 생성형 AI 활용 마케팅·홍보 콘텐츠 제작 실습에서 구글 AI 스튜디오 나노 바나나를 통해 직원분들이 만든 결과물을 함께 감상하겠습니다.

신한프렌즈 쏠 & 몰리 이모지 만들기 결과물

신한프렌즈 쏠 & 몰리를 활용하여 만든 다양한 굿즈 결과물

사용법은 매우 직관적입니다. 마치 유능한 디자이너와 옆자리에 앉아 "이거 만들어 줘.", "이렇게 수정해 줘."라고 말하는 것처럼 자연스럽게 이미

지를 만들고 수정할 수 있습니다. 다음은 나노 바나나의 대표적인 핵심 기능입니다.

- **텍스트 to 이미지** : 기본 중의 기본입니다. "연금저축 가입을 고민하는 30대 직장인, 밝은 사무실 배경, 긍정적인 표정"이라고 입력하면, 나노 바나나는 여러분의 상상을 이미지로 구현합니다. 금융 상품 홍보에 필요한 콘셉트 이미지를 순식간에 만들 수 있습니다.
- **이미지+텍스트 to 이미지** : 나노 바나나의 진가가 여기서 드러납니다. 기존 이미지를 업로드하고 "이 사람의 옷을 정장으로 바꿔 줘.", "배경을 은행 지점 내부로 바꿔 줘.", "표정을 좀 더 진지하게 해 줘."라고 명령하면 몇 초 만에 이미지가 수정됩니다. 한 장의 사진으로 여러 버전의 마케팅 소재를 만들 수 있어 A/B 테스트에도 유용합니다.
- **멀티 이미지 to 이미지** : 여러 이미지를 합치는 마법 같은 기능입니다. 펀드매니저 사진과 글로벌 금융 시장 이미지를 업로드한 후 "이 사람을 이 배경에 자연스럽게 합성해 줘."라고 요청하면 진짜처럼 완벽하게 합쳐 줍니다. 별도의 스튜디오 촬영 없이도 다양한 콘셉트 사진을 만들 수 있습니다.
- **반복적 수정 디벨롭** : 이것이 대화형의 핵심입니다. 한 번에 원하는 이미지가 나오지 않아도 괜찮습니다. "배경을 좀 더 밝게", "로고를 오른쪽 상단으로 이동", "텍스트 폰트를 좀 더 굵게"처럼 연속적인 대화로 이미지를 계속 다듬어 갈 수 있습니다. 까다로운 지점장이나 팀장의 수정 요청도 즉시 반영할 수 있습니다.

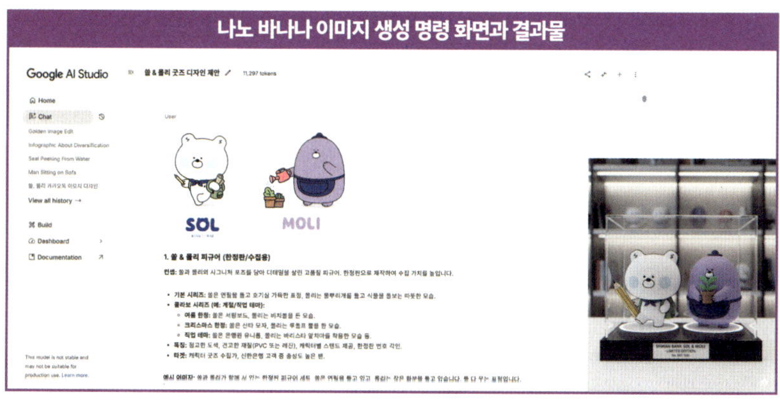

나노 바나나 이미지 생성 명령 화면과 결과물

내가 만들고자 하는 이미지를 첨부하고 "제작하고자 하는 굿즈를 제작해 줘."라고 명령하면 단 몇 초 만에 이미지를 생성해 줍니다. 놀라운 점은 원본을 그대로 유지하며 옷을 바꾸고, 배경을 바꾸고, 심지어 표정까지 바꿀 수 있습니다.

나노 바나나는 금융인을 1인 마케터로 만들어 줍니다. 더 이상 "디자인을 못해서 홍보를 못한다."는 변명은 통하지 않습니다. 아이디어만 있다면 나노 바나나와 대화하며 30분 안에 훌륭한 비주얼 콘텐츠를 만들 수 있습니다. 복잡한 포토샵 툴바와 씨름하는 대신 "배경을 좀 더 밝게"라고 말하면 됩니다. 이것이 AI 시대 금융인의 마케팅 방식입니다. 다음 섹션에서는 이미지를 넘어, 자료에서 인사이트를 도출하는 도구인 노트북LM을 살펴보겠습니다.

3 노트북LM : 자료 기반 인사이트 도출의 혁명

"이번 달에 읽어야 할 리포트가 30개입니다." 한 애널리스트의 한숨 섞인 말입니다. 경쟁사 분석 리포트 10개, 산업 트렌드 보고서 5개, 규제 변경 문서 3개, 기업 IR 자료 12개. 총 수백 페이지입니다. 하나하나 읽다 보면 핵심을 놓치고, 중요한 연결고리를 발견하지 못한 채 시간만 흘러갑니다. "이 많은 자료에서 진짜 중요한 인사이트를 어떻게 찾지?", "일반 AI에게 물어볼까?" 고민합니다.

하지만 여기에는 치명적인 문제가 있습니다. 챗GPT나 제미나이 같은 개방형 AI는 인터넷의 방대한 정보를 학습했지만, 때로는 없는 정보를 만들어 내는 환각 현상을 보입니다. 금융에서 이것은 재앙입니다. 더 큰 문제는 보안입니다. 고객 데이터, 내부 리스크 분석, 미공개 투자 전략을 외부 AI에 입력한다? 상상만 해도 끔찍합니다.

구글 노트북LM은 바로 이 문제를 정면으로 해결합니다. 노트북LM은 개방형 AI가 아닙니다. 오직 당신이 직접 업로드한 자료(Source)만을 기반으로 작동하는 '폐쇄형 AI 비서'입니다. 인터넷 전체를 참고하는 것이 아니라 당신이 준 10개의 보고서 안에서만 답합니다. 마치 AI에게 "이 자료들만 보고 분석해."라고 지시하는 것과 같습니다. AI의 환각 현상을 원천적으로 차단하는 '믿음직한 AI'라고 할 수 있습니다. 그럼 사용 방법을 알아보겠습니다.

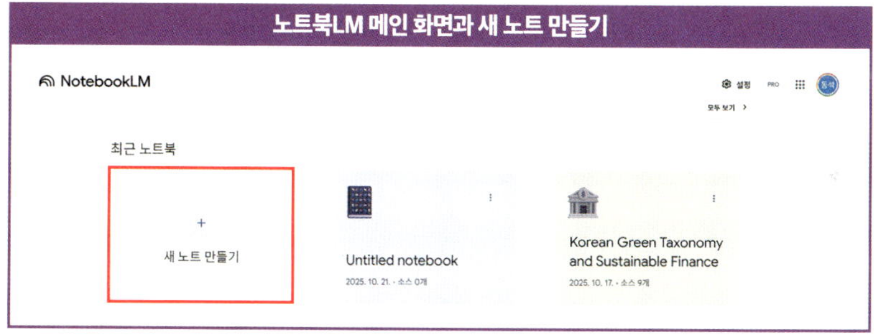

노트북LM 메인 화면과 새 노트 만들기

먼저 검색창에 '구글 AI 스튜디오'를 입력하고 공식 홈페이지에 접속합니다. 모바일 버전의 어플리케이션도 있지만 PC 버전에서 더 다양한 기능을 활용할 수 있습니다. 접속 후 'NotebookLM 사용해 보기'를 클릭합니다. 화면 상단의 '+새로만들기' 또는 '새 노트 만들기'를 클릭합니다. 그러면 다음과 같이 소스 선택 및 추가 팝업 창이 뜨게 됩니다.

노트북 LM에게 분석을 의뢰할 소스를 넣어 주는 공간입니다. 크게는 2가지 방법으로 소스를 추가할 수 있습니다.

내가 자료를 보유하고 있을 경우

파일 또는 텍스트 링크와 같이 내가 분석할 소스를 보유하고 있다면 다음 4가지 방법으로 자료를 추가할 수 있습니다.

노트북LM 소스 추가 탭 화면

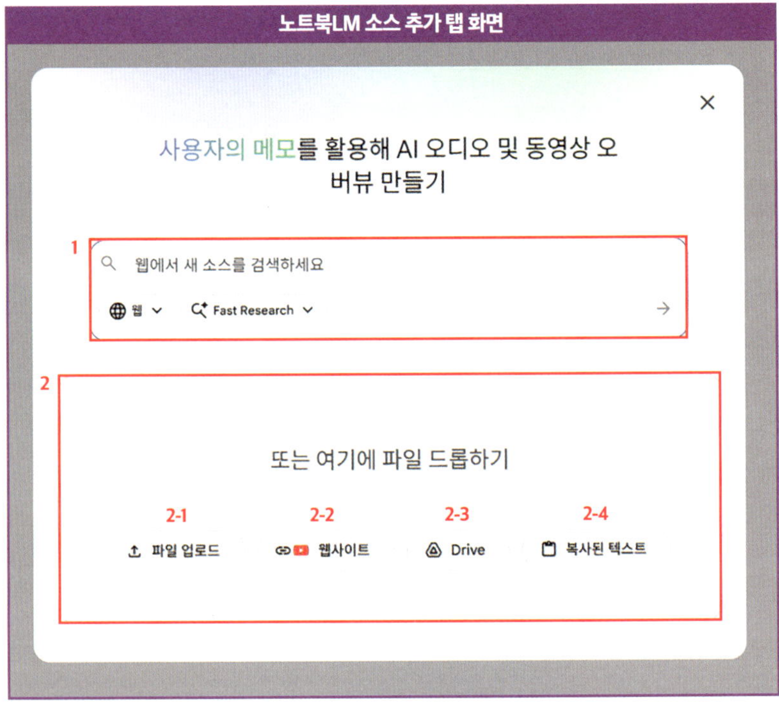

1. 웹 소스 검색 : 웹에서 새로운 정보를 직접 검색하여 소스로 추가하거나, 'Fast Research' 기능을 통해 빠르게 자료를 조사한다.
2. 파일 및 소스 업로드 영역 : 사용자가 보유한 다양한 형태의 자료를 직접 드래그 앤 드롭하거나 선택하여 업로드하는 통합 영역이다.

2-1. 로컬 파일 업로드 : 내 컴퓨터에 저장된 PDF, TXT, 마크다운, 오디오 파일 등을 선택하여 시스템에 추가한다.

2-2. 웹사이트/YouTube 링크 : 특정 웹 페이지의 URL이나 유튜브 영상 링크를 붙여 넣어 해당 콘텐츠의 내용을 분석 자료로 사용한다.

2-3. Google Drive 연동 : 내 구글 드라이브에 저장된 Google Docs나 Google Slides 등 클라우드 문서를 바로 불러온다.

2-4. 복사된 텍스트 : 별도의 파일 저장 없이 클립보드에 복사한 텍스트를 직접 붙여 넣어 즉시 소스로 활용한다.

내가 자료를 보유하지 않았을 경우

내가 분석할 소스를 보유하고 있지 않고 처음 자료 조사부터 시작해야 한다면 구글의 AI 검색 기능을 활용하여 소스를 확보할 수 있습니다. 이번에는 '소스 검색' 기능을 통해 자료를 확보한 후 인사이트를 도출해 보도록 하겠습니다.

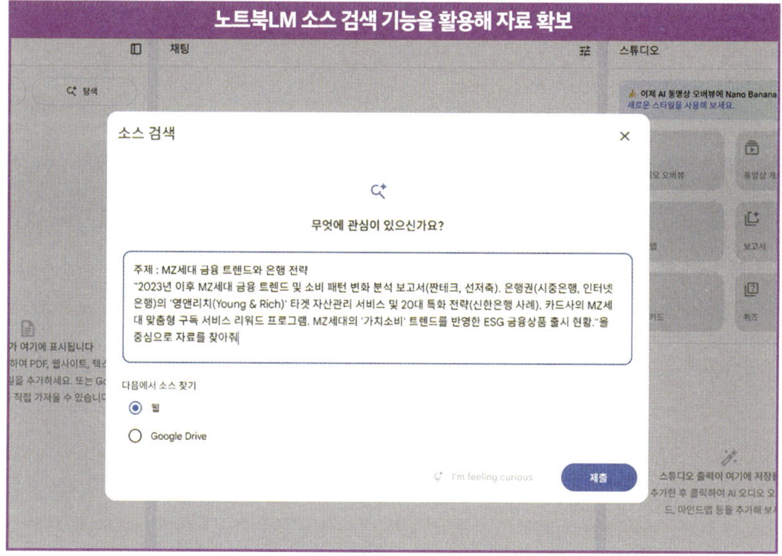

주제 : MZ세대 금융 트렌드와 은행 전략
"2023년 이후 MZ세대 금융 트렌드 및 소비 패턴 변화 분석 보고서(짠테크, 선저축). 은행권(시중은행, 인터넷 은행)의 '영앤리치(Young & Rich)' 타깃 자산관리 서비스 및 20대 특화 전략(신한은행 사례). 카드사의 MZ세대 맞춤형 구독 서비스 리워드 프로그램. MZ세대의 '가치소비' 트렌드를 반영한 ESG 금융상품 출시 현황."을 중심으로 자료를 찾아줘.

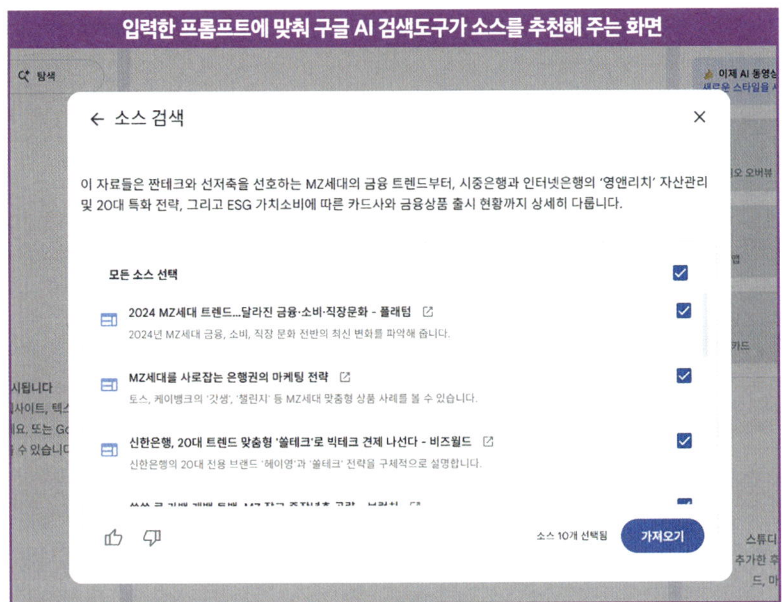

입력한 프롬프트에 맞춰 구글 AI 검색도구가 소스를 추천해 주는 화면

입력한 프롬프트에 맞춰 주제에 맞는 소스를 찾아줍니다. 여기서 자료를 확인한 후 필요한 자료는 체크박스를 유지하지만 불필요한 자료는 체크박스를 제외시켜 줍니다. 자료 선별을 끝낸 후 하단의 '가져오기' 버튼을 클릭해 줍니다.

내가 선택한 소스는 좌측의 나만의 '데이터 베이스 센터'로 이동을 하며 추가자료를 언제든 넣을 수 있습니다. 그럼 자료 분석창의 주요한 기능과 역할들을 살펴보도록 하겠습니다.

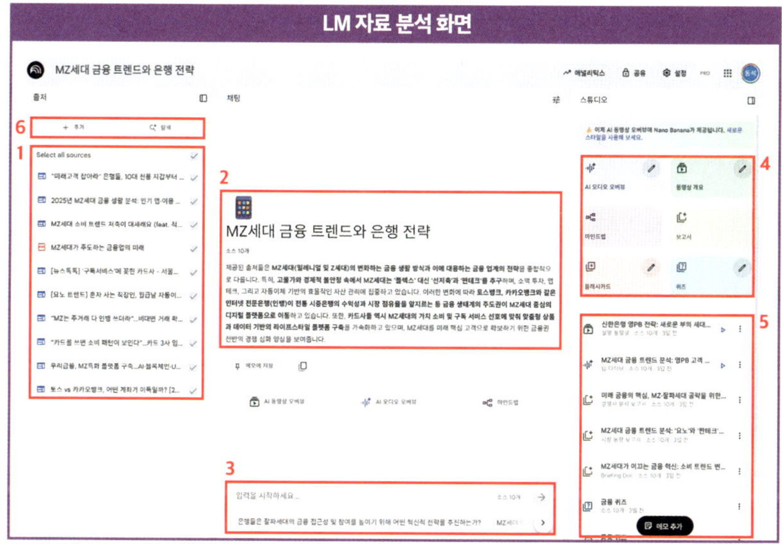

1. 소스 목록(Source List) : AI가 참조할 '교과서'가 되는 자료(PDF, 문서, 웹사이트 등)를 업로드하고 관리하는 공간이다. AI는 오직 여기에 체크된 파일 안에서만 정보를 찾아 답변한다.
2. AI 개요 노트(AI Overview Note) : 1번의 '소스 목록'에 올린 자료 전체의 내용을 AI가 자동으로 요약해서 보여 주는 '핵심 요약본'이다.
3. 질문 입력창(Prompt Input) : 1번의 자료들에 대해 궁금한 것을 AI에게 직접 물어보는 메인 '채팅창'이다. (예 : "이 자료들 요약해 줘.", "A와 B를 비교해 줘.")
4. 스튜디오(Studio) : AI가 분석한 내용을 '오디오 브리핑', '마인드 맵', '보고서' 등 사용자가 원하는 다른 형식(포맷)으로 변환해 주는 '도구 상자'이다.
5. 메모 기록(Memo History) : AI와의 대화나 분석 결과 중 중요한 내용을 '메모'로 저장해 두고 관리하는 목록이다.
6. 소스 추가 및 검색(Source Add / Search) : 새로운 자료를 업로드(+추가)하거나, 1번 '소스 목록'에 있는 여러 자료들 안에서 특정 키워드를 '검색'하는 기능이다.

'노트북LM 스튜디오'는 Google NotebookLM의 기능으로, 사용자가 업로드한 자료를 기반으로 AI가 자동으로 보고서, 마인드 맵, 오디오 개요, 동영상 개요 등을 생성해 주는 도구입니다. 노트북LM은 사용자가 제공한 문서의 핵심을 파악하고 요약하며, 질문에 답변하는 데 도움을 줍니다. 특히 '스튜디오' 패널을 통해 학습 자료를 다양한 형태로 재가공하고 분석할 수 있습니다.

노트북LM의 다양한 기능 중 필자가 금융인들에게 추천하는 가장 강력하고 파워풀한 기능이 바로 노트북LM의 'AI 오디오 오버뷰'와 '동영상 개요' 기능입니다. 이 두 기능은 사용자가 올린 자료를 분석해 콘텐츠를 요약하고 학습을 돕습니다. 단순히 텍스트를 음성으로 변환하는 것을 넘어, AI가 팟캐스트 진행자처럼 대화하고, 슬라이드 형태의 영상을 제작해 복잡한 정보를 이해하기 쉽게 만들어 줍니다.

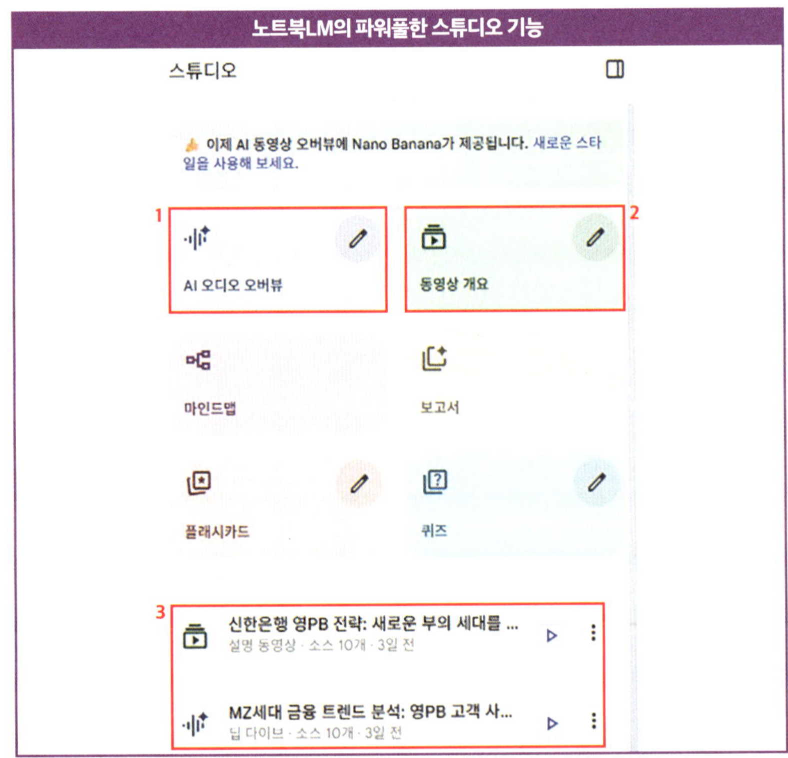

1. AI 오디오 오버뷰(Audio Overviews)
2. 동영상 개요(Video Overviews)
3. 제작된 콘텐츠 결과물

AI 오디오 오버뷰(Audio Overviews)

- **팟캐스트 형식** : AI 호스트 2명이 사용자가 올린 자료를 바탕으로 심층적인 대화를 나누는 팟캐스트 형태의 음성 콘텐츠를 생성합니다.
- **다양한 형식** : 심층 토론 형식의 '심층 분석(Deep Dive)', 핵심 요약에 초점을 맞춘 '더 브리프(The Brief)', 비판적 피드백을 제공하는 '비판(The Critique)' 등 다양한 형식을 선택할 수 있습니다.
- **맞춤형 설정** : 특정 주제에 초점을 맞추거나 언어를 선택해 개요를 맞춤 설정할 수 있으며, 생성된 음성 파일을 다운로드하여 오프라인에서도 들을 수 있습니다.
- **다국어 지원** : 2025년 업데이트를 통해 80개 이상의 언어를 지원하며, 한국어 자료로도 음성 개요를 만들 수 있습니다.

동영상 개요(Video Overviews)

- **슬라이드 프레젠테이션** : 업로드한 자료의 주요 내용을 바탕으로 AI가 자동 내레이션이 포함된 영상 슬라이드를 만들어 줍니다.
- **맞춤형 스타일** : '설명(Explainer)', '요약(Brief)' 등 영상 형식을 선택할 수 있으며, '클래식', '화이트보드', '수채화' 등 다양한 시각 스타일을 적용할 수 있습니다.
- **자동 생성** : 별도의 편집 작업 없이 자료 선택만으로 영상이 자동 생성되며, 사용자는 다른 작업을 하면서 영상이 만들어지기를 기다릴 수 있습니다.
- **포커스 기능** : "비즈니스 계획 중 비용 분석 부분에만 초점을 맞춰 동영상을 만들어 줘."와 같이 특정 부분에 대한 영상 제작을 요청할 수

있습니다.

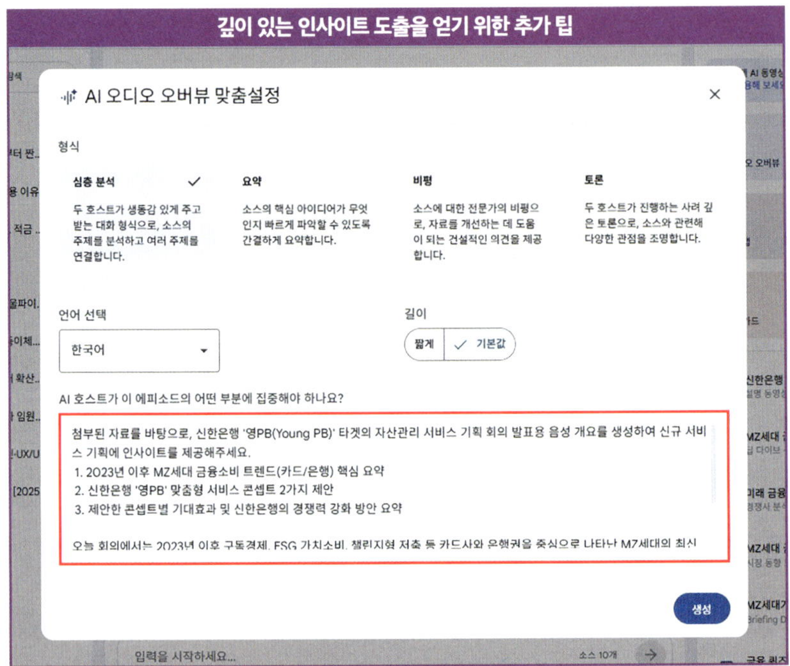

AI 오디오 오버뷰와 동영상 개요 기능을 활용할 때 인사이트의 성능을 최대로 높이기 위해서는 '연필 모양' 아이콘을 클릭하여 하단의 'AI 호스트가 이 에피소드의 어떤 부분에 집중해야 하나요?' 영역에 나의 소속, 이 자료들을 통해 내가 얻고자 하는 결과물의 방향성과 니즈를 작성해 주면 더욱 깊이감 있는 자료가 탄생합니다. 이 부분을 넣지 않고 그냥 단순히 생성 버튼을 클릭하면 내 소스들에 대한 단순 리뷰, 요약/정리 수준에 불과한 결과물을 얻게 되기 때문에 이 점을 꼭 유념하기 바랍니다.

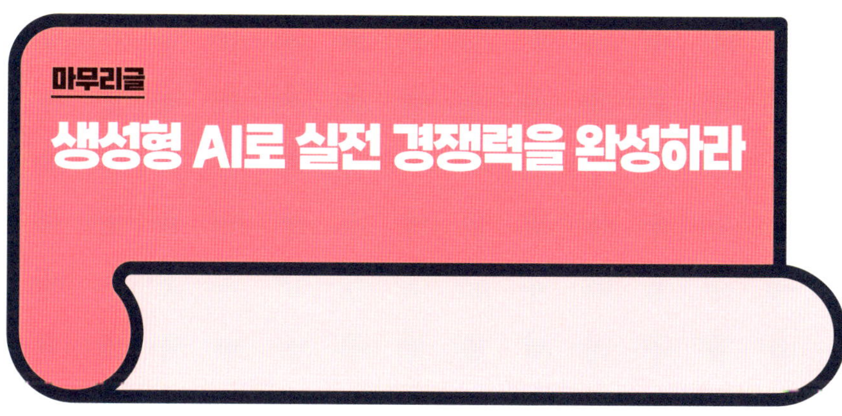

금융인은 왜 지금, AI를 써야 하는가

금융 산업은 데이터의 속도와 규모가 기하급수적으로 커지는 시장입니다. 이러한 환경에서는 정보를 얼마나 빨리 수집하느냐보다 얼마나 정확하게 구조화하고 전략으로 전환하느냐가 경쟁력을 결정합니다. 생성형 AI는 바로 이 지점에서 금융인의 역할을 재정의합니다.

AI는 방대한 비정형 데이터를 압축해 핵심 패턴을 드러내고, 복잡한 정보를 구조화하며, 의사결정 과정의 오류를 줄이는 도구로 기능합니다. 금융인은 더 이상 모든 데이터를 직접 읽고 정리할 필요가 없습니다. 중요한 것은 데이터를 다룰 수 있는 능력이며, AI는 그 능력을 체계적으로 확장시키는 핵심 도구입니다.

결국 AI 활용은 선택의 문제가 아니라 금융인의 지속가능한 성장을 좌우하는 새로운 기본 역량입니다.

AI는 '써 본 만큼' 성장하고, '써 본 만큼' 보인다

AI 도구는 사용 경험이 축적될수록 가치가 커지는 특성을 가집니다. 처음에는 '왜 이 기능이 없지?', '이런 작업은 아직 안 되네.'라는 생각이 들지만, 몇 달 후 업데이트에서 그 기능이 자연스럽게 탑재되는 모습을 보게 됩니다. 문제는 기술의 진화 속도가 아니라 그 변화를 따라갈 만큼 사용하고 있었는가입니다.

꾸준히 사용하는 금융인은 기능 업데이트를 활용해 자신의 업무 방식까지 함께 고도화합니다. 사용 경험이 쌓일수록 데이터 해석의 기준이 명확해지고, 질문의 질도 높아지며, 결과물의 완성도 역시 빠르게 향상됩니다. AI는 능동적으로 사용한 사람에게만 진짜 잠재력을 드러냅니다.

금융인의 경쟁력은 더 빨라지고, 더 넓어지고, 더 깊어진다

AI를 활용하는 금융인은 단순히 시간을 절약하는 수준을 넘어, 업무의 범위와 깊이를 동시에 확장합니다. 과거에는 하루 종일 읽어야 했던 300페이지 보고서를 단 몇 초 만에 전체 맥락 단위로 분석할 수 있고, 서로 다른 시장 리스크를 인과적으로 연결해 해석하는 고차원 작업도 가능해집니다. 또한 정형, 비정형 데이터를 통합적으로 다루는 역량이 강화되면서 기존에 접근하기 어려웠던 분석 영역까지 활동 반경이 넓어집니다.

빠른 판단, 정확한 구조화, 높은 품질의 결과물이라는 3가지 요소가 한 사람에게 집중될 때 그 금융인은 조직에서 대체 불가능한 인재가 됩니다. AI는 그 변화를 가능하게 하는 촉매제입니다.

이제 금융인의 실전 AI 활용은 시작이다

파트 2의 1단계-2단계-3단계 전략과 다양한 도구 활용법을 통해 금융 업무는 더 체계적이고 재현 가능한 방식으로 전환되었습니다. 릴리스 AI, 라이너 AI, 퍼플렉시티의 정보 검증 체계와 챗GPT, 제미나이의 논리 구조화 능력과 스카이워크 AI, AI 스튜디오, 노트북LM의 결과물 제작 기능까지 금융인은 이제 전체 업무 흐름을 스스로 설계하고 관리할 수 있는 도구 세트를 갖게 되었습니다.

남은 것은 실천뿐입니다. 완벽한 도구를 기다릴 필요는 없습니다. 지금 사용하는 순간부터 학습은 시작되고, 사용량이 늘어날수록 금융인의 사고 속도와 생산성은 새로운 차원으로 확장됩니다. 금융인의 경쟁력은 더 이상 경험의 길이로만 결정되지 않습니다. AI를 얼마나 일상 업무에 통합했는가, 그것이 새로운 기준이 됩니다.

감사의 글 1

이 책은 공동 집필자인 김동석 교수와 함께 완성할 수 있었습니다. 여러 권의 저서를 펴낸 경험이 있는 김동석 교수와 달리, 저에게는 이번이 첫 집필 작업이었습니다. 생성형 AI를 직접 활용하며 관심을 넓혀 가던 중 김동석 교수께서 집필을 제안해 주셨고, 공저자로 참여해 주셨습니다. 이에 감사의 뜻을 전합니다.

무엇보다 저의 아내에게 깊은 고마운 마음을 전합니다. 지금까지 무엇을 하든, 그곳이 어디든 항상 제 곁을 지켜 주며 응원해 주었습니다. 오랜 시간 금융회사에 재직하다 잠시 휴식을 취하는 동안, 그리고 현재 책을 집필하는 동안에도 묵묵히 옆에서 지켜봐 주고 있습니다. 처음 도전하는 집필 작업을 시작할 수 있는 용기를 주었고, 책 집필 과정 내내 누구보다 든든한 지지자가 되어 주었습니다.

유난히 무더웠던 지난 여름, 집필이 한창이던 시기 내내 사무실에서 함께하며 때때로 술 한 잔 기울이며 응원해 준 오랜 친구이자 뉴웨이브로지코리아의 김상인 대표에게도 감사의 마음을 전합니다.

또한 연로하신 가운데도 지난 여름의 더위와 또 지금 겨울을 잘 이겨 내고 계신 부모님께 감사드립니다. 해외에 있을 때나 지금 한국에 돌아와서도 각자의 자리에서 최선을 다하고 있는 두 아들에게도 늘 고맙고 변함없는 응원의 마음을 보냅니다.

이 모든 분의 격려와 지지가 있었기에 첫 번째 책을 완성할 수 있었습니다.

임태중

감사의 글 2

이 책은 한 분의 질문에서 시작되었습니다.

중앙은행연합회 조용병 회장님께서 던지신 "이걸 어떻게 우리 현장에 안착시키느냐?"는 질문은 단순한 의문이 아닌 금융업계 전체가 직면한 시대적 화두였습니다. 회장님께서 보여 주신 글로벌 트렌드에 대한 통찰과 현장에 대한 깊은 고민이 없었다면 이 책의 첫 씨앗은 결코 싹틀 수 없었을 것입니다. 금융 현장의 진짜 목마름이 무엇인지 일깨워 주신 회장님께 깊은 감사를 드립니다.

임태중 대표님과의 만남은 이 책에게 날개를 달아 주었습니다. 증권사 대표로서 쌓으신 현장 경험과 금융 산업에 대한 깊이 있는 이해가 없었다면 이 책은 공허한 기술 설명서로 끝났을 것입니다. 수차례의 미팅을 거치며 함께 고민하고, 때로는 격렬하게 토론하며, 결국 하나의 방향으로 모아 가는 과정은 제게 큰 배움이었습니다. 바쁘신 와중에도 원고를 꼼꼼히 검토해 주시고, 금융인의 시각에서 날카로운 피드백을 주신 대표님께 진심으로 감사드립니다.

무엇보다 이 모든 여정의 중심에는 가족이 있었습니다. 연일 이어지는 강의와 집필 활동으로 주말에도 노트북 앞에 앉아 있는 남편을 묵묵히 지켜봐 주고, "힘내요, 당신이 쓰는 글이 누군가에게는 큰 도움이 될 거예요."라며 응원해 준 아내에게 미안함과 고마움을 함께 전합니다. 그리고 "아빠, 또 일해요?"라고 물으면서도 조용히 자기 공부를 하며 아빠를 배려해 준 두 아들에게도 감사합니다.

이 책이 금융 현장에서 일하고 계신 분들, 그리고 금융인을 꿈꾸는 예비 금융인들에게 AI 시대의 실질적인 경쟁력을 확보하는 가이드가 되기를 진심으로 바랍니다.

김동석

참고 문헌

이 책은 국내외 문헌, 법률 자료, 각종 논문, 홈페이지 자료 및 인터넷 기사를 참고하여 작성했습니다. 국내외 문헌과 논문은 가능한 한 모두 기재했으며, 홈페이지 자료나 인터넷 기사는 분량상 대표적인 자료만 선별하여 기재했습니다.

PART 1 - 1장

Ali, H., & Aysan, A. F. (2023, March 28). What will ChatGPT revolutionize in financial industry?. SSRN: https://ssrn.com/abstract=4403372

Anthropic. (n.d.). Constitutional AI: Harmlessness from AI feedback. https://www.anthropic.com/research/constitutional-ai-harmlessness-from-ai-feedback

Clio. (2023, March 13). Harvey AI for legal professionals: Features, benefits and more. Clio. https://www.clio.com/blog/harvey-ai-legal/

Fitzpatrick, A. (2016, March 25). Microsoft is sorry for that whole racist Twitter bot thing. Time. https://time.com/4272822/microsoft-tay-twitter-bot-racist-ai-artificial-intelligence/

Harvard Business School. (n.d.). Harvey: AI for lawyers - Case study. Harvard Business School Faculty & Research. https://www.hbs.edu/faculty/Pages/item.aspx?num=67121

LexisNexis Legal & Professional. (2024, January). 2024 investing in legal innovation survey: The rise of GenAI at top firms & corporations. https://www.lexisnexis.com/pdf/genai-report.pdf

OpenAI. (n.d.). Customizing models for legal professionals. OpenAI. https://openai.com/index/harvey/

Quantified Strategies. (2025, June 6). How Jim Simons'trading strategies achieved 66% annual returns (Medallion Fund Algorithm). QuantifiedStrategies. https://www.quantifiedstrategies.com/jim-simons/

ResearchGate. (2023, November 17). What will ChatGPT revolutionize in the financial industry? (PDF). ResearchGate. https://www.researchgate.net/publication/375741866_What_will_ChatGPT_revolutionize_in_the_financial_industry

Vaswani, A., Shazeer, N., Parmar, N., Uszkoreit, J., Jones, L., Gomez, A. N., ... & Polosukhin, I. (2017). Attention is all you need. In Advances in Neural Information Processing Systems, 30, 5998-6008. https://arxiv.org/abs/1706.03762

Weinberg, W. (2025, February 12). Harvey raises $300M Series D led by Sequoia. Harvey AI Blog. https://www.harvey.ai/blog/harvey-raises-series-d

PART 1 - 2장

Allianz SE. (2025, February 14). Turning data into action: Allianz's AI advantage. Allianz SE Media Center. https://www.allianz.com/en/mediacenter/news/articles/250214-ai-at-allianz-turning-data-into-action.html

Business Standard. (2024, July 26). JPMorgan Chase unveils AI-powered LLM Suite; may replace research analysts. Business Standard. https://www.business-standard.com/world-news/jpmorgan-chase-unveils-ai-powered-llm-suite-may-replace-research-analysts-124072600460_1.html

CIO Magazine. (2025, May 21). JPMorgan Chase builds ambitious AI foundation on AWS. CIO. https://www.cio.com/article/3616622/jpmorgan-chase-builds-ambitious-ai-foundation-on-aws.html

Cognition AI. (2024, March 12). Devin: The first AI software engineer. Cognition AI Technical Documentation. https://cognition.ai/blog/introducing-devin

Corporate Insight. (2025, February 12). BofA's Erica gets live chat as Gen-AI virtual assistants catch up. Corporate Insight. https://corporateinsight.com/bofas-erica-gets-live-chat-as-gen-ai-virtual-assistants-catch-up/

CTO Magazine. (2024, September 3). AI in Banking: JP Morgan leads the AI sphere. CTO Magazine. https://ctomagazine.com/jp-morgan-chase-accelerates-ai-adoption/

CTO Magazine. (2025, February). Inside Bank of America AI: 90% adoption across workforce.

CTO Magazine. https://ctomagazine.com/bank-of-america-ai-investment-to-boost-efficiency-and-revenue/

CTO Magazine. (2025, July 9). AI in Morgan Stanley: Reshaping the future of financial services with AI. CTO Magazine. https://ctomagazine.com/ai-in-morgan-stanley-shaping-the-future-of-financial-services/

CX Dive. (2025, May 9). Klarna changes its AI tune and again recruits humans for customer service. CX Dive. https://www.customerexperiencedive.com/news/klarna-reinvests-human-talent-customer-service-AI-chatbot/747586/

Deloitte. (2024). How to build an AI-ready culture. Deloitte AI Institute. https://www.deloitte.com/us/en/what-we-do/capabilities/applied-artificial-intelligence/articles/build-ai-ready-culture.html

Deloitte. (2025). AI changes everything for core modernization. Deloitte Insights, Tech Trends. https://www2.deloitte.com/us/en/insights/focus/tech-trends/2025/tech-trends-impact-of-future-state-it-core-modernization.html

DigitalDefynd. (2025, June 11). 5 ways Goldman Sachs is using AI [Case Study] [2025]. DigitalDefynd. https://digitaldefynd.com/IQ/goldman-sachs-using-ai-case-study/

DigitalDefynd. (2025, June 7). 10 ways JP Morgan is using AI [In depth case study][2025]. DigitalDefynd. https://digitaldefynd.com/IQ/jp-morgan-using-ai-case-study/

Emerj. (2025). Artificial intelligence at Morgan Stanley - Three use cases. Emerj. https://emerj.com/artificial-intelligence-at-morgan-stanley-three-use-cases/

Financial Times (Sponsored Content). (2021, December 14). How integrated finance ecosystems are empowering millions in China. Financial Times. https://group.pingan.com/media/perspectives/How-integrated-finance-ecosystems-are-empowering-millions-in-China.html

Giattino, C., & Samborska, V. (2025, January 21). Since 2010, the training computation of notable AI systems has doubled every six months. Our World in Data. https://ourworldindata.org/data-insights/since-2010-the-training-computation-of-notable-ai-systems-has-doubled-every-six-months

Globalization Partners. (2025, April 8). 2025 AI at Work Report: The Evolution of HR. https://www.globalization-partners.com/resources/2025-ai-at-work-report/

Goldman Sachs. (2025, June 9). The outlook for AI adoption as advancements in the technology accelerate. Goldman Sachs Insights. https://www.goldmansachs.com/insights/articles/the-outlook-for-ai-adoption-as-advancements-in-the-technology-accelerate

GSD Council. (2021, March 9). Next Gen AI in action: How JPMorgan Chase's LLM Suite is revolutionizing financial research. GSD Council. https://www.gsdcouncil.org/blogs/next-gen-ai-in-action-how-jpmorgan-chase-s-llm-suite-is-revolutionizing-financial-research

Hong, E. (2025, August 4). Meet Devin the AI software engineer, Employee #1 in Goldman Sachs'"hybrid workforce". IBM Think. https://www.ibm.com/think/news/goldman-sachs-first-ai-employee-devin

IBM. (2025, August 4). Meet Devin the AI Software Engineer, Employee #1 in Goldman Sachs' "Hybrid Workforce". IBM Think. https://www.ibm.com/think/news/goldman-sachs-first-ai-employee-devin

JPMorgan Chase. (2024, August 13). How JPMorganChase is preparing the workforce for AI. JP Morgan Newsroom. https://www.jpmorganchase.com/newsroom/stories/how-jpmc-is-preparing-workforce-for-ai

Klarna. (2024, February 27). Klarna AI assistant handles two-thirds of customer service chats in its first month. Klarna Press Release. https://www.klarna.com/international/press/klarna-ai-assistant-handles-two-thirds-of-customer-service-chats-in-its-first-month/

Klover.ai. (2025, February). Bank of America uses AI agents: 10 ways to use AI [In-depth analysis] [2025]. Klover.ai. https://www.klover.ai/bank-of-america-uses-ai-agents-10-ways-to-use-ai-in-depth-analysis-2025/

LangChain. (2025, February 27). How Klarna's AI assistant redefined customer support at scale for 85 million active users. LangChain Blog. https://blog.langchain.com/customers-klarna/

Lemonade. (2025, May). Unlocking the AI First Organization: An agentic shift. Boston Consulting Group. https://media-publications.bcg.com/AI-First-Organization.pdf

Lemonade. (n.d.). The rise of the Autonomous Organization. Lemonade Blog. https://www.lemonade.com/blog/rise-autonomous-organization/

Mayer, H., Yee, L., Chui, M., & Roberts, R. (2025, January 28). Superagency in the workplace: Empowering people to unlock AI's full potential. McKinsey & Company. https://www.mckinsey.com/capabilities/mckinsey-digital/our-insights/superagency-in-the-workplace-empowering-people-to-unlock-ais-full-potential-at-work

McKinsey & Company. (2025, March 12). The state of AI: Global survey. McKinsey Global

Survey. https://www.mckinsey.com/capabilities/quantumblack/our-insights/the-state-of-ai

OpenAI. (2025). Morgan Stanley uses AI evals to shape the future of financial services. OpenAI. https://openai.com/index/morgan-stanley/

Ping An Insurance (Group) Company of China. (2023, November 6). Ping An discloses the integrated finance model in detail: Building an economic moat with six unique advantages, driving high-quality development with three operation indicators [Press release]. https://group.pingan.com/media/news/News-2023/Ping-An-Discloses-the-Integrated-Finance-Model-In-Detail.html

PwC. (2024, August). 생성형 AI 기반의 Accelerated AI 금융 AI의 발전 전략. PwC. https://www.pwcconsulting.co.kr/ko/insights/fs-accelerated-genai.html

Santos, C. (2023, March 15). AI Natives vs AI Immigrants. Medium. https://medium.com/@csantos/ai-natives-vs-ai-immigrants-15aacfc45fc6

Wilson, H. J., & Daugherty, P. R. (2019, July-August). Building the AI-powered organization. Harvard Business Review, 97(4), 62-73.

Zhu, F., Zhu, H., & Wong, A. (2024). DBS'AI journey (Case No. 625-053). Harvard Business School.

PART 1 - 3장

AAlpha. (2025, July 14). How to build an AI agent for customer support (Step-by-Step). AAlpha. Retrieved from https://www.aalpha.net/blog/how-to-build-an-ai-agent-for-customer-support/

BizTech Magazine. (2025, March 4). How artificial intelligence is transforming the insurance underwriting process. BizTech Magazine.

Brookings Institution. (2025, July 18). Hybrid jobs: How AI is rewriting work in finance. Brookings. https://www.brookings.edu/articles/hybrid-jobs-how-ai-is-rewriting-work-in-finance/

Deloitte Insights. (2025, June 11). Using AI to fight insurance fraud. Deloitte. https://www.deloitte.com/us/en/insights/industry/financial-services/financial-services-industry-predictions/2025/ai-to-fight-insurance-fraud.html

DigitalDefynd. (2025, June 7). 30 finance jobs safe from AI & automation [2025]. DigitalDefynd.

https://digitaldefynd.com/IQ/what-finance-jobs-are-safe-from-ai-and-automation/

Fortune. (2025, June 2). Junior analysts, beware: Your coveted and cushy entry-level Wall Street jobs may soon be eliminated by AI. Fortune. https://fortune.com/2025/06/02/junior-analysts-wall-street-jobs-taken-by-ai/

Freddie Mac. (2025, May 15). Using machine learning, Freddie Mac announces automated underwriting that can save mortgage originators up to $1,500 per loan. Globe Newswire. https://freddiemac.gcs-web.com/news-releases/news-release-details/using-machine-learning-freddie-mac-announces-automated

HousingWire. (2024, March 6). Fannie Mae adds single asset verification report to desktop underwriting system. HousingWire. https://www.housingwire.com/articles/fannie-mae-adds-single-asset-verification-report-to-desktop-underwriting-system/

Iaroshev, I. (2024). Evaluating Retrieval Augmented Generation Models for Financial Report Question and Answering. Applied Sciences, 14(20), 9318. https://doi.org/10.3390/app14209318

McKinsey & Company. (2021). Insurance 2030 : The impact of AI on the future of insurance. https://www.mckinsey.com/industries/financial-services/our-insights/extracting-value-from-ai-in-banking-rewiring-the-enterprise

McKinsey & Company. (2025, July 15). The future of AI for the insurance industry. McKinsey. https://www.mckinsey.com/industries/financial-services/our-insights/the-future-of-ai-in-the-insurance-industry

Modi, N. D., Menz, B. D., Awaty, A. A., Alex, C. A., Logan, J. M., McKinnon, R. A., Rowland, A., Bacchi, S., Gradon, K., Sorich, M. J., & Hopkins, A. M. (2025). Assessing the system-instruction vulnerabilities of large language models to malicious conversion into health disinformation chatbots. Annals of Internal Medicine, 178(8), 1172-1180. https://doi.org/10.7326/ANNALS-24-03933

Mohammad, S. M. (2020). Practical and ethical considerations in the effective use of emotion and sentiment lexicons [Preprint]. arXiv. https://arxiv.org/abs/2011.03492

PwC. (2025). 2025 AI Business Predictions. PwC. https://www.pwc.com/us/en/tech-effect/ai-analytics/ai-predictions.html

Rapid Innovation. (2024, September 19). AI-powered insurance fraud detection with AI agents. Rapid Innovation. https://www.rapidinnovation.io/post/ai-based-insurance-frauddetection

ScienceSoft. (2025). Artificial intelligence (AI) for insurance underwriting in 2025. ScienceSoft. https://www.scnsoft.com/insurance/ai-underwriting

SolveXia. (2025, June 16). 32 finance automation trends and statistics for 2025. SolveXia. https://www.solvexia.com/blog/finance-automation-trends-and-statistics

V7 Labs. (2025). Will AI replace financial analysts? The surprising truth. V7 Labs. https://www.v7labs.com/blog/will-ai-replace-financial-analysts

Wall Street Journal. (2024, May 21). From RAGs to Vectors: How Businesses Are Customizing AI Models. WSJ. Retrieved from https://www.wsj.com/articles/from-rags-to-vectors-howbusinessesare-customizingai-models-beea4f11

World Economic Forum. (2024, December). How Agentic AI will transform financial services. World Economic Forum. https://www.weforum.org/stories/2024/12/agentic-ai-financial-services-autonomy-efficiency-and-inclusion/

World Economic Forum. (2025, March). Here's how AI is transforming finance, according to CFOs. World Economic Forum. https://www.weforum.org/stories/2025/03/ai-transforming-finance-cfo-insights/

Zhi, Y., Zhang, X., Wang, L., Jiang, S., Ma, S., Guan, X., & Shen, C. (2025, March). Exposing Product Bias in LLM Investment Recommendation. arXiv. https://arxiv.org/abs/2503.08750 arXiv

삼성 SDS. (2025, 1월 24일). 2025년 국내 은행 AI 활용 전망: AI 뱅커와 생성형 AI 도입 현황. Samsung SDS Insights. https://www.samsungsds.com/kr/insights/ai-in-banking-in-2025.html

PART 1 - 4장

Abid, A., Farooqi, M., & Zou, J. (2021). Persistent anti-Muslim bias in large language models. Proceedings of the 2021 AAAI/ACM Conference on AI, Ethics, and Society, 298-306. https://doi.org/10.1145/3461702.3462624

AllAboutAI.com. (2025). AI Hallucination Report 2025. AllAboutAI.com. https://www.allaboutai.com/reports/ai-hallucination-2025

Amodei, D., Olah, C., Steinhardt, J., Christiano, P., Schulman, J., & Mané, D. (2016). Concrete Problems in AI Safety. arXiv:1606.06565. https://arxiv.org/abs/1606.06565

arXiv. (2024, October 5). Comparative Global AI Regulation: Policy Perspectives from the EU, China, and the US. https://arxiv.org/html/2410.21279

Barocas, S., Hardt, M., & Narayanan, A. (2019). Fairness and machine learning. https://fairmlbook.org/

BigDataWire. (2023, April 5). Google Claims Its TPU v4 Outperforms Nvidia A100. https://www.bigdatawire.com/2023/04/05/google-claims-its-tpu-v4-outperforms-nvidia-a100/

Brookings Institution. (2025). What to make of the Trump administration's AI Action Plan. https://www.brookings.edu/articles/what-to-make-of-the-trump-administrations-ai-action-plan/

Center for Strategic and International Studies (CSIS). (2024, October 30). The AI Safety Institute International Network: Next Steps and Recommendations. https://www.csis.org/analysis/ai-safety-institute-international-network-next-steps-and-recommendations

CloudExpat. (n.d.). Cloud AI Platforms Comparison: AWS Trainium vs Google TPU v5e vs Azure ND H100. https://www.cloudexpat.com/blog/comparison-aws-trainium-google-tpu-v5e-azure-nd-h100-nvidia/

Constellation Energy Corporation. (2024, September 20). Nuclear power purchase agreement with Microsoft: 20 year clean energy partnership [Press release]. Constellation Energy. https://www.constellationenergy.com/newsroom/2024/Constellation-to-Launch-Crane-Clean-Energy-Center-Restoring-Jobs-and-Carbon-Free-Power-to-The-Grid.html

DataCamp. (2024, May 30). Understanding TPUs vs GPUs in AI: A Comprehensive Guide. DataCamp Blog. https://www.datacamp.com/blog/tpu-vs-gpu-ai

European Commission. (2024). AI Act | Shaping Europe's digital future. Digital Strategy. https://digital-strategy.ec.europa.eu/en/policies/regulatory-framework-ai

Google LLC. (2024, November 13). Cybersecurity Forecast 2025 [Report]. Google Cloud. Retrieved from https://cloud.google.com/security/resources/cybersecurity-forecast

Goover AI Report. (2025, May 16). 생성형 AI 시대의 RAG 전략: 환각(Hallucination) 이슈 극복을 위한 핵심 가이드. https://seo.goover.ai/report/202505/go-public-report-ko-787708f7-a24d-45d4-95a5-27032cd79c54-0-0.html

Green Revolution Cooling. (2023, April 27). Air-Based Cooling vs. Liquid-Based Cooling. https://www.grcooling.com/air-based-cooling-vs-liquid-based-cooling/

IEEE. (n.d.). Power consumption minimization in hybrid cooled server by fan reduction. IEEE Conference Publication. https://ieeexplore.ieee.org/document/7992574

Infragistics. (2025). Reveal survey results: Global tech leaders'perspectives [Survey report].

Infragistics. https://www.infragistics.com/
ISACA. (2024). White Papers 2024 Understanding the EU AI Act. https://www.isaca.org/resources/white-papers/2024/understanding-the-eu-ai-act
Jegham, N., et al. (2025). How hungry is AI? Benchmarking energy, water, and carbon footprint of LLM inference. arXiv. https://arxiv.org/abs/2505.09598
Kairos Power Inc.. (2024, October 14). Google and Kairos Power partner to deploy 500 MW of clean electricity generation. https://kairospower.com/external_updates/google-and-kairos-power-partner-to-deploy-500-mw-of-clean-electricity-generation/
Russell, S. (2019). Human compatible: Artificial intelligence and the problem of control. Viking.
Shin, J. H., Lee, M. S., & Park, K. W. (2022). Homomorphic encryption in financial services: A case study of Shinhan Financial Group and Cryptolab collaboration. Korean Journal of Financial Technology, 8(2), 145-162.
The White House. (2025, January 31). Executive Order 14179: Removing barriers to American leadership in artificial intelligence (FR Doc. No. 2025-02172, 90 FR 8741). Federal Register. Retrieved from https://www.federalregister.gov/documents/2025/01/31/2025-02172/removing-barriers-to-american-leadership-in-artificial-intelligence
UK Government. (2025, February 18). International AI Safety Report 2025. GOV.UK. https://www.gov.uk/government/publications/international-ai-safety-report-2025
Weerts, H., Dudík, M., Edgar, R., Jalali, A., Lutz, R., & Madaio, M. (2023). Fairlearn: Assessing and improving fairness of AI systems. Journal of Machine Learning Research, 24, Article 257. Retrieved from https://www.jmlr.org/papers/volume24/23-0389/23-0389.pdf
White & Case LLP. (2024). AI Watch: Global regulatory tracker - China. https://www.whitecase.com/insight-our-thinking/ai-watch-global-regulatory-tracker-china
White & Case LLP. (2024). Long awaited EU AI Act becomes law after publication in the EU's Official Journal. https://www.whitecase.com/insight-alert/long-awaited-eu-ai-act-becomes-law-after-publication-eus-official-journal
Zhang, X., et al. (2025). Exposing Product Bias in LLM Investment Recommendation.arXiv preprint. https://arxiv.org/abs/2503.08750
개인정보보호위원회. (2023). AI 시대 개인정보 보호 가이드라인. https://www.pipc.go.kr/np/cop/bbs/selectBoardArticle.do?bbsId=BS074&mCode=C020010000&nttId=9083
개인정보보호위원회. (2024). 인공지능(AI) 개인정보 보호 자율점검표. https://www.privacy.go.kr/

cmm/fms/FileDown.do?atchFileId=FILE_000000000842517&fileSn=0
과학기술정보통신부. (2024). AI기본법시행령 정비방안 연구 [보도자료]. https://www.msit.go.kr/bbs/view.do?sCode=user&mId=307&mPid=208&bbsSeqNo=94&nttSeqNo=3185365
국가법령정보센터. (2025, January 21). 인공지능 발전과 신뢰 기반 조성 등에 관한 기본법 (법률 제20676호). https://www.law.go.kr/lsInfoP.do?lsiSeq=268543
금융위원회. (2024, August 13). 금융분야 망분리 개선 로드맵 [보도자료]. https://www.fsc.go.kr/no010101/82885
법제처. (2024). 인공지능(AI) 관련 국내외 법제 동향. https://moleg.go.kr/boardDownload.es?bid=legnlpst&list_key=3813&seq=1
삼성SDS. (2023, December 15). 사람과 공존하는 AI의 필요조건, AI 공정성 AI Fairness. https://www.samsungsds.com/kr/insights/ai-fairness.html

PART 1 - 마무리글

The Associations. (2025). The Impact of DLT in Capital Markets: Ready for Adoption, Time to Act. Boston Consulting Group, Ashurst, Sullivan & Cromwell LLP. https://www.gfma.org/policies-resources/joint-trades-publish-report-on-the-impact-of-dlt-in-capital-markets/